小微酒店餐饮企业
会计、纳税、查账

索晓辉 ◎ 编著

中国经济出版社
CHINA ECONOMIC PUBLISHING HOUSE
北京

图书在版编目（CIP）数据

小微酒店餐饮企业会计、纳税、查账真账实操/索晓辉编著. --北京：中国经济出版社，2021.3
ISBN 978-7-5136-6412-7

Ⅰ.①小… Ⅱ.①索… Ⅲ.①饭店-财务管理 Ⅳ.①F719.2

中国版本图书馆 CIP 数据核字（2021）第 014932 号

责任编辑　叶亲忠
责任印制　马小宾
封面设计　久品轩

出版发行	中国经济出版社	
印刷者	北京柏力行彩印有限公司	
经销者	各地新华书店	
开　本	710mm×1000mm　1/16	
印　张	18.5	
字　数	310 千字	
版　次	2021 年 3 月第 1 版	
印　次	2021 年 3 月第 1 次	
定　价	58.00 元	

广告经营许可证　京西工商广字第 8179 号

中国经济出版社 网址 www.economyph.com 社址 北京市东城区安定门外大街 58 号 邮编 100011
本版图书如存在印装质量问题，请与本社销售中心联系调换（联系电话：010-57512564）

版权所有　盗版必究（举报电话：010-57512600）
国家版权局反盗版举报中心（举报电话：12390）　　服务热线：010-57512564

前 言

小微企业是我国国民经济和社会发展的重要力量,加强小微企业管理、促进小微企业发展是保持国民经济平稳较快发展的重要基础,是关系民生和社会稳定的重大战略任务。

本书聚焦小微酒店餐饮企业,小微酒店餐饮企业的会计岗位设置简单,人员较少,而且小微企业的会计人员不仅需要核算清楚本企业的各类会计事项,还要面对国家政府机构的监管,因此需要复合型人才,要求会计人员了解会计岗位的方方面面,这对于会计人员来说是一个挑战。本书涵盖了会计、审计以及税务相关的知识,涉及面广,讲解透彻,可以有效地帮助小微企业会计工作者巩固会计基础,提升业务能力。与其他工业企业、建筑业企业以及房地产企业会计核算相比,小微酒店餐饮企业有进行一条龙配套服务的特点,如一家酒店,除经营最基本的住宿业务之外,一般还可能同时经营餐饮、售货、娱乐、洗染、照相等多种业务,为了分别考核各项经营业务的经营成果,就要求分别核算和监督各项经营业务的收入、成本和费用,这使得小微酒店餐饮企业的会计核算比较繁杂。

本书具有以下特点:

特点1:内容完备,实现从懂规则到会实操的飞跃

要学好行业会计,仅仅熟悉准则的原文是不够的,还必须熟悉会计科目的使用,经济事项的账务处理。本书在内容设置上兼顾了准则与实务的要求,层层递进,实现从懂规则到会实操的飞跃。

特点2:体系科学,实现会计、纳税与查账的有机结合

对于小微企业而言,其业务相对比较简单,但是其专业跨度和大中型企业相比一点儿也不小。我们将小企业经常遇到的会计问题、查账问题和纳税问题都集中在一本书里,保证了读者在工作中的知识需求。

特点3：案例翔实，直接提升实操能力

为了让读者能够将书中所学运用到工作实务中，作者在每项业务处理之后都附上了对应的案例解析，所附案例更为切近实务，随查随用。

由于作者水平有限加之时间仓促，书中难免存在疏漏乃至错误之处，恳请读者批评指正。

编　者

目　录

第一章　小微酒店餐饮企业会计基础知识 …… 001
第一节　小微酒店餐饮企业会计基础知识 …… 001
第二节　《小企业会计准则》简介 …… 006
第三节　小微酒店餐饮企业会计核算的基本前提和一般原则 …… 008

第二章　小微酒店餐饮企业货币资金的核算 …… 016
第一节　库存现金 …… 016
第二节　银行存款 …… 020
第三节　其他货币资金 …… 024
第四节　货币资金涉及的主要税务问题 …… 027
第五节　货币资金涉及的主要审计问题 …… 029

第三章　小微酒店餐饮企业应收款项的核算 …… 038
第一节　应收票据 …… 038
第二节　应收账款 …… 042
第三节　预付账款与其他应收款 …… 045
第四节　应收款项涉及的税务问题 …… 047
第五节　应收账款涉及的主要审计问题 …… 048

第四章　小微酒店餐饮企业经营物资的核算 …… 051
第一节　经营物资核算概述 …… 051
第二节　原材料的核算 …… 056
第三节　周转材料的核算 …… 060

第四节　库存商品的核算 …………………………………………… 062
　第五节　存货涉及的税务问题 ……………………………………… 067
　第六节　存货涉及的审计问题 ……………………………………… 070

第五章　小微酒店餐饮企业对外投资的会计核算 …………………… 077

　第一节　投资的概述 ………………………………………………… 077
　第二节　短期投资 …………………………………………………… 078
　第三节　长期股权投资 ……………………………………………… 083
　第四节　长期债券投资 ……………………………………………… 088
　第五节　对外投资涉及的主要税务问题 …………………………… 093
　第六节　对外投资涉及的主要审计问题 …………………………… 095

第六章　小微酒店餐饮企业固定资产的会计核算 …………………… 097

　第一节　固定资产的取得 …………………………………………… 097
　第二节　固定资产的后续支出 ……………………………………… 104
　第三节　固定资产的折旧 …………………………………………… 106
　第四节　固定资产的处置 …………………………………………… 112
　第五节　固定资产涉及的主要税务问题 …………………………… 115
　第六节　固定资产涉及的主要审计问题 …………………………… 117

第七章　小微酒店餐饮企业无形资产和长期待摊费用的会计核算 … 124

　第一节　无形资产的会计核算 ……………………………………… 124
　第二节　长期待摊费用 ……………………………………………… 130
　第三节　无形资产和长期待摊费用涉及的主要税务问题 ………… 131
　第四节　无形资产和长期待摊费用涉及的主要审计问题 ………… 133

第八章　小微酒店餐饮企业流动负债的会计核算 …………………… 136

　第一节　应付账款及应付票据 ……………………………………… 136
　第二节　其他流动负债 ……………………………………………… 139
　第三节　负债涉及的主要税务问题 ………………………………… 143
　第四节　负债涉及的主要审计问题 ………………………………… 145

第九章　小微酒店餐饮企业税金的计算与会计处理 …………… 147

 第一节　与提供劳务、销售商品相关的税种——增值税的计算与
    会计处理 ……………………………………………………… 147
 第二节　与企业盈亏相关的税种——企业所得税的计算与账务处理 … 156
 第三节　其他税种的计算与会计处理 ……………………………… 163
 第四节　税金涉及的税务问题 ……………………………………… 165
 第五节　税金涉及的审计问题 ……………………………………… 167

第十章　小微酒店餐饮企业长期负债的会计核算 ………………… 168

 第一节　长期借款 …………………………………………………… 168
 第二节　长期应付款 ………………………………………………… 169
 第三节　长期负债涉及的主要税务问题 …………………………… 170
 第四节　长期负债涉及的主要审计问题 …………………………… 172

第十一章　小微酒店餐饮企业所有者权益的会计核算 …………… 174

 第一节　所有者投入的第一桶金——实收资本 …………………… 174
 第二节　资本的增值——资本公积 ………………………………… 176
 第三节　留存收益 …………………………………………………… 177
 第四节　所有者权益涉及的主要税务问题 ………………………… 180
 第五节　所有者权益涉及的主要审计问题 ………………………… 181

第十二章　小微酒店餐饮企业收入、费用、利润的核算 ………… 183

 第一节　收入的概念及分类 ………………………………………… 183
 第二节　期间费用的核算 …………………………………………… 188
 第三节　利润与利润分配 …………………………………………… 192
 第四节　收入、费用、利润涉及的主要税务问题 ………………… 202
 第五节　收入、费用、利润涉及的主要审计问题 ………………… 204

第十三章　小微酒店餐饮企业客房业务的核算 …………………… 222

 第一节　客房业务收入的确认 ……………………………………… 222
 第二节　不同收费模式中客房收入的会计核算 …………………… 223

第十四章　小微酒店餐饮企业餐饮业务的会计核算 ⋯⋯ 228

　第一节　餐饮业务概述 ⋯⋯ 228
　第二节　饮食制品原材料的核算 ⋯⋯ 229
　第三节　饮食制品成本的核算 ⋯⋯ 233
　第四节　饮食制品销售的核算 ⋯⋯ 238

第十五章　小微酒店餐饮企业多种服务业务的会计核算 ⋯⋯ 243

　第一节　美容美发业务的会计核算 ⋯⋯ 243
　第二节　洗浴业的会计核算 ⋯⋯ 245
　第三节　洗染经营业务的会计核算 ⋯⋯ 247
　第四节　照相经营业务的会计核算 ⋯⋯ 249

第十六章　小微酒店餐饮企业的财务会计报告 ⋯⋯ 253

　第一节　财务会计报告概述 ⋯⋯ 253
　第二节　资产负债表 ⋯⋯ 255
　第三节　利润表 ⋯⋯ 264
　第四节　现金流量表 ⋯⋯ 270
　第五节　会计报表附注 ⋯⋯ 280
　第六节　财务报表涉及的主要税务问题 ⋯⋯ 285
　第七节　财务报表涉及的主要审计问题 ⋯⋯ 286

第一章 小微酒店餐饮企业会计基础知识

第一节 小微酒店餐饮企业会计基础知识

一、酒店餐饮行业的经营特点

尽管酒店餐饮行业是一个有着几千年历史的行业,古代的驿站、馆驿、客栈等,其实也就是今天的宾馆、饭店,但是酒店餐饮行业的主要业务并没有发生变化,客房、餐饮、多种服务仍然是这个行业最主要的业务。在这里,我们对酒店餐饮行业的经营特点做一全面的介绍,以帮助我们更好地学习以上业务的会计处理方法。酒店餐饮行业经营的特点如图1-1所示。

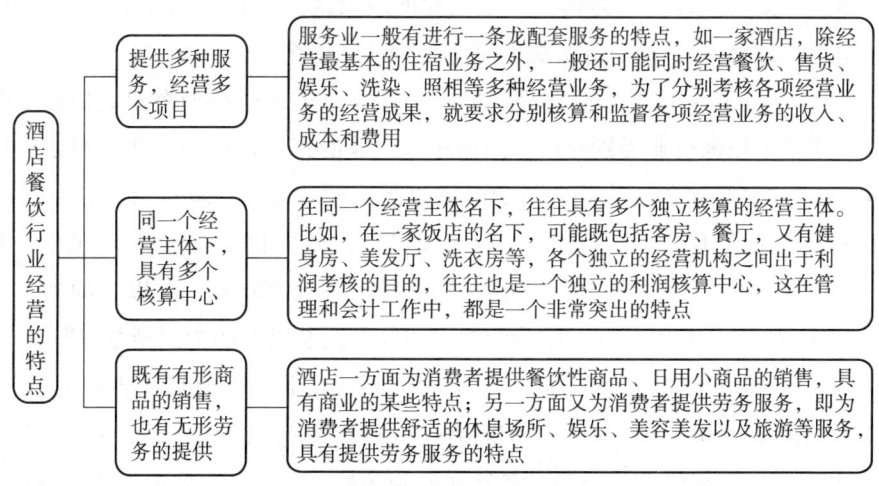

图1-1 酒店餐饮行业经营的特点

二、小微酒店餐饮企业会计的概念

（一）什么是会计

在日常生活中，"会计"这个名词至少包含两重含义：第一重，会计是指在各种经济组织中从事会计工作的人员，即会计工作人员。第二重，会计是指对经济活动进行确认、计量、记录、核算的管理行为，即会计行为。在本书中，如没有特殊说明，会计是指各类经济组织中的会计行为。

（二）哪些企业属于小微企业

小微企业是小型微利企业的简称，那么，哪些企业属于小微企业，有没有统一的标准呢？

财政部会计司 2010 年初将制定发布《小企业会计准则》列入了工作计划。在广泛调查研究的基础上，起草了《小企业会计准则（征求意见稿）》（以下简称本稿），其中对"小微企业"做出定性定义，即根据国务院第 287 号《企业财务会计报告条例》第 45 条的规定，明确为"①不承担社会公众责任；②经营规模较小；③既不是企业集团内的母公司也不是子公司"。其中，"不承担社会公众责任"是指：一是企业的股票或债券在市场上不公开交易；二是非受托持有和管理财务资源的金融机构或其他企业。

2011 年 7 月 4 日，工信部等四部门联合发布了《中小型企业划型标准规定》。该规定根据行业类别对中小及微小型企业的划分标准做了明确规定。规定指出"住宿餐饮业：从业人员 300 人以下或营业收入 10000 万元以下的为中小微型企业。其中，从业人员 100 人及以上，且营业收入 2000 万元及以上的为中型企业；从业人员 10 人及以上，且营业收入 100 万元及以上的为小型企业；从业人员 10 人及以下或营业收入 100 万元及以下的为微型企业"。

所以，本书中如无特殊说明，小微酒店餐饮企业均指的是从业人员 10 人及以上 100 人以下，且营业收入 100 万元及以上 2000 万元以下，不公开发行股票和债券，以提供客房业务、餐饮业务和多种服务为其主要业务的企业。

（三）小微酒店餐饮企业会计核算的特点

酒店餐饮企业会计是指酒店企业的一种经营管理活动。简单来说，会计是适应社会生产的发展和管理要求而产生的,它是以货币为主要形式对经济活动进行反映和监督,通过收集、处理、传递和利用会计资料,对经济活动进行控制、调节和决策,是提高经济效益的一种管理活动,是企业经济管理的重要组成部分。作为酒店餐饮企业会计,就是负责酒店企业各项业务的日常经营核算记录和监督的活动。会计的基本职能,就是进行会计核算和会计监督。酒店餐饮企业会计核算的主要特点见表1-1。

表1-1 酒店餐饮企业会计核算的主要特点

采用多种经营形式,收益分配的形式灵活	由于酒店餐饮行业在客观上需要提供多种服务,这就使得酒店餐饮行业的经营形式非常灵活,比如,一般的酒店都有餐饮服务,这种餐饮服务既可以是饭店管理方直接经营,也可以采用招商的方式,以出租或承包的方式由其他的企业经营。另外,在合作经营的情况下,收益的分配形式也非常灵活,既可采用固定租金形式,也可以采用比例分成式,或者两者结合。这就要求,酒店餐饮企业会计在会计核算中必须清楚经济业务的实质,予以正确地记录
酒店企业具有生产、销售和服务三种职能	酒店企业除了以服务为中心外,还有商品的加工和销售。这样,酒店企业就具有生产、销售和服务三种职能。因此,会计核算时,需要根据经营业务的特点,采用不同的核算方法。 如餐饮业务,根据消费者的需要,加工烹制菜肴和食品,这具有工业企业的性质;然后将菜肴和食品供应给消费者,这又具有商品流通企业的性质;同时,为消费者提供消费设施、场所和服务,又具有服务的性质。但这种生产、销售和服务是在很短的时间内完成,并且菜肴和食品的花色品种多、数量零星。因此不可能像工业企业那样区分产品,分别计算其总成本和单位成本,而只计算菜肴和食品的总成本。售货业务则采用商品流通企业的核算方法;而纯服务性质的经营业务,如客房、娱乐、美容美发的业务,只发生服务费用,不发生服务成本,因此采用服务企业的核算方法
结算方式多样,本币、外币收入都有	酒店收入的结算以货币资金为主要的结算方式。在会计职能上,既有核算上的职能,更要加强货币资金各种结算方式的管理职能。 现金结算是酒店企业最古老的一种结算方式,随着现代科技的不断更新与进步,银行卡、信用卡、餐卡等先进结算方式粉墨登场,给酒店业会计的现金计算带来了前所未有的生机和活力。因此,现金结算有多种多样的方式,有的也有潜在的风险。酒店企业的财务财务部门应采取相应的核算管理方法和制度。 随着我国改革开放政策的实施,有相当多的酒店企业有外汇货币收入。在企业会计核算时,应按照国家外汇管理条例和外汇兑换的管理办法,办理外汇存入、转出和结算的业务,核算汇兑损益

三、小微酒店餐饮企业会计的职能

会计的职能是指会计在经济管理过程中所具有的内在的功能,而会计的作用则是在会计运行过程中会计职能的内在表现。现代会计具有会计核算与会计监督两大职能。

（一）会计核算

会计核算职能，即会计反映职能，是指会计以货币为主要计量单位，通过确认、计量、记录、计算、报告等环节，对特定会计对象（或称特定会计主体）的经济活动进行记账、算账、报账，为各有关方面提供会计信息的功能。

核算职能不仅仅是对经济活动进行事后反映，还包括事前核算与事中核算。事前核算的主要形式是进行预算，参与决策；事中核算的主要形式是进行预测，参与决策；事中核算的主要形式是在计划或预算的执行过程中，随时反映计划或预算的执行情况，以便对经济活动进行控制，使其按计划或预期的目标进行。

（二）会计监督

会计监督职能，即会计控制职能，是指会计人员在进行会计核算的同时，通过预测、决策、控制、分析、考评等具体方法，对特定会计对象所发生的经济业务的合法性、合理性进行审查。会计监督是会计的基本职能之一，同时又是经济监督的重要组成部分。在小微酒店餐饮企业中，经营分散、业务繁杂，会计监督的作用就显得尤为重要。

根据《中华人民共和国会计法》和其他有关会计法规的规定，会计人员进行会计监督的对象和内容是本单位的经济活动。会计监督的基本内容如图1-2所示。

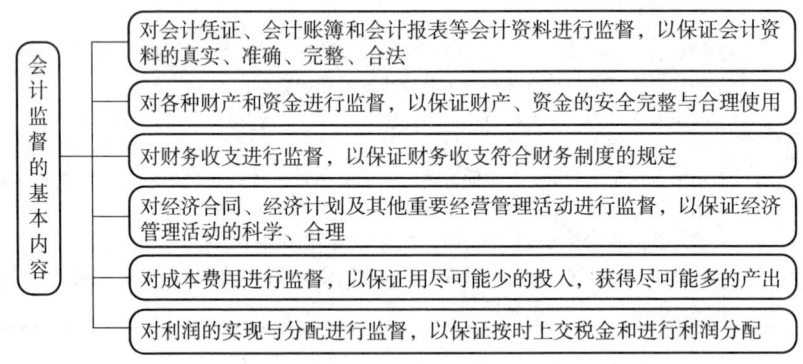

图1-2 会计监督的基本内容

会计的核算职能与监督职能是相辅相成的，只有在对经济业务活动进行正确核算的基础上，才可能提供可靠资料作为监督依据。同时，也只有搞好会计监督，保证经济业务按规定的要求进行，并且达到预期的目的，才能发挥会计核算的作用。

四、小微酒店餐饮企业会计的作用

会计作用是会计职能的外在化，它是会计的内在职能在一定条件下的外在转化。

（一）反映经济活动

会计信息系统所提供的信息具有连续、系统、全面、综合的特点，不仅能反映出一个会计主体的财务状况、财务状况的变化及其经营成果，而且能够以货币形式再现企业的生产经营活动，为经济管理提供便利。

（二）控制经济活动

会计对经济活动的控制，具体表现如图1-3所示的三个方面。

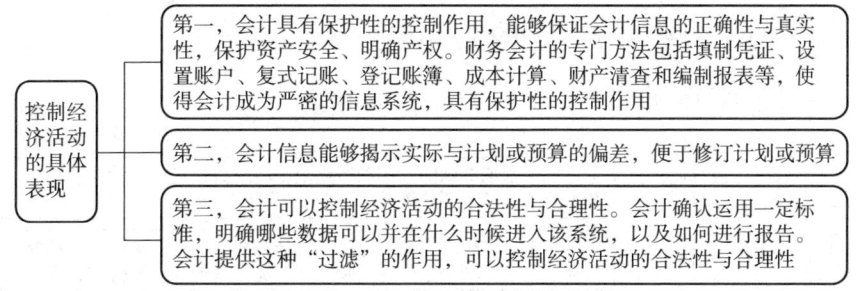

图1-3 控制经济活动的具体表现

（三）评价企业经营业绩

具体说来，财务会计可以通过定期编制财务报表，揭示一个企业的财务及其变动情况和最终经营业绩，可以通过对财务报告的分析，肯定成绩、找出差距、提出改进措施。

（四）参与经济决策

会计提供收集数据、提供信息预测，建立目标并讨论各种方案，能够选择最优方案。据估计，企业在经营管理中所需要的信息70%以上来自会计信息系统。当然，在整个决策过程中，会计只能支持决策而无法代替决策，会计所起的是"参谋"作用，即"参与"的意思。

(五）预测经济前景

企业为了确定恰当的经营管理目标，必须收集大量历史的和当前的信息。通过会计财务报告中具有预测价值的历史信息，能够预测企业的经营前景。特别应提到的是，在西方国家，还明确规定在财务报表以外的其他财务报告中应披露预测信息，在我国也进行了相应的规定。

第二节 《小企业会计准则》简介

本书作为一本入门级的会计实务学习图书，主要结合小微酒店餐饮企业的日常会计核算对会计基础知识、基本技能进行讲解，以下针对《小企业会计准则》的主要内容、特点以及哪些企业适合执行《小企业会计准则》进行详细的介绍。

一、《小企业会计准则》的主要内容

《小企业会计准则》的主要内容如图 1-4 所示。

第一部分：总则	主要规定了该准则的依据和适用范围、应该遵循的会计准则的基本原则和基本要求等
第二部分：资产	主要规定了资产的定义、分类及具体内容，包括流动资产、长期投资、固定资产和生产性生物资产、无形资产和长期待摊费用
第三部分：负债	主要规定了负债的定义、分类及具体内容，包括流动负债和非流动负债
第四部分：所有者权益	主要规定了所有者权益的定义、分类及具体内容，包括实收资本或股本、资本公积、盈余公积、未分配利润
第五部分：收入	主要规定了收入的定义、分类及具体内容，包括销售商品收入和提供劳务收入
第六部分：费用	主要规定了费用的定义、分类及具体内容，包括营业成本、税金及附加、销售费用、管理费用、财务费用等
第七部分：利润及利润分配	主要规定了利润及利润分配的具体内容，包括利润的计算过程及所得税的计算
第八部分：外币业务	主要规定了外币业务的具体内容，包括外币交易及外币财务报表折算的相关介绍
第九部分：财务报表	主要规定了财务报表的定义及组成部分，包括资产负债表、利润表、现金流量表及附注的相关介绍
第十部分：附则	主要介绍本准则开始施行的时间及微型企业可参照实行的相关规定

图 1-4 《小企业会计准则》的主要内容

二、《小企业会计准则》的主要特征

《小企业会计准则》的主要特征是在遵循一般会计核算原则的条件下，借鉴国际惯例，结合我国小微企业的实际情况，以《企业会计准则》为基础，根据通俗易懂、简便易行、充分体现小微企业自身及其会计信息使用者的需求和特点等要求加以制定的。与《企业会计准则》相比，《小企业会计准则》的特点见表1-2。

表1-2　《小企业会计准则》的特点

存货	《小企业会计准则》规定，存货不计提存货跌价准备；投资者将存货作为投资投入企业的，应当按照评估价值和相关税费确定，即使该价值不公允；盘盈存货实现的收益计入营业外收入
金融资产投资	《小企业会计准则》规定，金融资产分为短期投资、长期债券投资和长期股权投资；均采用历史成本计量；发生减值时直接冲减资产，不计提减值准备；持有期间投资收益等于应收股利、应收利息等，利息收入等于面值乘以票面利率
固定资产	投资者投入固定资产成本的初始计量应当按照评估价值和相关税费确定，即使该价值不公允；发生减值时直接冲减资产，不计提减值准备；折旧年限有最低限额规定
生物资产	《小企业会计准则》规定，生物资产分为消耗性生物资产、生产性生物资产；且不计提减值准备，发生损失时直接冲减资产；折旧年限有最低限额规定
无形资产	《小企业会计准则》规定，无形资产发生损失时直接冲减资产，不计提减值准备；摊销方法全部采用直线法摊销，摊销年限有最低限额规定；计提摊销时直接贷记"无形资产"科目
借款利息	《小企业会计准则》规定，长期借款应当按照借款本金和借款合同利率按期计提利息费用
所得税费用	《小企业会计准则》规定，小微企业采用应付税款法核算所得税，不需要确认递延所得税费用
财务报表体系	《小企业会计准则》规定，小微企业至少应当提供资产负债表、利润表、现金流量表和附注，不强制要求编制所有者权益变动表

三、《小企业会计准则》的适用范围

我国对于小微企业的界定围绕资产总额、营业总额和雇员人数三个方面，以会计需求的特殊性为基准，予以适当确定。我国《小企业会计准则》中对于小微企业的界定，小微企业会计准则适用于在中华人民共和国境内依法设立的、符合《中小企业划型标准规定》所规定的小微企业标准的企业。同时规定下列三类小微企业除外：①股票或债券在市场上公开交易的小微企业；

②金融机构和其他具有金融性质的小微企业；③企业集团内的母公司和子公司。《小企业会计准则》的适用范围应注意的问题如图1-5所示。

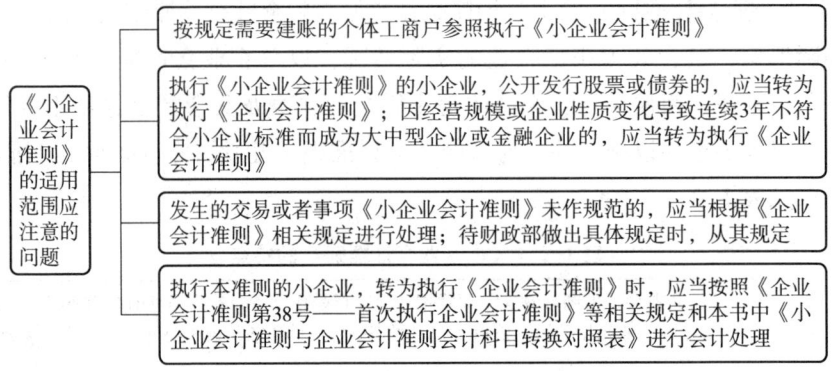

图1-5 《小企业会计准则》的适用范围应注意的问题

第三节 小微酒店餐饮企业会计核算的基本前提和一般原则

一、会计核算的基本前提

会计核算的基本前提，即会计假设，是指组织会计核算工作应当具备的前提条件。会计核算的基本前提包括四个方面：会计主体、持续经营、会计分期和货币计量（见表1-3）。

表1-3 会计核算的基本前提

1. 会计主体	会计主体亦称会计实体，是指会计工作为其服务的特定单位或组织。会计主体具有实体性、独立性、整体性的特点
2. 持续经营	持续经营是指在正常情况下，企业按照既定的经营方针、目标、形式，无限期地经营下去，即在可预见的未来，该会计主体不会停业或破产清算
3. 会计分期	以持续经营为前提，企业的生产经营活动将持续不断地进行下去。为了及时地获得会计信息，充分发挥会计的反映和监督职能，应当合理地划分会计期间，即进行会计分期。通过会计分期，能够确认某个会计期间的经营成果及某个会计期末的财务状况

续表

4. 货币计量	企业的经济活动千差万别，财产物资种类繁多，选择合理、实用又简化的计量单位，对于提高会计信息质量至关重要。货币计量是指用币值稳定的货币作为会计的计量手段，将会计主体的经济活动和财务收支的数据转化为以统一货币单位反映的会计信息。《小企业会计准则》规定，小微酒店餐饮企业的会计核算以人民币为记账本位币。业务收支以人民币以外的货币为主的小微酒店餐饮企业，可以选定其中一种货币作为记账本位币，但编报的财务会计报告应当折算为人民币。小微酒店餐饮企业发生外币业务时，应当将有关外币金额折合为记账本位币金额记账。除法律法规另有规定外，所有与外币业务有关的账户，应当采用业务发生时的汇率或业务发生当期期初的汇率折合。期末，小微酒店餐饮企业的各种外币账户的外币余额应当按照期末汇率折合为记账本位币

上述四项基本前提，具有相互依存、相互补充的关系。会计主体确立了会计核算的空间范围，持续经营与会计分期确立了会计核算的时间长度，而货币计量则为会计核算提供了必要的、可能的计量手段。

二、小微酒店餐饮企业会计核算的一般原则

会计核算的一般原则又称一般准则或一般要求，是进行会计账务处理、编制会计报表所依据的一般规则和准绳，是进行会计核算的基本要求。小微酒店餐饮企业会计核算的一般原则共13项，按以下两大类划分：

（一）会计信息质量要求的一般原则（见表1-4）

表1-4　会计信息质量要求的一般原则

1. 客观性原则	又称真实性原则、可靠性原则，是指企业的会计核算应当以实际发生的交易或事项以及证明经济业务发生的合法凭证为依据，如实反映其财务状况和经营成果，做到内容真实、数字准确、手续齐备、资料可靠
2. 实质重于形式原则	是指企业应当按照交易或事项的经济实质进行会计核算，而不应仅以法律形式作为会计核算的依据。在会计实务中，交易或事项的实质，与其法律形式或人为形式的明显表象并不总是一致的。当两者出现不一致时，应当依据实质重于形式的原则进行判断，以确保会计信息质量。例如，企业以融资租赁的方式从出租方租入的固定资产，虽然不是承租方购入的资产，但由于租期长，租金超过或接近固定资产购买价，承租方承担了该项资产的主要风险，所以应将融资租赁资产作为承租方的资产，并按一定折旧方法提取折旧
3. 相关性原则	又称有用性原则，是指企业提供的会计信息应当能够反映企业的财务状况、经营成果和现金流量，以满足有关利益各方了解企业财务状况和经营成果的需要。相关性有预测价值和反馈价值两个基本质量标志。相关性原则属于历史范畴，它随着企业内外环境的变化而变化

续表

4. 一贯性原则	又称为一致性原则，是指小微工业企业对同一类会计事项，所采用的会计核算方法和程序前后各期应当保持一致，不得随意变更。如有必要变更，应将变更的内容和理由、变更的累积影响数，或累积影响数不能合理确定的理由等，在会计报表附注中予以说明。采用一致性原则，有利于提高会计信息的有用性，制约和防止企业通过会计政策的变更弄虚作假	
5. 可比性原则	是指小微工业企业的会计核算应当按照会计准则和会计制度规定，提供口径一致、相互可比的会计信息。可比性是保证不同会计主体之间的会计指标口径一致、相互可比，以便于比较、分析，为国家进行宏观调控、投资者进行投资、债权人进行财务和风险分析等提供依据	
6. 及时性原则	是指会计事项的处理必须于经济业务发生时及时进行会计处理，不得提前或延后。具体而言，要求会计人员做到：及时收集会计信息；本期会计事项的应在本期内进行；会计报告应在规定时间及时编制送报	
7. 明晰性原则	又称清晰性、可辩论性、可理解性原则，是指企业的会计核算和编制的财务会计报告应当清晰明了，便于理解和运用。明晰性有两层意思：一是会计信息简单、扼要；二是会计信息明了、准确。坚持明晰性原则，有利于会计信息的使用者准确、完整地把握会计信息所要说明的内容，也有利于审计人员进行查账和验证工作的开展	
8. 重要性原则	是指企业的会计核算应当遵循重要性原则，在会计核算过程中对交易或事项应当区别其重要性程度，采用不同的核算方法，有简有详，繁简适当，区别对待。对资产、负债、损益等有重大影响，且会影响财务会计报告使用者做出合理判断的重大会计事项，必须按照国家有关规定在财务会计报表中予以充分、准确地披露。对不影响会计信息真实性和不至于误导财务会计报告使用者做出正确判断的会计事项，则可适当简化，不必详细报告	

（二）小微酒店餐饮企业会计确认、计量的一般原则（见表1-5）

表1-5　小微酒店企业会计确认、计量的一般原则

1. 权责发生制原则	是指企业的会计核算应当以权责发生制为基础，凡在当期已经实现的收入和已经发生或应当负担的费用，不论款项是否收付，都应作为当期的收入和费用；凡是不属于当期的收入和费用，即使款项已在当期收付，也不应作为当期的收入和费用。权责发生制是与收付实现制相对应的一种记账原则，它适用于企业会计，能够真实地反映企业某一特定会计期间的财务状况和经营成果
2. 配比原则	是指企业在进行会计核算时，收入与其成本、费用应当相互配比，同一会计期间内的各项收入与其相关的成本、费用，应当在该会计期间内确认。配比原则与权责发生制原则既有联系，又有区别。两者都是为了正确计算收益和成本。但权责发生制是为了正确地确认收入和费用，而配比原则是为了正确地确认收益，它是在正确确认收入和费用的基础上，进一步确认收益，两者不能相互代替

续表

3. 历史成本原则	又称实际成本原则,是指企业的各项资产在取得或购建时应当按照实际成本计量。其后,各项资产账面价值的调整,应按照《小企业会计准则》的规定执行。除法律、法规和国家统一会计制度另有规定外,企业不得自行调整其账面价值。历史成本计量数据真实可靠,具有客观性和可验证性	
4. 划分收益性支出与资本性支出的原则	是指企业的会计核算应当合理划分收益性支出与资本性支出的界限。凡支出的效益仅于本年度(或一个营业周期)的,应当作为收益性支出;凡支出的效益仅于几个会计年度(或几个营业周期)的,应当作为资本性支出	
5. 谨慎性原则	又称稳健性、审慎性原则,是指在资产、负债的计价及损益确认时,如果有两种或两种以上的方法或金额可供选择时,应选择不高估资产或收益,少计负债或费用的方法。不预计任何可能的收益,但应合理预计可能发生的损失和费用	

三、小微酒店餐饮企业的会计要素

小微酒店餐饮企业的会计要素是建立会计系统理论和实务的重要基础,是小微企业会计报表的基本构成内容。我国《企业会计准则》将企业会计划分为资产、负债、所有者权益、收入、费用与利润六大要素。资产、负债和所有者权益是反映企业财务状况的会计要素,也称为静态会计要素,构成资产负债表的基本框架。收入、费用及利润是反映企业经营成果的会计要素,也称为动态会计要素,构成利润表的基本框架。

(一)资产

资产是指小微企业过去的交易、事项形成并由小微企业拥有或控制的资源,该资源预期会给小微企业带来经济利益流入。资产的基本特征如图1-6所示。

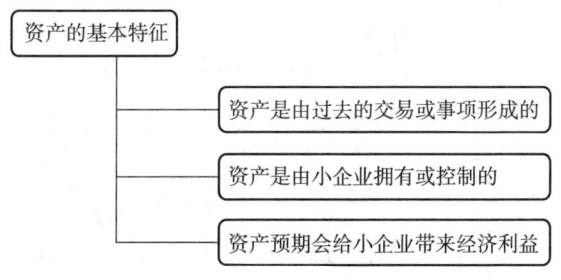

图1-6 资产的基本特征

按照我国《小企业会计准则》的规定，资产应按流动性分为流动资产和非流动资产。非流动资产包括长期债券投资、长期股权投资、固定资产、生产性生物资产、无形资产、长期待摊费用等，如图1-7所示。

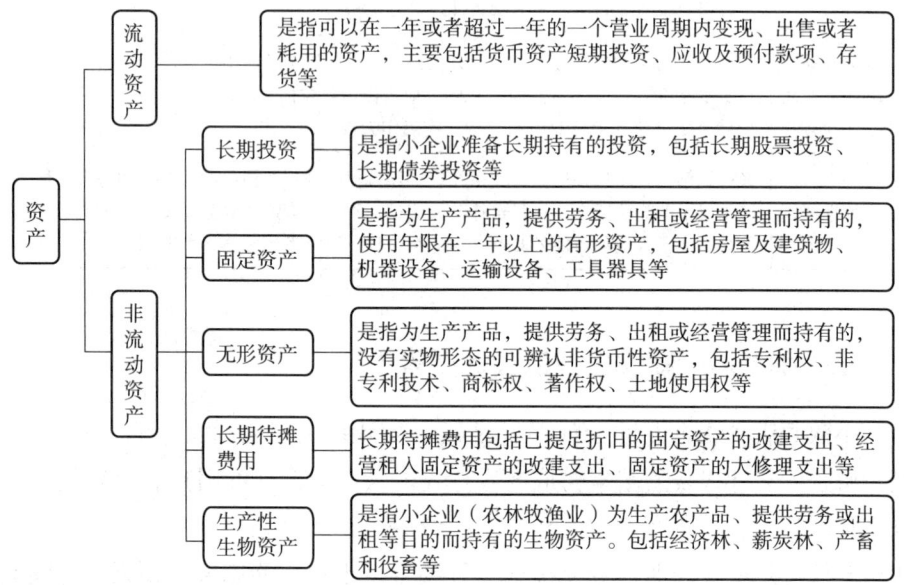

图1-7　资产的分类以及定义

（二）负债

负债是指小微企业基于过去的交易、事项形成的现时义务，履行该义务预期会导致经济利益流出小微企业。负债的基本特征如图1-8所示。

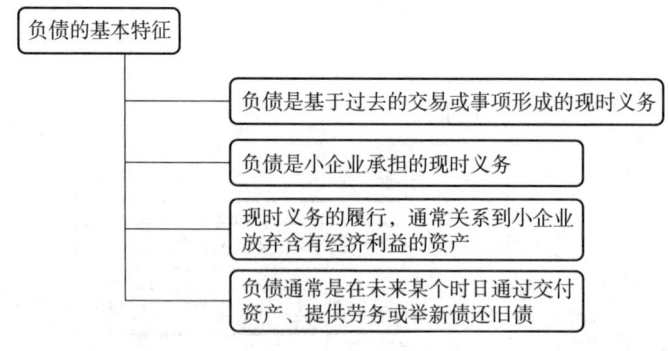

图1-8　负债的基本特征

企业的负债按其流动性分为流动负债和非流动负债（如图1-9所示）。

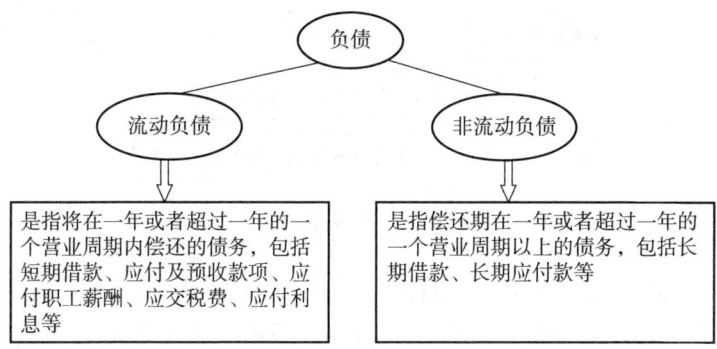

图1-9　负债的分类及定义

（三）所有者权益

所有者权益是指所有者在企业资产中享有的经济利益，其金额为资产减去负债后的余额，即净资产。所有者权益包括企业所有者对企业的投入资本（即实收资本）、资本公积、盈余公积和未分配利润。

（四）收入

收入是指小微企业在日常经营活动中所形成的、会导致所有者权益增加、与所有者投入资本无关的经济利益的总流入。包括销售商品取得的收入和提供劳务取得的收入（如图1-10所示）。

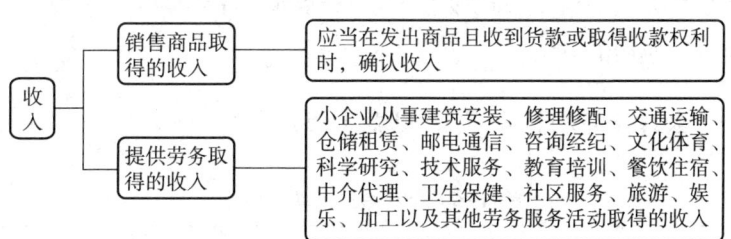

图1-10　收入的构成

（五）费用

费用是指小微企业在日常生产经营活动中发生的、会导致所有者权益减少、与向所有者分配利润无关的经济利益的总流出。小微企业的费用包括营业成本、税金及附加、销售费用、管理费用、财务费用等。费用的特点如图1-11所示。

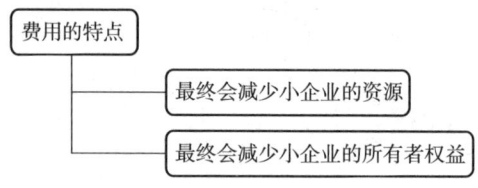

图1-11 费用的特点

酒店餐饮类企业一定时期的费用由产品生产成本和期间费用两部分构成。产品生产成本由直接材料、直接人工和制造费用三个成本项目构成。期间费用包括管理费用、财务费用和销售费用三项。费用产生于过去的交易或事项，它可表现为资产的减少或负债的增加。

（六）利润

利润是指企业在一定会计期间的经营成果，包括营业利润、利润总额和净利润。营业利润是主营业务收入减去主营业务成本和税金及附加，加上其他业务利润，减去销售费用、管理费用和财务费用，再加上投资收益（或减去投资损失）的金额；利润总额是指营业利润加上营业外收入，减去营业外支出后的金额；净利润是指利润总额减去所得税后的金额。

四、会计核算方法

会计核算方法是对企业已发生的经济活动进行完整的、连续的、系统的核算和监督所应用的方法。

（一）会计核算的具体方法（见表1-6）

表1-6 会计核算的具体方法

1. 设置会计科目	会计科目就是对会计对象的具体内容进行分类核算的项目。设置会计科目就是事先在设计会计制度时规定这些项目，然后根据它在账簿中开立账户，分类地、连续地记录各项经济业务
2. 复式记账	复式记账是对每一项经济业务都要以相等的金额，在相互关联的两个或两个以上账户中进行记录的记账方法。这种记账方法能够全面、清晰地反映出经济业务的来龙去脉，可以检查有关业务的记录是否正确

续表

3. 填制和审核凭证	会计凭证是记录经济业务、明确经济责任的书面证明,是登记账簿的重要依据。所有凭证都要经过财务部门和有关部门的审核,只有经过审核无误的会计凭证,才能作为记账的依据。填制和审核会计凭证可以为经济管理提供真实可信的数据资料,也是实行会计监督的一个重要方面	
4. 登记账簿	账簿是用来全面、连续、系统地记录各项经济业务的簿籍。登记账簿就是将发生的经济业务序时、分类地记入有关账簿。登记账簿必须以凭证为根据,并定期进行结账、对账,为编制会计报表提供完整、系统的会计数据	
5. 成本计算	是指在生产经营过程中,按照一定对象归集和分配发生的各种费用支出,以确定该对象的总成本和单位成本的一种专门方法。通过成本计算,可以反映和监督各项费用的发生是否符合节约原则,了解成本水平,并为成本分析提供资料	
6. 财产清查	财产清查,就是通过对实物、现金的实地盘点,对银行存款、债权债务的查对,来确定财产物资、货币资金和债权债务的实存数,并查明账面结存与实存数是否相符的一种专门方法。若发现账实不符,查明原因,经过批准手续调整账目,使账实相符	
7. 编制会计报表	会计报表是根据账簿记录定期编制的、总括反映企业在一定时期财务状况和经营成果的书面文件。会计报表为人们了解和观察企业的生产经营情况,衡量和评价企业的财务状况和经营成果,提供了必要的依据	

(二)会计核算方法之间的相互关系

上述七种方法密切结合,形成完整的会计方法体系。经济业务发生后,经办人员要填制或取得凭证,经会计人员审核整理后,按照设置的会计科目,运用复式记账法,编制记账凭证,并据以登记账簿,计算成本,进行财产清查,在账实相符的基础上,编制会计报表。

第二章 小微酒店餐饮企业货币资金的核算

第一节 库存现金

会计范畴中的现金,又称为库存现金,是指存放在企业并由出纳员保管的现钞,包括库存的人民币和各种外币。狭义现金是指企业所拥有的硬币、纸币,即由企业出纳人员保管作为零星业务开支之用的库存现款;广义现金则应包括库存现款和视同现金的各种银行存款、流通证券等。我国所采用的是狭义的现金概念。

小微酒店餐饮企业(如无特殊说明,下文中的小微酒店餐饮企业均简称为小微企业)的现金是指由财务或财务部门的出纳人员保管的货币。对于小微酒店餐饮企业而言,现金收支是最为常见的结算形式,此类企业更应严格遵守国家有关现金管理制度,正确进行现金收支的核算,监督现金使用的合法性与合理性,防止现金管理中各种违法乱纪行为的发生。

一、现金管理制度

根据国务院发布的《现金管理暂行条例》的规定,现金管理制度主要包括以下内容:

(一)现金的使用范围

在小微企业中,可用现金来支付的款项如图 2-1 所示。

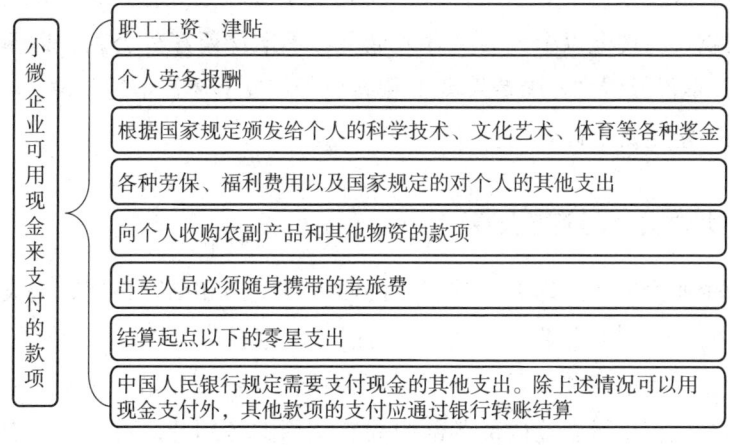

图 2-1　小微企业可用现金来支付的款项

（二）库存现金的限额

库存现金的限额是指为了保证日常零星开支的需要，允许小微企业留存现金的最高数额。各小微企业现金库存限额应根据企业规模、业务量、日常零星开支现金需要量以及企业距离开户银行远近等条件予以核定。开户银行根据小微企业的实际情况，一般按照 3~5 天日常零星开支的需要确定。边远地区和交通不便地区小微企业的库存现金限额，可多于 5 天，但不得超过 15 天的日常零星开支。核定后的库存现金限额，小微企业必须严格遵守，超过部分应于当日终了前存入银行。需要增加或减少库存现金限额的小微企业，应向开户银行提出申请，由开户银行核定。

（三）现金收支的规定

小微企业收到现金，应于当日送存开户银行，当日送存确有困难的，由开户银行确定送存时间；小微企业支付现金，可以从本单位库存现金中支付或从开户银行提取，不得从本单位的现金收入中直接支付，即不得"坐支"，因特殊情况需要"坐支"现金的单位，应事先报经开户银行审查批准，由开户银行核定坐支范围和限额，坐支单位应按月向开户银行报送坐支金额及其使用情况。小微企业从开户银行提取现金时，应如实写明提取现金的用途，由本单位财务部门负责人签字盖章，并经开户银行审查批准后予以支付。此外，不准用不符合财务制度的凭证顶替库存现金，即不得"白条顶库"；不准谎报用途套取现金；不准用银行账户代其他单位和个人存入或支取现金；不准用单位收入的现金以个人名义存入储蓄，不准保留账外公款，即不得"公款私存"，不得设置"小金库"等。银行对于违反上述规定的单位，将按照违规金额的一定比例予以处罚。

二、现金的总分类核算

小微企业为了从总体上反映现金的收入、支出和结存情况，应设置"库存现金"总分类科目，收取现金时，借记"库存现金"科目，贷记有关科目；支付现金时，借记有关科目，贷记"库存现金"科目。借方余额表示期末库存现金的金额。小微企业内部各部门周转使用的备用金，可通过"其他应收款"科目核算，不在"库存现金"科目中核算。

三、现金的明细分类核算

为了系统、全面、连续、详细地反映有关现金的收支情况，应设置"现金日记账"。出纳人员根据审核无误的收款凭证、付款凭证，按照业务发生的先后顺序逐日逐笔登记现金日记账。每日终了，计算现金收入合计、现金支出合计及结余数，并同库存现金数核对，保证账款相符。

现金日记账必须是订本账，一般采用三栏式账页，借方栏根据现金收款凭证登记，贷方栏根据现金付款凭证登记，但对于从银行提取现金的业务，因为只编制银行存款付款凭证，故此应根据银行存款付款凭证登记现金日记账的借方栏。每次办理完收付款业务应及时结出账面余额。每日终了，将账面余额与库存现金数核对，月末与现金总账核对，做到账款相符、账账相符。

四、现金清查的核算

现金清查是指对库存现金的盘点与核对，包括出纳人员每日终了前进行的现金账款核对和清查小组进行的定期或不定期的现金盘点、核对。现金清查一般采用实地盘点法。清查小组清查时，出纳人员必须在场，清查的内容主要是检查是否有挪用现金、白条抵库、超限额留存现金，以及账款是否相符等。

对于现金清查的结果，应编制现金盘点报告单，注明现金溢缺的金额，并由出纳人员和盘点人员签字盖章。如果有挪用现金、白条抵库情况，应及时予以纠正；对于超限额留存的现金要及时送存银行；如果账款不符，如为现金短缺，应先减少"库存现金"账面数，同时借记"待处理财产损溢——待处理流动资产损溢"科目；待查明原因后，属于应由责任人赔偿的部分，借记"其他应收款"科目，按实际短缺的金额扣除应由责任人赔偿的部分后的金额，借记"管理费用"科目，贷记"待处理财产损溢——待处理流动资产损溢"科目。如为现金溢余，应按实际溢余的金额，借记"库存现金"科目，贷记"待处理财产损溢——待处理流动资产损溢"科目；查明原因后，属于应支付给有关人员或单位的，贷记"其他应付款"科目，现金溢余金额超过应付给有关单位或人员的部分，贷记"营业外收入"科目。

例 2-1

某酒店属于小微企业，2019 年在现金清查时，发现库存现金比账面余额多出 300 元，无法查明原因。

发现库存现金比账面余额多出 300 元时：

借：库存现金　　　　　　　　　　　　　　　　　　　300
　　贷：待处理财产损溢——待处理流动资产损溢　　　　　　300

无法查明原因，经批准后：

借：待处理财产损溢——待处理流动资产损溢　　　　　300
　　贷：营业外收入——现金溢余　　　　　　　　　　　　　300

例 2-2

某酒店属于小微企业，2019 年现金清查后，发现库存现金比账面余额短缺 400 元，经查明，应由该出纳员赔偿金额 150 元，另外 250 元属于无法查明的其他原因。

发现库存现金比账面余额短缺 400 元时：

借：待处理财产损溢——待处理流动资产损溢　　　　　400
　　贷：库存现金　　　　　　　　　　　　　　　　　　　　400

查明原因后：

借：管理费用——现金短缺　　　　　　　　　　　　　250
　　其他应收款——×××　　　　　　　　　　　　　　150
　　贷：待处理财产损溢——待处理流动资产损溢　　　　　　400

例 2-3

接例 2-2，该企业收到上述出纳人员赔款 150 元。

借：库存现金　　　　　　　　　　　　　　　　　　150
　　贷：其他应收款——×××　　　　　　　　　　　　　150

第二节　银行存款

一、银行结算制度

银行存款是指小微企业存放于银行或其他金融机构的货币资金。按国家规定，企业除了留存少量库存现金以供日常零星开支需要外，其余现金都应存入银行。目前小微企业可使用的支付结算方式主要有票据、信用卡、汇兑、托收承付、委托收款等。其中票据又主要有银行汇票、商业汇票、银行本票和支票等。

上述内容中，商业汇票的核算将分别在应收票据和应付票据的核算中介绍，银行汇票、银行本票和信用卡的核算将在其他货币资金的核算中说明。下面先就支票和汇兑、托收承付、委托收款等结算方式的核算予以重点介绍。

二、银行存款的总分类核算

为了总括反映银行存款的收付及其结存情况，应设置"银行存款"科目，向银行存入款项时借记本科目，贷记有关科目；从银行支出款项时借记有关科目，贷记"银行存款"科目。银行结算方式见表 2-1。

表 2-1　银行结算方式

支票	支票是出票人签发的，委托办理支票存款业务的银行在见票时无条件支付确定的金额给收款人或持票人的票据。支票分为库存现金支票、转账支票、普通支票、划线支票。小微企业开出支票时，根据支票存根，借记有关科目，贷记"银行存款"科目；收到支票并填制进账单到银行办理收款手续后，借记"银行存款"科目，贷记有关科目
汇兑	汇兑是汇款人委托银行将其款项支付给收款人的结算方式。单位和个人各种款项的结算均可使用汇兑结算方式。汇兑分为信汇、电汇两种，汇款人可自行选择。付款单位根据银行签发的汇款回单，借记有关科目，贷记"银行存款"科目；收款单位根据银行转来的收款通知，借记"银行存款"科目，贷记有关科目

续表

托收承付	托收承付是根据购销合同由收款人发货后委托银行向异地付款人收取款项，由付款人向银行承认付款的结算方式。采用托收承付结算时，收款单位对于托收款项，根据银行的收账通知和有关的原始凭证，据以编制收款凭证；付款单位对于承付的款项，应于承付时根据托收承付结算凭证的承付支款通知和有关发票账单等原始凭证，据以编制付款凭证。付款企业承认付款后，根据有关凭证，借记"在途物资""应交税费——应交增值税"科目，贷记"银行存款"科目。销货企业收到银行转来的收款通知和有关托收结算凭证，借记"银行存款"科目，贷记"应收账款"等科目
委托收款	委托收款是收款人委托银行向付款人收取款项的结算方式。单位和个人凭已承兑商业汇票、债券、存单等付款人债务证明办理款项的结算，均可以使用委托收款结算方式。委托收款在同城、异地均可使用。委托收款结算款项的划回方式有邮寄和电报两种。付款单位接到银行付款通知、审查债务凭证后付出款项时，借记"应付账款"等科目，贷记"银行存款"科目。收款单位收到银行收款通知后，根据有关凭证借记"银行存款"科目，贷记"应收账款"等科目

三、银行存款的明细分类核算

为了全面、系统、连续、详细地反映有关银行存款收支的情况，小微企业应设置"银行存款日记账"，由出纳人员根据审核无误的银行存款收付款凭证，按照业务发生的先后顺序逐日逐笔登记。银行存款日记账必须是订本账，一般采用三栏式账页，借方栏根据银行存款收款凭证登记，贷方栏根据银行存款付款凭证登记。每日终了时应计算银行存款收入合计、银行存款支出合计及结余数，定期与银行转来的对账单核对相符。

有外币银行存款的小微企业，还应当分别按照人民币和外币进行明细核算。

例 2-4

某酒店属于小微企业，2019 年用银行存款购入办公用品一批，价款 60000 元，增值税 7800 元，已通过银行付款，材料已验收入库。做会计分录如下：

借：周转材料——办公用品　　　　　　　　　　　60000
　　应交税费——应交增值税（进项税额）　　　　 7800
　　贷：银行存款　　　　　　　　　　　　　　　67800

例 2-5

某酒店属于小微企业，2019 年购置一台新的清洁设备，价款 50000 元，增值税 6500 元，已通过银行付款。做会计分录如下：

借：固定资产　　　　　　　　　　　　　　　　　　50000
　　应交税费——应交增值税（进项税额）　　　　　　6500
　　贷：银行存款　　　　　　　　　　　　　　　　　　56500

例 2-6

某酒店属于小微企业，2019 年 9 月收到某购货方归还以前所欠货款 20000 元。做会计分录如下：

借：银行存款　　　　　　　　　　　　　　　　　　20000
　　贷：应收账款　　　　　　　　　　　　　　　　　　20000

例 2-7

某酒店属于小微企业，2019 年向银行借款 200000 元，已存入银行。做会计分录如下：

借：银行存款　　　　　　　　　　　　　　　　　　200000
　　贷：短期借款　　　　　　　　　　　　　　　　　　200000

例 2-8

某酒店属于小微企业，2019 年收到某银行的收款通知，收到某位新加入的股东投入的资金 500000 元。做会计分录如下：

借：银行存款　　　　　　　　　　　　　　　　　　500000
　　贷：实收资本　　　　　　　　　　　　　　　　　　500000

四、银行存款的清查

银行存款的清查是指小微企业银行存款日记账的账面余额与其开户银行转来的对账单的余额进行的核对。双方余额不一致的原因除记账错误外，还因为存在未达账项。所谓未达账项，是指由于小微企业与银行取得有关凭证的时间不同，而发生的一方已经取得凭证登记入账，另一方由于未取得凭证尚未入账的款项。未达账项存在的情况如图 2-2 所示。

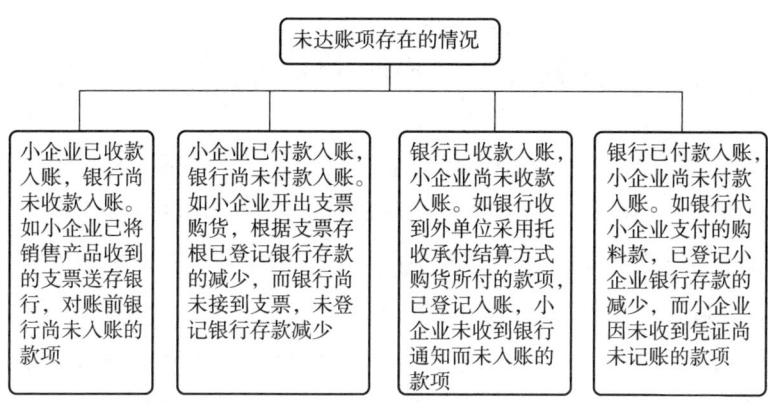

图 2-2 未达账项存在的情况

对上述未达账项应通过编制"银行存款余额调节表"进行检查核对,如没有记账错误,调节后的双方余额应相等。

例 2-9

某酒店属于小微企业,2019 年 12 月 31 日银行存款日记账的余额为 35250 元,银行转来对账单的余额为 63750 元。经逐笔核对,发现以下未达账项:

(1) 小微企业送存转账支票 30000 元,并已登记银行存款增加,但银行尚未记账。

(2) 小微企业开出转账支票 22500 元,但持票单位尚未到银行办理转账,银行尚未记账。

(3) 小微企业委托银行代收某公司购货款 37500 元,银行已收妥并登记入账,但小微企业尚未收到收款通知,尚未记账。

(4) 银行代小微企业支付电话费 1500 元,银行已登记小微企业银行存款减少,但小微企业未收到银行付款通知,尚未记账。

根据上述资料编制"银行存款余额调节表"见表 2-2。

表 2-2 银行存款余额调节表

项目	金额(元)	项目	金额(元)
企业银行存款日记账余额	35250	银行对账单余额	63750
加:银行已收、企业未收款	37500	加:企业已收、银行未收款	30000
减:银行已付、企业未付款	1500	减:企业已付、银行未付款	22500
调节后的存款余额	71250	调节后的存款余额	71250

第三节　其他货币资金

其他货币资金是指小微企业除现金、银行存款以外的各种货币资金，主要包括外埠存款、银行汇票存款、银行本票存款、信用证保证金存款、信用卡存款和存出投资款等。为了反映和监督小微企业其他货币资金的结支和结存情况，应设置"其他货币资金"科目，小微企业增加其他货币资金，借记"其他货币资金"科目，贷记"银行存款"科目；减少其他货币资金，做相反会计分录。期末借方余额反映小微企业实际持有的其他货币资金。同时，"其他货币资金"科目应按照银行汇票或本票、信用卡发放银行、信用证的收款单位、外埠存款的开户银行，分别"银行汇票""银行本票""信用卡""信用证保证金""外埠存款"等进行明细核算。

一、外埠存款

外埠存款是指小微企业为了到外地进行临时或零星采购，汇往采购地所开立的采购专户的款项。小微企业将款项委托当地银行汇往采购地开立专户时，借记"其他货币资金"科目，贷记"银行存款"科目。收到采购人员交来供应单位发票等报销凭证时，借记"在途物资""原材料""库存商品""应交税费——应交增值税（进项税额）"等科目，贷记"其他货币资金"科目。将多余的外埠存款转回当地银行时，根据银行的收账通知，借记"银行存款"科目，贷记"其他货币资金"科目。

例 2-10

某酒店属于小微企业，2019 年到外地某市采购，汇往该市某银行办事处资金 78000 元，采购员赴该市采购各种物资共 67800 元，支取差旅费 5000 元，采购结束，银行将余款转回采购企业开户银行。做会计分录如下（一般纳税人增值税税率为 13%）：

汇出采购资金时：

借：其他货币资金——外埠存款　　　　　　　78000

　　贷：银行存款　　　　　　　　　　　　　　　　78000

收到采购员交来的发票账单：

借：在途物资　　　　　　　　　　　　　　　　　　　60000
　　应交税费——应交增值税（进项税额）　　　　　 7800
　　其他应收款——某采购员　　　　　　　　　　　　5000
　　贷：其他货币资金——外埠存款　　　　　　　　　72800

收到银行转账通知，余款已转回：

借：银行存款　　　　　　　　　　　　　　　　　　　5200
　　贷：其他货币资金——外埠存款　　　　　　　　　 5200

采购员回来，报销差旅费：

借：管理费用　　　　　　　　　　　　　　　　　　　5000
　　贷：其他应收款——某采购员　　　　　　　　　　5000

二、银行汇票存款的核算

银行汇票是指由小微企业为取得银行汇票按规定存入银行的款项。小微企业向银行申请办理银行汇票时，应填写"银行汇票委托书"，将款项交存出票银行。其会计处理如图2-3所示。

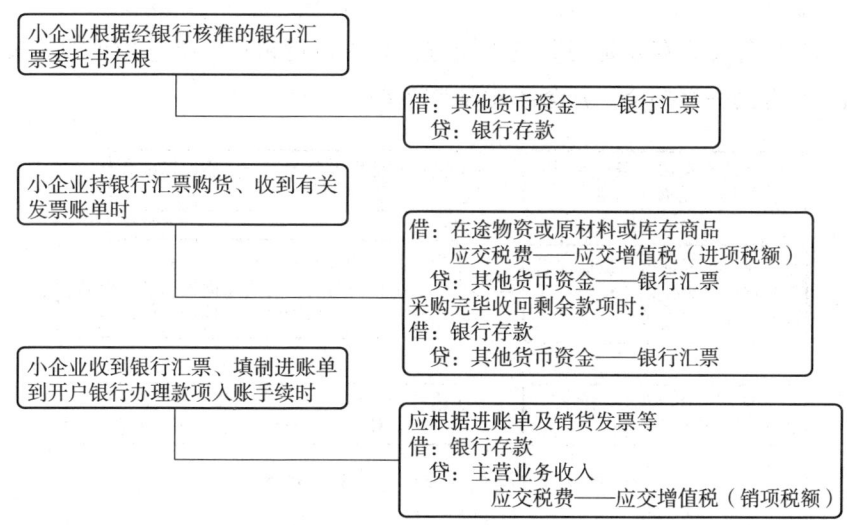

图2-3　银行汇票存款的核算

三、银行本票存款的核算

银行本票是指小微企业为取得银行本票按规定存入银行的款项。银行本票分为不定额本票和定额本票两种。采用银行本票进行结算时,小微企业应填写"银行本票委托书",将款项交存银行。其会计处理如图2-4所示。

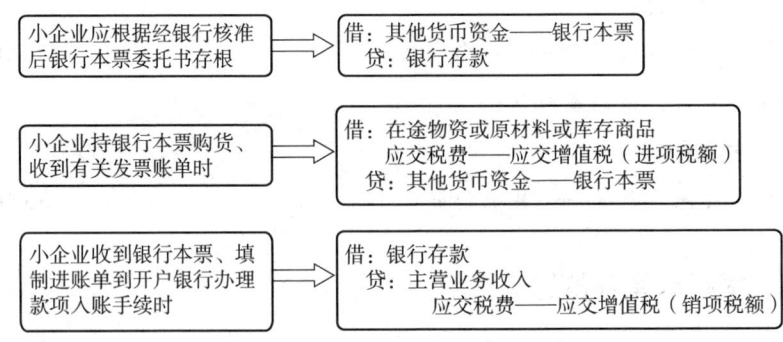

图2-4　银行本票存款的核算

四、信用证保证金存款的核算

信用证保证金存款是指购货方或进出口人申请银行开立信用证时,按银行规定交存的一笔押金。其会计处理如图2-5所示。

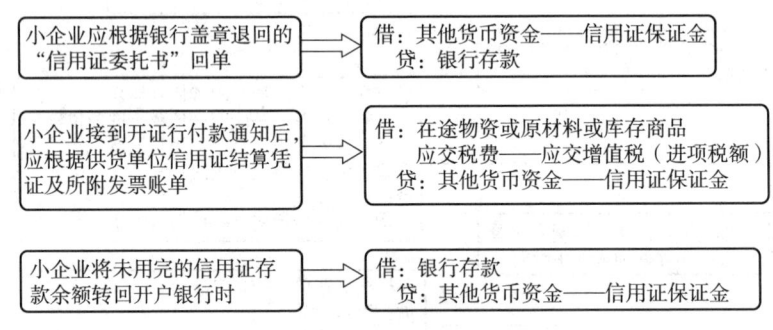

图2-5　信用证保证金存款的核算

五、信用卡存款的核算

信用卡存款是指小微企业为取得信用卡而存入银行信用卡专户的款项。小微企业应填制"信用卡申请表",连同支票和有关资料一并送存发卡银行,领取信用卡。其会计处理如图 2-6 所示。

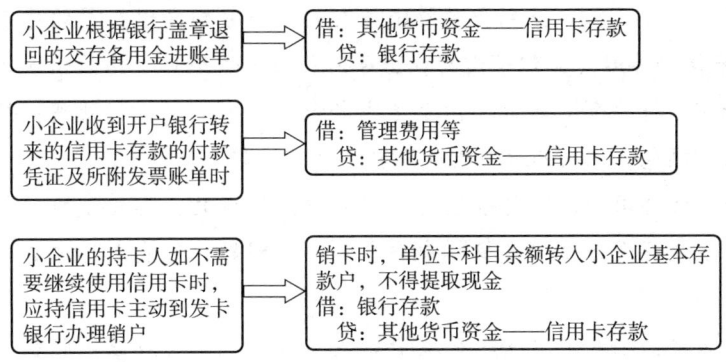

图 2-6　信用卡存款的核算

六、存出投资款的核算

存出投资款是指小微企业已存入证券公司但尚未进行短期证券投资的资金。其会计处理如图 2-7 所示。

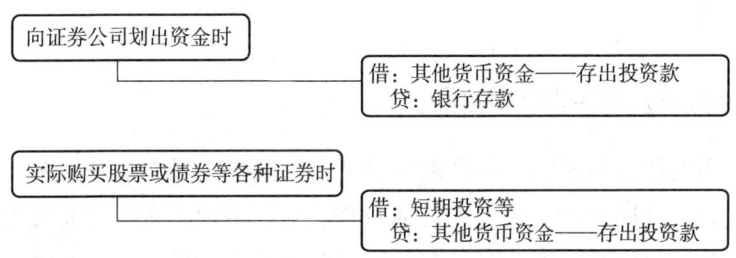

图 2-7　存出投资款的核算

第四节　货币资金涉及的主要税务问题

一、库存现金长短款问题

库存现金长短款是指在盘点和核对库存现金时，发现的除挪用现金、"白条"抵库、超限额留存现金等情况以外的原因的库存现金日记账余额与库存现金数额不符。

例 2-11

2019年，某小型酒店的出纳员张某在两天中分别发现公司的库存现金短缺30元和溢余100元，但是没有找出原因。为了保全自身的面子同时又考虑到两次账实不符的金额非常小，于是决定采取下列办法进行处理：短缺的库存现金自掏腰包；溢余的库存现金则自己暂时收起来。

分析：该公司的出纳员张某的处理方法是错误的，其直接的后果可能会掩盖公司在库存现金管理与核算中存在的许多问题，可能表明该公司存在重大的经济问题。

解决方法：企业中出现库存现金账实不符的现象时应该按照相关的会计规定进行处理：如为库存现金短缺，按应由责任人赔偿部分后的金额，借记"其他应收款——库存现金"，按实际短缺的金额扣除应由责任人赔偿部分后的金额，借记"管理费用"科目，按实际短缺的金额，贷记"库存现金"科目。如为现金溢余，按实际溢余的金额借记"库存现金"科目，按应支付给有关人员或单位部分后的金额，贷记"其他应付款"科目，按实际溢余的金额超过应支付给有关人员或单位部分后的金额，贷记"营业外收入"科目。

二、虚开发票套取现金问题

假发票的特点和规律：一是发票日期与发票的连续号码不相符，开出的同一类发票，日期在前、号码在后或日期在后、号码在前。二是发票标明的经济事项与该单位的生成经营业务范围实际情况不相吻合。三是支出与金额违反常规。四是发票的日期、数量、单位、单价、品种及规格含糊不清或根本不填，金额一般为某个整数。五是相邻的数张发票为某个整数。

例 2-12

陈某是某酒店采购部门的主管，平时主要负责公司的物资采购工作。由于公司平时对物资管理不是非常严格，从未认真进行过盘点，进货物资的数量和金额都是由陈某一人掌握。2019年1—7月，陈某为谋取私利就利用职务之便，与公司财务部门会计肖某合谋找一些物品发票，对所附明细清单进行修改，全部换成公司办公用品，公司经理也未进行核实，签字同意后报销下账。就这样，虽然实际并未发生任何支出，现金便瞒天过海轻易被套取出来。

分析：小型酒店餐饮企业由于规模小、财务制度不健全，财务人员对报销把关不严，个别人便利用这一机会，将平时非公务或私人积累的一些车票、住宿费等单据混在正常票中一起报销，套取现金。当然也有部分企业故意报销一些非公务单据或是伪造单据，以达到增加费用、减少利润、偷逃税款的目的，这些做法都是错误的。

三、分开套写发票少缴税款的问题

例 2-13

某酒店经常在某食品公司采购食材，数量较大，涉及的金额也较多。食品公司由于经营利润较高，想隐瞒部分收入，而该酒店也想增加费用，抵减部分利润，双方一拍即合，私下决定由食品公司在开具销售发票时，采用联次分开套写的方式，在发票联上多开具销售金额，而存根联与记账联少开具销售金额，以达到双方少缴税的目的。

分析：开票方目无法纪，为了双方利益，利用税务机关监管不严的漏洞，为所欲为，达到双方不可告人的目的。小型酒店餐饮企业收受的发票大部分是手写发票，而部分企业就利用这个漏洞，分开填写发票联和存根联、记账联金额。根据《税收征管法》的规定，纳税人开具大头小尾发票，隐匿经营收入，造成不缴或少缴税款的，属于偷税行为。

第五节　货币资金涉及的主要审计问题

一、贪污现金

贪污现金主要表现为六种形式：一是隐瞒收入，主要采取的方法是收到现金后撕毁票据不入账或收到现金后不开票据不入账；二是利用单位财务管理上的漏洞或工作上的便利采用篡改、刮擦和销退等手段涂改凭证金额，将收入数额改小或将支出数额改大；三是一证多报，将已入账的支出原始凭证抽出重复报销，多发生在财务部门内部；四是索取大头小尾票据，利用假复写的办法使得发票联的金额超过存根记账联的金额，多发生在费用报销环节；五是向对方出具空白发票或收据，将收入据为己有；六是冒充领导签字，在原始凭单上冒充领导签字进行费用报销。

例 2-14

2019 年，某小型酒店餐饮企业的会计王某因为粗心在某月记账汇总时，漏记了一笔收到现金的往来款 2000 元，因为漏记这笔业务并不影响汇总的科目表的平衡（资产科目一增一减），致使库存现金总账和明细账产生了差额。出纳陈某发现了这个错误，没有提醒王某，而是将库存现金明细账比总账中长出的 2000 元现金据为己有。税务人员在审计时发现库存现金总账和明细账不符，在追问之下才发现了陈某贪污长款的事实。

分析：在实际工作中一旦会计人员粗心大意就会导致记账发生错误，造成总账和明细账的不符；若出纳人员素质不高，将长款据为己有，就会给企业带来较大的损失。

无论是发生现金的盘亏还是盘盈，都应当通过调查分析确定其原因。对于盘亏，尤其要提高警惕，应进一步检查收付款凭证与总账，以确定现金盘亏是出纳员挪用公款或贪污公款所致，还是工作差错所致。

对于盘亏，如果是大额盘亏，则可定性为挪用或贪污并应对出纳员进行检查，促使其进一步交代问题，最终确定盘亏的原因；如果是小额盘亏，在发现其他可疑线索的情况下，由出纳员说明情况，责令其即刻补交盘亏款项，并对其工作做出相应的行政处分，这就是对工作差错所致进行的处理。

对于盘盈，应通过调查分析出纳员有无替代他人代管库存现金的情况（事实上，在盘点前，都应要求出纳事先声明）。如果盘盈的金额较小，一般可确定为出纳员在收付款时由于多收或少付造成的；如果金额较大，应考虑其是否为被查单位的"小金库"或其他舞弊问题，还需要进一步地综合调查分析来确定。

最后特别是要责令出纳员交代问题，以便查清问题的真相。

二、挪用现金

挪用现金主要表现为六种形式：一是有意错列现金总额，出纳将现金日记账中收入合计数少列，支出合计数多列；二是白条抵库，利用白条借出现金为自己或他人牟取私利；三是收入暂不入账，将收到的现金暂不制证入账挪作他用；四是业务往来的借款，未办理正常手续，将现金挪作他用；五是侵吞银行借款，由于单位内部控制存在缺陷，经办银行借款的人员相互串通，借入款项不入账，并销毁借款存根；六是应收账款收回不及时进行账务处理，应收账款收到现金后不入账，而将现金挪作他用，多发生在会计或出纳身上。

三、坐支现金

坐支现金主要表现形式为收到现金不存入银行专户，直接支付使用。

四、违规出借账号

例 2-15

2019年，审计人员在进行审计时发现某工业公司的银行对账单上借方和贷方各有同样的一笔数字，但是该公司的银行日记账上并没有反映这两笔收支。审计人员立即对其开户银行进行函证，最终发现该公司违反银行账户管理规定，出借银行存款账户的事实。

分析：出借银行存款账号的情况多见于小企业和特殊行业的企业，这种情况一般是在对账单上先有一笔资金收入，在相近日期又有一笔资金支出，金额相等，常以整数出现。对于这种情况，要进一步追查资金的来源和去向，必要时，可以进行函证，最后核对有关的销售合同，查明是属于出借账号，还是收入没有入账。

五、利用未达账项

企业单位与银行之间，对同一项经济业务由于凭证传递上的时间差所形成的一方已登记入账，而另一方因未收到相关凭证，尚未登记入账的事项，称为未达账项。未达账项主要是因为企业和银行收到结算凭证的时间不一致所产生的。在一些企业中会出现利用未达账项而牟取利益的情况。

例 2-16

2019年，某企业的出纳人员私自占用企业的资金，为了怕事情败露，在期末时做了一笔企业已收银行未收的调节。

分析：利用未达账项来掩饰，一般来说银行对账单和企业的银行日记账是对不上的，原因是有未达账项，比如银行已收企业未收，企业未收银行已收等。审计人员一定要查看未达账项的后期情况,可以查看未达账项在后期是否入账。

六、设置专户收取回扣问题

例 2-17

某小型酒店餐饮企业在"其他货币资金"账户下设置"外埠存款"明细账核算外埠采购的银行结算业务。经税务检查人员询问,所采购的是 A 种新材料。据检查人员了解,该种材料本市也有生产且质量可靠,为什么采购人员要舍近求远以超过本市产品的价格进行异地采购呢?对此,税务检查人员会同该厂内部审计人员赴采购地进行联合调查发现,采购人员为了索取可观的回扣,蒙骗有关领导,在财务部门未加严格审查的情况下设置了这种存款专户。仅回扣一项已达数万元,由此虚增了原材料和产品成本,偷逃了企业所得税。

分析:"其他货币资金"账户下的有关明细账,应有特定的、正当的业务需要。但在实际工作中存在着将货币资金从银行存款转入上述其他有关专户而未有合理、正当业务需要的问题。有些采购人员为了游山玩水或者向销货方收取大额的回扣,对能在本地购进的材料或物资,故意到外埠采购,要求财务部门设置外埠存款或银行汇票存款。一旦"得逞",不仅给企业造成损失浪费,也必然影响了税收。对此类问题,检查人员可以在审阅"其他货币资金"账户下有关存款专户的借方内容发现线索或疑点,然后审阅会计凭证进行账证核对,检查分析设置这种存款专户有无正当合理的业务需要,在此基础上采用查询的方法查证问题。

🔊 审计小贴士 教你查出"小金库"

一、追根溯源,"小金库"是怎样形成的?

"小金库"是指违反国家财经法规及其他有关规定,侵占、截留国家和单位收入,未列入本单位财务财务部门账内或未纳入预算管理,私存私放的各项资金。

小微酒店餐饮企业的收入种类繁多,代收的款项也较多,且主要以现金结算为主,付款人对是否开具正规的发票并不介意,非常容易给小人之辈留下可乘之机。

就小微酒店餐饮企业而言,"小金库"的形成来源主要有两类:一类是业务收入的现金不入账;另一类是虚列项目,转到账外。需要说明的是,以现金结算容易出现"小金库"的问题,并不意味着通过银行结算就不会出现以上的问题,只是作弊的难度比现金结算大一些而已。

(一)收入现金不入账

收入现金不入账的情况如图2-8所示。

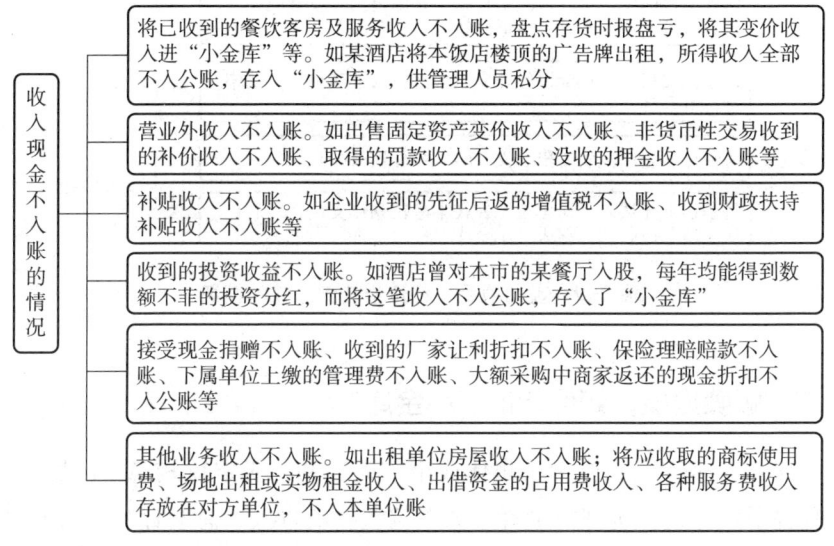

图2-8 收入现金不入账的情况

(二)虚列项目,将资金转到账外

虚列项目,将资金转到账外的情况如图2-9所示。

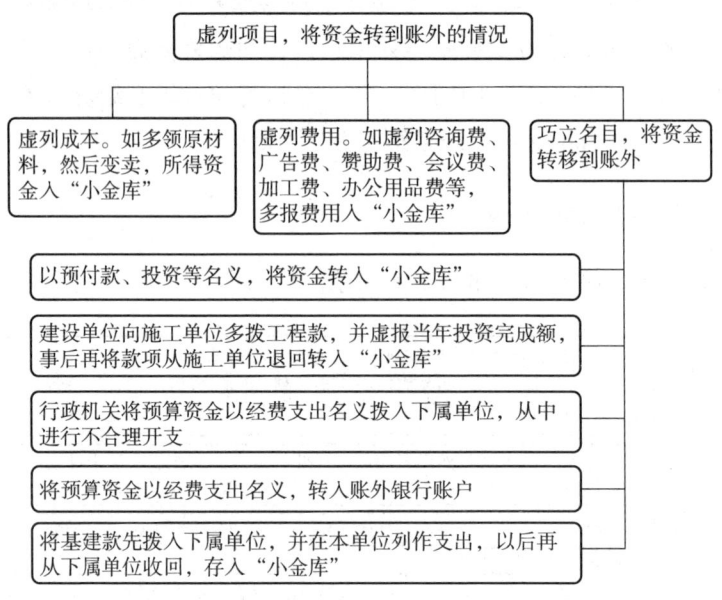

图 2-9　虚列项目，将资金转到账外的情况

二、顺藤摸瓜，如何查证"小金库"

由于"小金库"只是为小集体或个别人谋利，必定比较隐密，故一般只是单位高层领导或关键部门主管（如单位主要负责人、总会计师、财务主管、销售主管等）参与。对此，审计人员必须加强对这些人的观察，从中发现线索。必要时，审计人员应对外部有关单位的会计账目进行询查。

（一）有举报时的审计技术与方法

在实际工作中，审计人员有可能会接到有关人员提供的线索或举报，如审计人员收到署名"部分职工"或"一个知情人"的检举信，内称××单位经领导授意利用假发票报销，将报销款进入"小金库"，供个别领导经常吃吃喝喝。对此，审计人员应以检举信所说的"假发票"为线索，从两方面进行调查：

一方面弄清个别领导具体指的是何人？经常吃喝在什么地方？必要时，可以去饭店、宾馆进行调查，掌握吃喝的次数与发票或收据金额。依据吃喝的发票或收据副本，查看这些发票或收据在企业的会计账目中是否入账。如未入账，则需查明是自掏腰包，还是另设有"小金库"。通常后者的可能性较大。

另一方面审阅某一时期的"管理费用""制造费用"明细账,对付款凭证所附发票实行详查,仔细核对和调查发票中所反映的经济业务,并与有关的实物进行核对,验证发票所记录的经济行为的真实性与合理性。如审计人员查出某一张可疑的发票,被审计单位当事人既不能说出该发票所记录的经济业务发生的真实性与合理性,审计人员采用其他替代程序也无法证实该发票的发生的真实性与合理法,则这张发票属于虚报冒领的可能性很大。虚报冒领者有两种动机,要么是贪污,要么是根据领导的授意为"小金库"筹集资金。如果是后者,则审计人员可要求其指出"小金库"存放何地?或资金交予何人?

将两方面调查的情况进行综合分析,如确定为单位私设"小金库",审计人员应当按国家有关规定做出相应的处理。

(二)无举报时的审计技术与方法

在无举报的情况下,审计人员要发现并查清"小金库",必须在常规审计过程中保持特别关注,以发现舞弊迹象。小金库审计的一般程序与方法如下:

(1)了解被审计单位的基本情况,了解被审计单位的固有风险因素(如被审计单位所处的环境、行业秩序、所面临的外界压力、财务报销管制等),分析评价关键人员的品质与道德。

(2)了解被审计单位的内部控制情况,必要时进行符合性测试,分析和评价内部控制的弱点。

内部控制的健全程度与执行情况,与舞弊现象的发生有着密切的关系。所以,审计人员应关注被审计单位的内部控制情况,具体如图2-10所示。

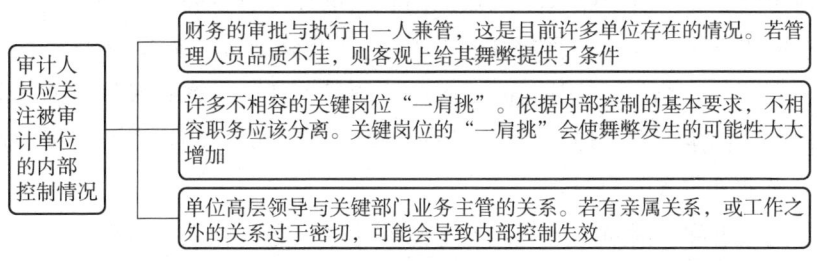

图2-10 审计人员应关注被审计单位的内部控制情况

(3)根据有关人员的反常变化,获取有关小金库的审计线索。"小金库"主要与单位高层领导及关键部门主管有关,审计人员应该对这些人予以高度关注，重点要审查这些人员所经管或签字的业务，特别要注意这些人员的正常收入与其本人及家属的开销是否匹配，有无其他合法收入来源。

（4）进行分析性复核，了解被审计单位的收入、成本、费用等是否存在异常情况。

一般采取以下办法：

如果本期产品的销售价格没有重大变化，依据会计资料中所记录的上期各主要产品的销售收入与销售数量，确定上期主要产品的平均销售价格，然后依据这一价格乘以本期销售量，计算出本期销售收入，并将此收入与本期账面销售收入进行对比，观察二者是否大体一致。如相差较大，则可能存在收入不入账或少入账的情况。

计算公式如下：

某种产品上期平均价格＝该种产品上期销售收入／该种产品上期销售量

按上期价格计算的本期主要产品销售收入＝各主要产品本期销售量×该产品上期平均价格

（5）依据对上述情况的分析，估计可能形成"小金库"的领域、形式和地点，以确定审计的范围、方式和方法。

（6）依据上述程序所获得的审计线索，实施详细测试，以收集充分、确凿的审计证据。

一般来讲，可采用以下审计技术与方法：

①运用观察、询问等方法了解被审计单位是否存在边角余料、废旧物资及固定资产清理报废等情况，这些项目的账面收入是否与审计人员的调查情况相符。

对于固定资产清理收入不入账的问题，审计人员首先应审阅固定资产和累计折旧明细账，查看清理报废固定资产是否分别从"固定资产"科目和"累计折旧"科目转入"固定资产清理"科目；其次，查看残值或变价收入是否记入"固定资产清理"贷方，清理净收益是否由"固定资产清理"科目转入"营业外收入"科目。

②通过审阅、询问、函证，了解被审计单位是否存在投资业务，投资业务应该取得的收入是否与账面记录相符。

③通过询问、观察了解被审计单位是否拥有饭店、招待所及其他对外服务、营业场所等，这些部门的收入是否全部纳入本单位的收入。

④通过查询方法，检查被审计单位在费用支出中是否存在数额较大的不

正常支出，如咨询费、赞助费、办公用品费、设备租赁费、会务费、运输费等，这些支出中有一部分很可能就是为设立"小金库"而巧立名目或无中生有的虚报。审计人员需要对每笔可疑的费用就其应该涉及的凭证实行追查，包括必要的函证。

（7）对审计工作底稿中所记载的审计发现问题进行综合分析与评价，形成初步审计结论。

（8）与被审计单位有关人员进行沟通，征求他们对初步审计结论的意见。

（9）及时做出审计结论与审计决定。

第三章 小微酒店餐饮企业应收款项的核算

第一节 应收票据

一、应收票据的概念与类别

应收票据是指小微企业持有的、尚未到期的商业汇票。商业汇票是债务人所做的书面承诺，具有较强的法律效力。同时，应收票据可以背书转让或用于贴现等融资活动，具有较强的流动性。在我国，除商业汇票外，大部分票据都是即期票据，可以即刻收款或存入银行成为货币资金，不需要作为应收票据核算。因此，在我国应收票据即指商业汇票。

商业汇票按承兑人不同，分为由付款人承兑的商业承兑汇票和由银行承兑的银行承兑汇票。商业汇票按照票据有效期内本金是否计算利息，又分为带息票据和不带息票据。带息票据是到期时，按票据面额和票面利率收取本息的票据，它的到期值等于票面本息之和。不带息票据则是到期时按票据面额收款的票据，它的到期值等于票据面额。

二、应收票据的会计核算

为了反映和监督小微企业应收票据的取得和回收情况，小微企业应当设置"应收票据"科目，该科目核算小微企业因销售商品、产品和提供劳务等而收到的商业汇票。"应收票据"的借方登记收到的应收票据面值及计提的利息，贷方登记到期收回、到期前向银行贴现或转入应收账款的票据面值及利息。科目期末借方余额，反映小微企业持有的商业汇票的票面价值和应计利息。

小微企业应当按照商业汇票的种类明细科目，设置"应收票据备查簿"，逐笔登记每一张应收票据的种类、号数和出票日期、票面金额、票面利率、交易合同号和付款人、承兑人、背书人的姓名或单位名称、到期日、背书转让日、贴现日期、贴现率和贴现净额、本计提的利息，以及收款日期和收回金额、退票情况等资料，应收票据到期结清票款或退票后，应当在备查簿内逐笔注销。

应收票据的核算包括以下几方面的内容：

（一）应收票据的取得

按应收票据取得的不同原因，应作不同的会计处理。因债务人以票据抵偿前欠货款而取得的应收票据，借记"应收票据"科目，贷记"应收账款"科目；因小微企业销售商品、产品和提供劳务等而收到开出、承兑的商业汇票，应按应收票据的面值入账，借记"应收票据"科目，按实现的营业收入，贷记"主营业务收入"等科目，按专用发票上注明的增值税额，贷记"应交税费——应交增值税（销项税额）"等科目。

例 3-1

某酒店属于小微企业，为 A 公司提供了一次出租会议室的服务。由于 A 公司资金紧缺，于 2019 年 8 月 25 日交给该酒店一张不带息的 3 个月到期的商业承兑汇票，面额 20 万元，用于支付本会议室出租费。该酒店的会计分录如下：

收到商业承兑汇票时：

借：应收票据　　　　　　　　　　　　　　　200000
　　贷：预收账款　　　　　　　　　　　　　　　　200000

3 个月后，票据到期，小微企业收回款项 200000 元，存入银行：

借：银行存款　　　　　　　　　　　　　　　200000
　　贷：应收票据　　　　　　　　　　　　　　　　200000

若到期时 A 公司无力偿还票款，应将到期票据的面额转入"应收账款"：

借：应收账款　　　　　　　　　　　　　　　200000
　　贷：应收票据　　　　　　　　　　　　　　　　200000

（二）应收票据的贴现

应收票据的贴现是指票据的持有人因急需资金，将未到期的商业汇票背书后转让给银行,银行受理后,从票面金额中扣除按银行的贴现率计算确定的贴现利息后,将余额付给小微企业的业务。票据贴现实质上是为企业融通资金的一种方式。票据贴现的计算公式如图 3-1 所示。

票据贴现的计算公式
- 贴现净额=票据面值-贴现利息
- 贴现利息=票据面值×贴现率×贴现期
- 贴现期=票据期限-企业已持有的票据期限

图 3-1　票据贴现的计算公式

按照中国人民银行《支付结算办法》的规定,实付贴现金额按到期价值扣除贴现日至票据到期前一日利息计算。承兑人在异地的,贴现利息的计算期应另加 3 天的划款期。

应收票据的贴现一般有两种情形:带追索权贴现和不带追索权贴现。所谓追索权,是指企业在转让应收款项的情况下,接受方在应收款项拒付或逾期支付时,向应收款项转让方索取应收金额的权利。因为应收票据是向银行贴现的,所以追索权由银行享有。

1. 带追索权贴现

带追索权贴现时,贴现企业因背书而在法律上负有连带偿债责任,这种责任可能发生,也可能不发生;可能是部分的,也可能是全部的。

小微企业持未到期的商业汇票向银行带追索权贴现时,应按照实际收到的金额(贴现净额),借记"银行存款"科目,按照贴现利息,借记"财务费用"科目,按照商业汇票的票面金额,贷记"短期借款"科目。会计分录如下:

借:银行存款(贴现净额)
　　财务费用(贴现利息)
　贷:短期借款(票面金额)

2. 不带追索权贴现

不带追索权贴现时,票据一经贴现,企业将应收票据上的风险(不可收回账款的可能性)和未来经济利益全部转让给银行,企业贴现所得收入与票据账面价值之间的差额,计入当期损益。会计分录如下:

借:银行存款(贴现净额)
　　财务费用(贴现利息)
　贷:应收票据(票面金额)

例 3-2

某酒店属于小微企业，于 2019 年 6 月 10 日将一张 3 月 10 日签发，5 个月期限，票面价值 100000 元的商业汇票向银行不带追索权贴现，银行贴现率为 9%。会计分录如下：

贴现期为 2 个月

到期值 = 200000（元）

贴现利息 = 100000×9%×2÷12 = 1500（元）

贴现净额 = 100000 − 1500 = 98500（元）

借：银行存款　　　　　　　　　　　　　　　　98500
　　财务费用　　　　　　　　　　　　　　　　 1500
　　贷：应收票据　　　　　　　　　　　　　　100000

例 3-3

若在例 3-2 中，小微企业向银行进行带追索权贴现，其他条件不变。则会计分录如下：

借：银行存款　　　　　　　　　　　　　　　　98500
　　财务费用　　　　　　　　　　　　　　　　 1500
　　贷：短期借款　　　　　　　　　　　　　　100000

（三）应收票据的转让

企业需采购物资或抵偿债务，但无足够的货币资金时，可以将持有的未到期的应收票据背书转让，即在应收票据的背面签字后转让给收款人。但在票据到期时，如果票据的签发人无力支付票款，则背书人应负连带责任。

小微企业将持有的应收票据背书转让取得所需物资时，按应计入取得物资成本的价值，借记"原材料""库存商品"等科目，按专用发票上注明的增值税额，借记"应交税费——应交增值税（进项税额）"科目，按应收票据的账面余额，贷记"应收票据"科目，按实际收到或支付的金额，借记或贷记"银行存款"等科目。

（四）应收票据到期

应收票据到期，应根据以下不同情况做相应会计处理：

（1）收回应收票据，按实际收到的金额，借记"银行存款"科目，按应收票据的账面余额，贷记"应收票据"科目，按其差额，贷记"财务费用"科目。

例 3-4

某酒店属于小微企业，2019 年 12 月持有不带息面额为 50000 元，期限 6 个月的商业汇票到期，收到货款 50000 元，做会计分录如下：

借：银行存款　　　　　　　　　　　　　　　　　　50000
　　贷：应收票据　　　　　　　　　　　　　　　　　　50000

（2）因付款人无力支付票款，收到银行退回的商业承兑汇票、委托收款凭证、未付票款通知书或拒绝付款证明等，按应收票据的账面余额，借记"应收账款"科目，贷记"应收票据"科目。

需要说明的是，小微企业持有的应收票据，不得计提坏账准备。到期不能收回的应收票据只需转入"应收账款"科目即可。

例 3-5

某酒店属于小微企业，2019 年 10 月持有的一张面值为 50000 元 6 个月期限的商业承兑汇票，到期未能收到票款。做会计分录如下：

借：应收账款　　　　　　　　　　　　　　　　　　50000
　　贷：应收票据　　　　　　　　　　　　　　　　　　50000

第二节　应收账款

一、应收账款的确认与核算

应收账款是指小微企业在正常经营活动中，因销售商品、产品和提供劳务等，应向购货单位或接受劳务单位收取的款项，包括向客户收取的货款、增值税款和为客户代垫的运杂费。在资产负债表上，应收账款列为流动资产，其范围是指那些预计在一年或超过一年的一个营业周期内收回的应收款项。

核算应收账款，应确定入账时间和入账价值，即应收账款应于销售收入实现时按销售收入的实际发生额计价入账，以保证正确反映应收账款的形成、收回情况，合理地确认、计量坏账损失。在发生商业折扣时，应当考虑有关的折扣和折让因素。

小微企业应设置"应收账款"科目，核算应收账款的增减变动及结果。不单独设置"预收账款"科目的小微企业，预收的款项也在"应收账款"科目核算。该科目借方登记企业因销售商品、产品和提供劳务等而应收取的款项，企业代购货方垫付的包装费、运杂费等代垫的费用；贷方登记应收账款的收回及确认的坏账损失。科目期末借方余额，反映小微企业尚未收回的应收账款；期末如为贷方余额，反映小微企业预收的款项。按不同的购货单位或接受劳务的单位及其他应收款的项目分类，"应收账款"科目应按不同的债务人设置明细账，进行明细核算。

小微企业发生应收账款时，按应收金额，借记"应收账款"科目，按实现的销售收入，贷记"主营业务收入""其他业务收入"等科目，按专用发票上注明的增值税额，贷记"应交税费——应交增值税（销项税额）"科目；收回应收账款时，借记"银行存款"等科目，贷记"应收账款"科目。

例 3-6

某酒店属于小微企业，2019 年 3 月 31 日，为 A 公司提供一次商务宴请，总金额为 1 万元。

该酒店于 2019 年 3 月 31 日做会计分录如下：

借：应收账款——A 公司　　　　　　　　　　　10000
　　贷：主营业务收入　　　　　　　　　　　　　　10000

二、应收账款的坏账损失

在市场经济条件下，由于广泛采用商业信用，企业在赊销产品或提供劳务时，可能会因顾客没有能力或不愿支付，具体是购货人拒付、破产、死亡等原因导致应收账款无法收回的款项，在会计上称为坏账。由于坏账而产生的损失，称为坏账损失。

（一）坏账损失的确认

小微企业应收账款符合图 3-2 中所列条件之一，减除可收回的金额后确认无法收回的应收及预付款项，作为坏账损失。

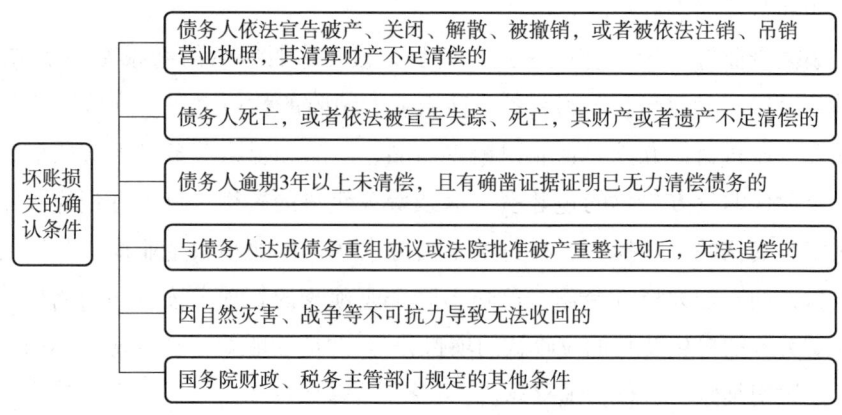

图 3-2　坏账损失的确认条件

（二）坏账损失的核算

根据《小企业会计准则》的有关规定，小微企业对坏账的核算应采用直接转销法。直接转销法是指在实际发生坏账时，将坏账损失直接计入期间费用，同时冲销应收账款。在直接转销法下，企业不需设置"坏账准备"科目。当坏账损失实际发生时，应当按照可收回的金额，借记"银行存款"等科目，按照其账面余额，贷记"应收账款"，按照其差额，借记"营业外支出"科目。

由此可以看出，直接转销法的采用充分体现了小微企业账务处理简单易懂的宗旨。

例 3-7

2019 年某小微企业应收账款中，应收 A 公司的账款为 5000 元。应收账款到期后，A 公司只偿还了 3000 元，剩余的 2000 元无法追偿，企业应编制如下会计分录：

借：银行存款　　　　　　　　　　　　　　3000
　　营业外支出　　　　　　　　　　　　　2000
　　贷：应收账款——A 公司　　　　　　　　　　5000

第三节　预付账款与其他应收款

一、预付账款

（一）预付账款的确认与核算

预付账款是指小微企业按照购货合同或劳务合同的规定，预先付给供应单位的款项。

为了反映预付款项的支付和结算业务，小微企业可通过"预付账款"科目予以核算。根据《小企业会计准则》规定，预付款项较少的小微企业，也可不设置本科目，将预付的款项直接计入"应付账款"科目借方。小微企业因购货而预付的款项，借记"预付账款"科目，贷记"银行存款"等科目。收到所购物资时，根据发票账单等列明应计入购入物资成本的金额，借记"在途物资"或"原材料""库存商品"等科目，按专用发票上注明的增值税额，借记"应交税费——应交增值税（进项税额）"科目，按应付金额，贷记"预付账款"科目。补付的款项，借记"预付账款"科目，贷记"银行存款"科目；退回多付的款项，借记"银行存款"科目，贷记"预付账款"科目。

"应付账款"和"预付账款"科目的期末借方余额反映小微企业实际预付的款项，属于资产，在编制会计报表时，应列示在"预付账款"科目；"应付账款"和"预付账款"科目的期末贷方余额反映企业尚欠支付的金额，属于负债，在编制会计报表时，应列示在"应付账款"科目。"预付账款"科目应按供应单位设置明细账，进行明细核算。

例 3-8

某酒店属于小微企业，向 A 公司订购了一批玻璃，用于日常房屋维修之用，2019 年 5 月 10 日根据购货合同向 A 公司预付货款 20000 元。6 月 10 日收到所购商品，增值税专用发票上注明商品的价款为 30000 元，增值税额为 3900 元。6 月 10 日，向 A 公司补付货款及税款合计 13900 元。会计分录如下：

（1）预付货款时：

借：预付账款——A 公司　　　　　　　　　　　　　20000

　　贷：银行存款　　　　　　　　　　　　　　　　　　20000

(2) 收到商品时：

借：原材料 30000

　　应交税费——应交增值税（进项税额） 3900

　　贷：预付账款——A 公司 33900

(3) 支付其余的款项时：

借：预付账款——A 公司 13900

　　贷：银行存款 13900

（二）预付账款的坏账损失

企业的预付账款也会发生坏账损失，坏账损失的条件与应收账款科目相同，此处不再重复。《小企业会计准则》规定，预付账款实际发生坏账损失时，应当按照可收回的金额，借记"银行存款"等科目，按照其账面余额，贷记"预付账款"，按照其差额，借记"营业外支出"科目。

例 3-9

接例 3-8，若企业在 6 月 10 日预付货款后，A 公司不幸倒闭，导致企业只收回了预付账款的一半，剩余的一半 A 公司无法偿还，则企业应做如下会计分录：

借：银行存款 10000

　　营业外支出 10000

　　贷：预付账款 20000

二、其他应收款

其他应收款是指小微企业除应收票据、应收账款、预付账款、应收股利、应收利息等以外的其他各种应收及暂付款项。包括：各种应收的赔款、应向职工收取的各种垫付款项等。小微企业出口产品或商品按照税法规定应予退回的增值税款，也作为其他应收款核算。

其他应收、暂付款的主要内容如图 3-3 所示。

小微企业应设置"其他应收款"科目对上述内容进行核算。在发生各种其他应收款项时，借记"其他应收款"科目，贷记"库存现金""银行存款"等科目。收回各种款项时，借记"库存现金""银行存款"等科目，贷记"其他应收款"科目。

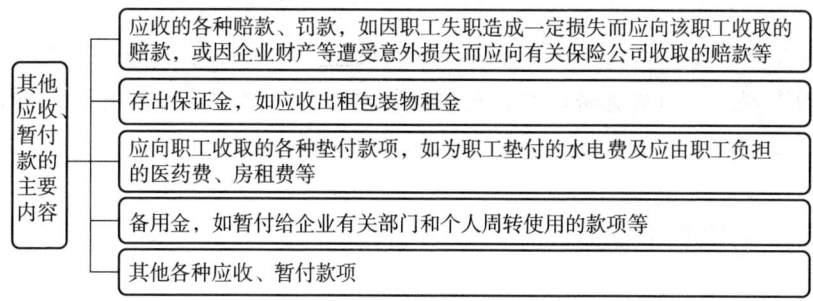

图 3-3 其他应收、暂付款的主要内容

按照《小企业会计准则》的规定,确认其他应收款实际发生的坏账损失,应当按照可收回的金额,借记"银行存款"等科目,按照其账面余额,贷记"其他应收款",按照其差额,借记"营业外支出"科目。会计分录如下:

借:银行存款
　　营业外支出
　　贷:其他应收款

"其他应收款"中所包括的内容是相当繁杂的。在实际生活中,由于一些企业内部管理不严,其他应收款长期得不到清理,致使其他应收款金额巨大,这应当引起高度重视。

第四节　应收款项涉及的税务问题

一、利用往来科目隐瞒收入的问题

例 3-10

2019 年 4 月,某小型酒店向某公司销售产品,结算后却不确认收入,而是首先按相同金额用资金支付一笔款项作为预付账款核算,即借记"预付账款",贷记"银行存款"或"库存现金",让人误以为是购买物品所支付的预付款,之后某个时间再将此收入的资金做相反的会计分录,即借记"银行存款"或"库存现金",贷记"预付账款",视同退款。

分析:该账务处理违反了税法的相关规定。预付账款是企业按照购货合同规定预付给供应单位的款项,一般按实际付出的金额入账。但在有些企业中，预付账款却不是真正意义上的预付资金，而是发挥隐瞒收入的作用。该案例中采取的方式，就是在取得收入时，借记"银行存款"科目，贷记"预付账款"科目，以后再借记"预付账款"科目，贷记"库存现金"科目进行销账，其目的就是隐匿收入、偷逃税金。

二、隐瞒购销业务

例 3-11

A 公司是 B 酒店的长期客户，平时住宿和就餐的费用都是挂账核算。B 酒店相应的账务处理为借记"应收账款"，贷记"主营业务收入"。年底收到欠款进行结算时，B 酒店的账务处理本应该为借记"银行存款"或"库存现金"，贷记"应收账款"，但是由于 B 酒店需要向 A 公司购买用品，于是双方私下达成协议，A 公司可以用所欠账项抵销 B 酒店所购的用品款，双方都不再反映应收账款、收入等科目。

分析：该账务处理违反了税法的相关规定。应收账款是核算企业因销售商品、材料和提供劳务等，应向购货单位收取的款项，以及代垫运杂费。小型酒店餐饮企业向消费单位提供住宿或餐饮服务而产生的应收账款，应该按时反映，及时收回，不能因为小型酒店餐饮企业也向消费公司购买物品，往来款项就不在账面上反映。双方这么做是因为要达到收入支出账外核算，以此规避相关税费。

第五节　应收账款涉及的主要审计问题

一、为达成销售任务虚增收入

例 3-12

ABC 会计师事务所审计人员 A 在审计 B 酒店时发现该公司 2019 年 12 月的利润表中的利润比其他几个月份高出好几倍，通过详细的审查发现该公司的一笔销售收入未结转成本，且对应的应收账款项户名经函证查无此单位。经过审查财务人员才知道是公司经理为完成销售任务而在年底虚增一笔收入。

分析：一般情况下企业都是倾向于隐匿收入，但是有些小型酒店餐饮企业经营方式比较特殊，采取承包制，承包人为了体现经营业绩或是为了完成承包任务就会利用年底结账的机会，人为地虚列销售收入、挂往来账、虚增利润。待下一年年初再用红字将此笔虚列的往来账冲销掉。这种问题需要关注该企业的经营是否以业绩作为考核目标，承包人是否有作假的动机，利润的变化是否有异常。

二、利用应收款项放贷，利息未计入收入

例3-13

某酒店收到外单位还来的欠款时，不在银行日记账中反映，而是同时签发相同金额的转账支票，有偿转借给另一个单位，对付出银行存款也不反映在银行日记账中，将两笔业务合并记作：借记"应收账款——甲公司"，贷记"应收账款——乙公司"。收取利息后不计收入，而是转入"小金库"。审计人员在对该公司审计时，发现这笔相反借贷关系的账务处理违反常规，立即进行核实，利用应收账款违规放贷事实最终浮出水面。

分析：根据国家有关规定，企业间可以互相拆借资金，但是有些企业却采取不正当的方式违规放贷，逃避利息收入，上述案例就是小型酒店餐饮企业利用应收账款放贷，将利息收入转入"小金库"的。查找此类问题，最主要的是要弄清该单位应收账款的性质，是由于正常的经营业务形成的，还是没有任何实质内容的虚构业务。向银行和对方单位的取证非常重要，可以看到整个资金的走向。对方单位支付的款项（实质是利息）如果没有在企业的账上反映，就可以认定为"小金库"。

三、存在关联关系

例3-14

A公司和B酒店没有任何业务上的往来，A公司也从未收到过B酒店的任何资金，但是A公司的负责人与B酒店的财务主管是夫妻关系，于是A公司就以收取一定使用费为条件，在审计人员的函证中证明该公司收到B酒店的预付款，给审计人员的工作制造了很大的障碍，使两个公司的会计核算失去了真实性。

分析：企业的预付款业务必须以有效合法的供应合同为基础，而实际工作中有的企业的预付款业务根本无对应的合同，而是利用预付款这一中转站

往来搭桥，为他人进行非法结算，将所得回扣或佣金据为己有；或利用该项业务转移资金，隐匿收入、私设"小金库"或私分。查找此类问题的关键点在于除了函证之外，还要对资金的去向作必要的追踪，这样才能找出隐藏的问题。

第四章 小微酒店餐饮企业经营物资的核算

第一节 经营物资核算概述

一、经营物资的内容

经营物资种类多，为了加强经营物资管理，企业必须对经营物资进行恰当分类。经营物资的分类见表 4-1。

表 4-1 经营物资的分类

库存商品	指酒店餐饮企业库存的和在途的各种商品，之所以称此类存货为商品而不是普通的材料，主要是因为这些物资购入的主要目的在于对外销售，而不是自用。如普通酒店库存的烟酒、食品等
原材料	指酒店餐饮企业完成其经营业务所需的主体物质资料之一，是企业库存和在途的构成其经营服务成本的各种原料及主要材料、辅助材料、外购半成品（外购件）、修理用备件（备品备件）、包装材料、燃料等。对于酒店餐饮企业而言，加工食品的各类原材料、半成品，生产、加工热水取暖等耗用的煤炭、石油制品等是其主要的原材料
周转材料	指小微企业能够多次使用、逐渐转移其价值但仍保持原有形态且不确认为固定资产的材料。包括：包装物、低值易耗品等。对酒店餐饮企业而言，一次性的洗漱用品、枕巾、床单、文化用品等是其主要的周转材料

二、经营物资的计价方法

（一）取得经营物资的计价

《小企业会计准则》规定："小微企业取得的存货，应当按照成本进行计量。"这表明小微企业在持续经营的前提下，存货账价值的基础应采用历史成本为计价原则。

从理论上讲,凡与存货形成有关的支出,均应计入存货的成本之内。实际工作中,根据存货取得方式的不同,其入账价值的构成也不同。

(1) 购入的存货。购入存货的成本构成如图4-1所示。

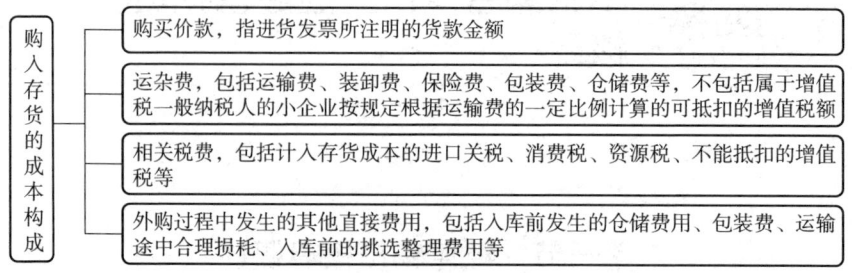

图4-1 购入存货的成本构成

(2) 通过进一步加工取得的存货的成本,包括直接材料、直接人工以及按照一定方法分配的制造费用。经过1年期以上的制造才能达到预定可销售状态的存货发生的借款费用,也计入存货的成本。

(3) 投资者投入的存货,应当按照评估价值确定。

(4) 盘盈的存货,按照相同或同类存货的市场价格或评估价值作为实际成本。

(二) 发出经营物资数量的确定

经营物资的发出数量以及期末结存数量,通常依据以下公式计算:

期初存储数量+本期收入数量=本期发出数量+期末存储数量

在以上等式中,期初存储物资以及本期收入物资,均可从各类经营物资账册中得到。而本期发出经营物资的数量以及期末经营物资的结存,则可由两种方法确定,即永续盘存制和实地盘存制。

1. 永续盘存制

永续盘存制也称账面盘存制。采用这种方法,平时对各种经营物资的增加数和减少数,都要根据会计凭证连续记入有关账簿,并且随时结出账面余额。即:

期初结存数量=期末结存数量+本期收入数量-期末发出数量

这种盘存制度要求对经营物资的进出都有严格的手续,便于加强经营管理;在有关账簿中对经营物资的进出进行连续登记,且随时结出账面结存数,便于掌握经营物资的占用情况及其动态，有利于加强对经营物资的管理。

2. 实地盘存制

实地盘存制又称定期盘存制。采用这种方法平时只根据会计凭证在账簿中登记经营物资的增加数，不登记减少数，到月末，对各种经营物资进行盘点，根据实际盘点所确定的实存数，倒挤出本月各项财产物资的减少数，即：

本期发出数量＝期初结存数量＋本期收入数量－期末结存数量

根据以上计算，月末对期末结存数实地盘点的结果，是确定本期发出数的依据。采用此种方法，工作简单，工作量小，但是各项经营物资的减少数没有严格的手续，不便于实施会计监督。倒挤出的各项经营物资的减少数成分复杂，除正常耗用外，还可能有微损和丢失。一般适用于计算数量较困难的物资，如装修用的黄沙、石子、石灰等。

（三）发出经营物资的计价方法

发出经营物资的计价方法有两种：一是按实际成本核算；二是按计划成本核算。经营物资品种不多，收发业务不频繁的企业宜采用实际成本核算。品种繁多、收发业务很多的企业宜采用计划成本核算。对于酒店餐饮企业而言，存货数量一般均很小，并不适合采用计划成本法，在这里我们就只讲解实际成本法的运用。

由于各种材料分批购进、分批领用，而每次购入材料的单价又往往不同，因而在每次领发材料时，就会发生按哪一种单价计价的问题。发出材料的实际成本，通常可采用"个别计价法""先进先出法""加权平均法"等。但一经确定采用某种方法，就不能随意变更，如需变更，应在会计报告中加以说明。

1. 个别计价法

个别计价法，又称个别认定法、具体辨认法、分批实际法。采用这一方法是假设存货的成本流转与实物流转相一致，按照各种存货，逐一辨认各批发出存货和期末存货所属的购进批别或生产批别，分别按其购入或生产时所确定的单位成本作为计算各批发出存货和期末存货成本的方法。

采用这种方法，计算发出存货的成本和期末存货的成本比较合理、准确，但这种方法的前提是需要对发出和结存存货的批次进行具体认定，以辨别其所属的收入批次，所以实务操作的工作量繁重，困难较大。

个别计价法适用于容易识别、存货品种数量不多、单位成本较高的存货计价,如房产、船舶、飞机、重型设备、珠宝、名画、收藏品等贵重物品。

需要特别说明的是,由于计算机的广泛应用,商品也普遍实行了条形码管理,很多企业的存货管理已经由手工账过渡到电子账。由于商品的条形码具有单一性的特点,每一件商品和其条形码是一一对应的关系。在电子库存账的条件下,每出库一件商品可以非常容易地知道它的进价,这样使用个别计价法,在会计核算上就非常简便易行,是上述几种计价方法中,最为适用的方法。

2. 先进先出法

先进先出法是指先收到的存货先发出,或先收到的存货先耗用,并据此假定计算发出存货的成本和期末库存存货成本的方法。具体方法是:收入存货时,逐笔登记收入存货的数量、单位和金额,发出存货时,按照先进先出的原则逐笔登记存货的发出成本和结存金额。

例 4-1

宏大公司 2019 年 6 月的 A 材料存货数据见表 4-2。

表 4-2　A 材料收发结存资料

2019 年		摘要	收入		发出数量（千克）	结存数量（千克）
月	日		数量（千克）	单价（元）		
6	1	结存				1000（单价 10 元）
6	5	购入	3000	11		4000
6	10	发出			3500	500
6	20	购入	2000	12		2500
6	25	发出			2000	500
6	30	合计	5000		5500	500

采用先进先出法计算发出存货和期末存货成本（见表 4-3）。

表 4-3　材料明细分类账

2019 年		收入			发出			结存		
月	日	数量（千克）	单价（元）	金额（元）	数量（千克）	单价（元）	金额（元）	数量（千克）	单价（元）	金额（元）
6	1							1000	10	10000
6	5	3000	11	33000				1000 3000	10 11	10000 33000

续表

2019年		收入			发出			结存		
月	日	数量（千克）	单价（元）	金额（元）	数量（千克）	单价（元）	金额（元）	数量（千克）	单价（元）	金额（元）
6	10				1000 2500	10 11	10000 27500	500	11	5500
6	20	2000	12	24000				500 2000	11 12	5500 24000
6	25				500 1500	11 12	5500 18000	500	12	6000
6	30	5000		57000	5500		61000	500	12	6000

先进先出法能较真实反映现行价格，可以随时结转存货发出成本，但方法较烦琐；如果存货收发业务较多，且存货单价不稳定时，其工作量较大。在物价持续上升时，期末存货成本接近于市价，而发出成本偏低，利润偏高，不符合会计谨慎性原则。

3. 加权平均法

加权平均法是指以本月全部进货数量加上月初存货数量作为权数，去初当月全部进货加上月初存货成本，计算出存货的加权平均单位成本，以此为基础计算当月发出存货的成本和期末存货的成本的一种方法。计算公式如下：

存货加权平均单位成本=［月初库存的实际成本+（本月各批进货的实际单位成本×本月各批进货的数量的和）］÷（月初库存数量+本月各批进货数量之和）

本月发出存货的成本=本月发出存货的数量×存货加权平均单位成本

本月月末库存成本=月末库存的数量×存货加权平均单位成本

例 4-2

仍以例 4-1 资料为例，采用加权平均法计算 A 材料发出成本和结转成本，见表 4-4。

表 4-4 A 材料明细分类账

2019年		收入			发出			结存		
月	日	数量（千克）	单价（元）	金额（元）	数量（千克）	单价（元）	金额（元）	数量（千克）	单价（元）	金额（元）
6	1							1000	10	10000
6	5	3000	11	33000				4000		
6	10				3500			500		

续表

2019年		收入			发出			结存		
月	日	数量（千克）	单价（元）	金额（元）	数量（千克）	单价（元）	金额（元）	数量（千克）	单价（元）	金额（元）
6	20	2000	12	24000				2500		
6	25				2000			500		
6	30	5000		57000	5500	11.17	61435	500		5585

$$加权平均单位成本 = \frac{10000+33000+24000}{1000+3000+2000} = 11.17（元）$$

发出成本 = 5500×11.7 = 61435（元）

结转成本 = 500×11.7 = 5585（元）

采用加权平均法，只在月末一次计算加权平均单价，比较简单，而且在市场价格上涨或下跌时所计算出来的单位成本平均化，对存货成本的分摊较为折中，能平均反映销售成本及库存成本。但是，这种方法平时无法从账上提供发出和结存存货的单价及金额，不能很准确地反映销售成本及库存成本，不利于加强对存货的管理。

三、经营物资的减值

经营物资在使用的过程中，由于存货遭受毁损、全部或部分陈旧过时或销售价格低于成本等原因，使存货可变现净值低于其成本的部分，不再计提存货跌价准备。即当经营物资存在减值情况时，小微企业不用进行账务处理，资产账面价值不变。这是《小企业会计准则》不同于《小企业会计制度》的地方，需要特别注意。

第二节 原材料的核算

对于酒店企业而言，存货主要包括库存商品、原材料、周转材料等，在本节中，我们将重点按照实际成本法的要求，对原材料的购进、耗用、清查等事项作以详细的介绍。在小微酒店餐饮企业中，原材料主要是指用于食品加工的各种材料和燃料。

一、原材料核算中的科目设置

为了核算酒店餐饮企业各种原材料的购入、发出、结存增减变动情况，设置"原材料"科目。

（一）"原材料"科目

"原材料"科目是核算企业库存的原料及主要材料、辅助材料、外购半成品（外购件）、修理用备件（备品备件）、燃料、包装物等的科目。借方登记入库材料的实际成本；贷方登记出库材料的实际成本；余额在借方，为期末库存材料的实际成本。

（二）"在途物资"

"在途物资"科目是核算料款已付，而材料尚未验收入库的各种在途材料的实际成本。借方登记在途材料的实际成本；贷方登记结转入库材料的实际成本和要求有关单价和个人负责赔偿等在途材料的实际成本；余额在借方，为期末在途材料的实际成本。

二、材料购入的总分类核算

外购材料的总分类核算，由于其验收入库、收到结算凭证和支付料款的时间不一致，账务处理也不一样。

（一）材料已验收入库，银行结算凭证及所附发票账单已到、货款已付

例 4-3

某酒店属于小微企业，2019 年 9 月从食品公司购入植物油 10 桶，每桶 200 元，增值税 180 元，计划供本企业餐饮部使用，植物油已经入库。以现金支付货款及运费。这种情况可根据发票、账单、运费结算单和收料单，做会计分录如下：

借：原材料——植物油　　　　　　　　　　　　　2000
　　应交税费——应交增值税（进项税额）　　　　　180
　　贷：库存现金　　　　　　　　　　　　　　　　　　2180

(二)材料未到,结算凭证、发票账单已到,货款已付

例 4-4

某酒店属于小微企业,2019 年从食品公司购入 1 吨大米,每吨 4000 元,增值税 520 元。货款及运费已由银行汇票付款,材料尚未到达。

根据结算凭证、发票账单、运费结算单等,做会计分录如下:

借:在途物资——大米　　　　　　　　　　　　　　4000
　　应交税费——应交增值税(进项税额)　　　　　　520
　　贷:其他货币资金——银行汇票　　　　　　　　　　4520

大米到达并验收入库,可根据收料单,做会计分录如下:

借:原材料——大米　　　　　　　　　　　　　　　4000
　　贷:在途物资　　　　　　　　　　　　　　　　　　4000

(三)企业已预付货款,材料和结算凭证未到

这种情况下,汇出的款项属预付性质,根据银行的汇款凭证等,计入"预付账款"借方。

例 4-5

某酒店属于小微企业,2019 年 9 月通过银行将货款 4000 元汇往山东某农户孙某账户,预购干贝等水产。10 天后,企业收到干贝并入库,且收到结算凭证、运费收据等总计 4000 元。

(1) 汇出以上款项时:

借:预付账款——孙某　　　　　　　　　　　　　　4000
　　贷:银行存款　　　　　　　　　　　　　　　　　　4000

(2) 材料入库时:

借:原材料——干贝　　　　　　　　　　　　　　　4000
　　贷:预付账款　　　　　　　　　　　　　　　　　　4000

(四)材料已验收入库,结算凭证、发票账单未到,货款未付

例 4-6

某酒店属于小微企业,2019 年 9 月从肉类加工厂购入一批香肠,已入库。但结算凭证、发票账单等尚未到达,货款未付,暂估价 5000 元。

在这种情况下，平日可暂不记账，等到凭证到达，银行付款后，记入"材料"借方和"银行存款"贷方。如果月末结算凭证和发票账单仍未到达，财务人员可根据估价，做会计分录如下：

借：原材料——香肠　　　　　　　　　　　　　　　　5000
　　贷：应付账款——肉类加工厂　　　　　　　　　　　5000

下月初用红字冲销，做会计分录如下：

借：原材料——香肠　　　　　　　　　　　　　　　　5000
　　贷：应付账款——肉类加工厂　　　　　　　　　　　5000

以后，实际结算凭证到达，货款5000元，增值税金额650元，银行划拨款项，根据收料单及银行付款通知，做会计分录如下：

借：原材料——香肠　　　　　　　　　　　　　　　　5000
　　应交税费——应交增值税（进项税额）　　　　　　　650
　　贷：银行存款　　　　　　　　　　　　　　　　　5650

三、材料发出的总分类核算

酒店餐饮企业根据经营业务需要需用材料时，应填制领料单据以领料。如领料单数量较多，可由仓库定期编制"领料单汇总表"交财务部门，财务部门据以记账。

四、材料明细分类核算

为了提供各种材料具体情况，企业应根据材料收发凭证登记材料明细分类账，进行材料分类核算，为此，企业必须设各种材料明细分类账。材料明细账，一般采用数量金额式。材料的明细分类核算包括数量和价值核算。数量核算是由材料仓库保管员负责，库存材料明细账可以采用"账卡分设"和"账卡合一"两种形式。

"账卡分设"是材料的明细分类核算，要同时设置"材料卡片"和"材料明细分类账"。材料卡片由仓库登记，只进行数量核算。材料明细分类账由财务部门登记，同时进行数量和金额的核算。"账卡合一"只设置一本既有数量又有金额的材料明细分类账，放在仓库，由仓库人员登记，会计人员定期稽合，或由仓库人员登记数量，由会计人员登记金额。为了反映各类材料资金的增减变动和结果情况，并便于材料库的核对，仓库还应按材料类别，把同类材料的账页装订成册,在每册账的前面开设汇总账页,根据收发类凭证,按期汇总登记各类材料收发的金额。

仓库管理人员在材料入库或出库后,应及时根据收料凭证和发料凭证逐笔登记材料明细分类账,并计算结存金额,然后将收发料凭证夹在登记的账页中。会计人员要定期到仓库进行稽核和计价,对未收入的外购材料,要根据实际采购成本计价。其中,买价根据发票确定;运杂费根据运费账单等确定。不能直接计入的按照有关材料的重量或买价的比例分摊计入各种材料的采购成本。

第三节 周转材料的核算

一、周转材料的分类核算

周转材料是指不能作为固定资产的各种用具物品,对于酒店餐饮企业而言,如餐具、小微家具、玻璃器皿、洗涤用品、床单被罩等以及在经营过程中周转使用的包装容器等。

周转材料的种类繁多,为了便于管理和核算,对周转材料进行分类,按周转材料的作用不同,一般可以分为图4-2所示的几大类。

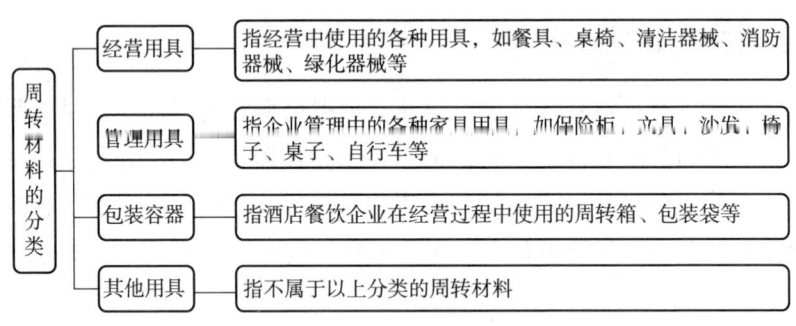

图4-2 周转材料的分类

(一)周转材料的核算

周转材料从经营过程中看,它是劳动资料,而不是劳动对象。周转材料可以在若干个经营周期中发挥作用而不改变原有实物形态。其价值不是一次或全部转移，而是随着实物损失逐渐转移，在使用中要进行修理维护，报废时有一定残余价值。这些特性决定了在核算上与固定资产核算类似。但由于周转材料价值低、易损耗、更换频繁，这又决定了对它的核算与材料相一致。总之，周转材料的特点可以归纳为：价值低、品种多、数量大、易损耗、使用年限短，因而导致购置报废比较频繁。

需要指出的是，《小企业会计准则》规定，各种包装材料，如纸、绳、铁丝、铁皮等，应在"原材料"科目内核算；用于储存和保管产品、材料而不对外出售的包装物，应按照价值大小和使用年限长短，分别在"固定资产"科目或"周转材料"科目核算。

小微企业应当对周转材料采用一次摊销的方法。金额较大的周转材料，也可以采用分次摊销法（见表4-5）。

表4-5 周转材料的核算

一次摊销的周转材料	在领用时将其全部价值摊入有关的成本费用，借记"制造费用""管理费用"等科目，贷记本科目。报废时，将报废周转材料的残料价值作为当月周转材料摊销额的减少，冲减有关成本费用，借记"原材料"等科目，贷记"制造费用""管理费用"等科目
分次摊销的周转材料	领用时应按照其成本，借记"周转材料——在用"，贷记"周转材料——在库"；按照使用次数摊销时，应按照其摊销额，借记"生产成本""管理费用"等科目，贷记"周转材料——摊销"

（二）周转材料的账务处理

周转材料的分类核算是通过"周转材料"科目进行的，它属于资产类科目。核算周转材料的实际成本（包括买价和运杂费）和周转材料的价值损耗。借方登记购入和其他原因增加的周转材料，贷方登记售出、废弃或其他原因减少的周转材料，余额表示周转材料的实有数。

为了加强周转材料的管理，反映周转材料的在库、在用及摊销情况，在总分类核算的基础上应设置三个明细科目，进行明细核算。在"周转材料"科目下，应设置"在用周转材料""在库周转材料""周转材料摊销"三个明细科目。小微企业的包装物和低值易耗品，也可以单独设置"包装物""低值易耗品"科目。

1. 周转材料的购入核算

企业购入的周转材料，应按其实际成本入账，即买价、运杂费等。

例 4-7

某酒店属于小微企业，2019 年 9 月购入三轮车一辆，价款 800 元，增值税款 104 元，以支票付款。根据购车发票及支票存根，编制付款凭证，做会计分录如下：

借：周转材料——在库　　　　　　　　　　　　　　　800
　　应交税费——应交增值税（进项税额）　　　　　　104
　　贷：银行存款　　　　　　　　　　　　　　　　　904

2. 周转材料的领用和摊销的核算

根据企业财务制度规定，周转材料的摊销方法原则上实行一次摊销法。

一次摊销法是指在周转材料领用时，将其价值一次转入"管理费用""生产成本"等科目的摊销方法。这种方法手续简便，很适合小微企业的日常核算。

例 4-8

某酒店属于小微企业，2019 年 9 月保洁员工领用工作服 4 套，每套 60 元。根据"领用单"，做会计分录如下：

借：管理费用　　　　　　　　　　　　　　　　　　　240
　　贷：周转材料　　　　　　　　　　　　　　　　　240

二、周转材料的明细核算

周转材料由于数量大、品种多，除进行总分类核算外，还要进行明细核算，财务部门应按周转材料的类别、品种分别设置周转材料明细账，明细账应采用数量金额式，物资保管部门也要按类别、品名设置保管账，使用部门和个人设置保管卡，进行数量核算，各部门之间的账账、账卡要定期进行核对，以保证账账、账卡相符。

第四节　库存商品的核算

一、库存商品的概念

在很多酒店餐饮企业中，为了给入住人员提供更多的服务，往往都设有小卖部。出售一些食品、烟酒、旅游商品、生活用品等，这些也构成了酒店餐饮企业的主要存货。对于库存商品的购入与销售，其经营内容属于商业企业经营范围。因此，按照我国税法规定，服务行业兼管其他行业业务，应按其他行业的纳税方式交纳税金。

在对购入、销售库存商品的经营业务进行会计核算时，企业应设置如下科目：

"库存商品"用来核算全部在库的各类商品，包括存放在仓库、门市部和寄存在外的商品，委托其他单位代购代销的商品、陈列展览的商品等。借方登记验收入库商品数额，贷方登记销售和非销售付出的商品数额，期末余额表示库存商品的结存数额。该科目可按商品类别、品种、规格、等级、存放地点等设置明细账。

"应交税费——应交增值税"科目，其借方发生额反映企业购进货物或接受应税劳务支付的进项税额和实际已缴纳的增值税，贷方发生额反映销售货物或提供应税劳务应缴纳的增值税、出口货物退税、转出已支付或应分担的增值税。如期末为借方余额，反映企业多缴或尚未抵扣的增值税；如期末为贷方余额，反映企业尚未缴纳的增值税。

在"应交增值税"明细科目中，设置"进项税额""已交税金""销项税额""出口退税""进项税转出""转出未交增值税"和"转出多交增值税"。其中"进项税额"专栏记录企业购入货物或接受应纳税劳务而支付的，准予从销项税额中抵扣的增值税。"已交税金"专栏记录企业已交纳的增值税。"销项税额"专栏记录企业销售货物或提供应税劳务应收取的增值税税额。"出口退税"专栏记录企业出口适用税率的货物，向海关办理报关出口手续后，凭出口报关单等有关凭证，向税务机关申报办理出口退税而收到退回的税款。"进项税转出"专栏记录企业购入货物、在产品、产成品等非正常损失以及其他原因不应从销项税额中抵扣、按规定转出的进项税额。

二、库存商品的核算

在库存商品的核算中，传统的商业企业会计核算，由于商品种类繁多，流通频繁，很难使用"原材料"的核算方法，如计划成本法、实际成本法等进行核算。传统的商业企业会计核算中，常使用数量进价金额核算制和售价金额核算制等变通的方法。

但对于酒店企业中的小卖部而言,商品数量有限,可以非常容易地查到每一种商品的进价、数量等信息,使用数量进价金额核算制和售价金额核算制反而削足适履,在会计核算中,非常的不方便。因此,我们建议此类企业在建立了比较完善的库存账的基础上,可采用实际成本法。以下内容,我们将以实际成本法中的个别计价法为例,讲解库存商品在零售业务中的核算。

(一)购进库存商品的核算

在核算库存商品的购进时,应设置"库存商品"科目。当购入商品时,按实际支付价格,借记"库存商品",贷记"银行存款""库存现金"等科目。

例 4-9

某酒店属于小微企业,为增值税一般纳税人。2019 年 9 月该酒店小卖部购入以下商品(见表 4-6),总金额为 860 元,其中增值税进项税额 111.80 元,商品已入库,货款以银行存款的方式支付。根据付款凭证及商品进货明细单,做会计分录如下:

借:库存商品　　　　　　　　　　　　　　　　860
　　应交税费——应交增值税(进项税额)　　　111.80
　　贷:银行存款　　　　　　　　　　　　　　971.80

表 4-6　商品进货单

品名	规格	单价(元)	进货数量	金额(元)
毛巾	条	5.00	20	100.00
红塔山香烟	条	120.00	5	600.00
舒肤佳香皂	箱	160.00	1	160.00
合计				860.00

(二)库存商品销售的核算

库存商品的销售,按售价,借记"库存现金""银行存款"科目,贷记"其他业务收入"科目,将所应交增值税的销项税,贷记"应交税费——应交增值税(销项税额)"科目。

例 4-10

某酒店属于小微企业,为增值税一般纳税人。该酒店小卖部 2019 年 6 月当日的销售情况见表 4-7,总金额为 176 元,其中增值税销项税额 22.88 元,收取的现金已经送交财务部。

表 4-7　商品销售日报表

品名	规格	单价（元）		销售数量	零售金额（元）	进货成本（元）
		进货	零售			
毛巾	条	5.00	12.00	3	36.00	15.00
红塔山香烟	盒	12.00	15.00	8	120.00	96.00
舒肤佳香皂	箱	3.50	5.00	1	5.00	3.50
康师傅方便面	包	1.80	3.00	5	15.00	9.00
合计					176.00	123.50

根据商品销售日报表,做会计分录如下：

借：库存现金　　　　　　　　　　　　　　　　　　　198.88
　　贷：其他业务收入——小卖部　　　　　　　　　　176.00
　　　　应交税费——应交增值税（销项税额）　　　　 22.88

结转销售商品成本,做会计分录如下：

借：其他业务成本——小卖部　　　　　　　　　　　　123.50
　　贷：库存商品——小卖部　　　　　　　　　　　　123.50

上述会计核算中,销售成本的结转均采用的是个别计价法。在以数量进价金额核算制下核算销售成本时,还可采用"先进先出法"和"加权平均法"。

三、经营物资清查的核算

经营物资在酒店餐饮企业中所占比重较大,品种繁多,分布面广。为保障经营物资安全完整、账簿记录的真实准确、经营物资的合理利用,以及强化企业的管理职能,必须定期或不定期对企业存货进行实地盘点。

企业的清查工作每年至少在年终决算前,进行一次全面的财产清查；平时也要对存货进行重点抽查、轮番清查或定期清查；仓库保管调离时,要盘点实物,办理交接手续,以明确责任。

对经营物资的清查是通过实地盘点进行的,在盘点前,要将经营物资明细账核对清楚,做到记录完整、计算准确。盘点时,要用各种技术盘点方法对经营物资实存数进行准确的计算记录。用盘点的实存数与经营物资备明细账的结存数相核对，对于账实不符的，要查明原因、落实责任，并将盘盈盘亏的数量、原因填写在"存货盘点表"里。根据清查盘点的结果，分析盘盈盘亏的原因，按规定程序报批，并及时进行账务处理。酒店餐饮企业为了核算经营物资的清查业务，应设置"待处理财产损溢"科目，用来核算企业在清查财产过程中查明的各种财产物资的盘盈、盘亏和毁损。借方登记清查财产过程中查明的各种财产物资的盘亏和毁损金额，以及转销的财产盘盈金额和转销的财产盘亏、毁损金额。余额在借方时，为尚未处理的财产净损失；在贷方时，为尚未处理的财产净溢余。该科目下设"待处理非流动资产损溢"和"待处理流动资产损溢"两个明细账。

需要注意的是，《小企业会计准则》规定，盘盈的各种材料、产成品、商品、固定资产、现金等，按照管理权限经批准后处理时，按照"待处理财产损溢"科目余额，借记"待处理财产损溢"，贷记"营业外收入"科目。盘盈收益不再冲减管理费用，而是计入"营业外收入"。

例 4-11

某酒店属于小微企业，2019 年 12 月末开展物资清查，暂不考虑相关税费的影响，"经营物资盘点表"见表 4-8。

表 4-8 经营物资盘点表

类别	名称	单位	数量		单价（元）	盘盈		盘亏		盘亏原因
			账存	实存		数量	金额（元）	数量	金额（元）	
材料	红砖	块	5000	4630	0.2			370	74	责任者造成
燃料	煤炭	吨	3	2.5	260			0.5	130	管理不善
低值易耗品	毛毯	条	20	20	180					
物料用品	三轮车	辆	2	3	620	1	620			原账目不明
库存商品	晒衣架	个	14	10	110			4	440	被盗

（1）根据"经营物资盘点表"，将盘盈物资 620 元转账，做会计分录如下：

借：固定资产——三轮车　　　　　　　　　　　　　　620
　　贷：待处理财产损溢——待处理非流动资产损溢　　　　620

（2）根据表 4-8，将盘亏的材料 74 元、燃料 130 元、库存商品 440 元转账，做会计分录如下：

借：待处理财产损溢——待处理流动资产损溢　　　644
　　贷：原材料——红砖　　　　　　　　　　　　　　74
　　　　原材料——煤炭　　　　　　　　　　　　　　130
　　　　库存商品——晒衣架　　　　　　　　　　　　440

（3）经批准，将盘盈物料用品计入营业外收入，做会计分录如下：
借：待处理财产损溢——待处理流动资产损溢　　　620
　　贷：营业外收入　　　　　　　　　　　　　　　620

（4）经批准，将盘亏的物资，根据不同原因做不同处理：红砖盘亏，属保管员责任，由保管员赔偿，做会计分录如下：
借：其他应收款——保管员　　　　　　　　　　　74
　　贷：待处理财产损溢——待处理流动资产损溢　　74

燃料中煤炭的盘亏，属管理不善造成的，做会计分录如下：
借：管理费用　　　　　　　　　　　　　　　　　130
　　贷：待处理财产损溢——待处理流动资产损溢　　130

晒衣架被盗，属意外事故，转作营业外支出，做会计分录如下：
借：营业外支出　　　　　　　　　　　　　　　　440
　　贷：待处理财产损溢——待处理流动资产损溢　　440

第五节　存货涉及的税务问题

存货是小型酒店餐饮企业在日常生产经营过程中消耗的原材料、燃料及经营性辅助设备（不包括固定资产），包括原材料、库存商品、物料用品和燃料。在会计核算中，存货涉及的税务问题主要表现在企业利用存货账户调节成本，存货金额的真实性会影响到当期损益及下期损益的正确性。

一、存货损失赔款不入账的问题

例 4-12

2019 年某酒店由于管理不善，厨房发生火灾损失了备料间的所有物品，包括桌椅、餐具、菜品等，损失达 50 万元。对于这次火灾造成的损失，公司可以获得保险公司 30 万元的赔偿。酒店将损失的 50 多万元全部记入"营业外支出"，而将保险公司的赔偿 30 万元直接购买了损失后需增添的各项设备、原材料等，没有进行任何账务处理。酒店年底进行所得税申报时，没有进行任何纳税调整。

分析：该小型酒店餐饮企业发生火灾是因为管理不善造成的，属于非正常损失。按照有关规定，存货的非正常损失分两种情况从利润中直接扣除：对自然灾害造成的损失，在扣除保险公司赔偿后记入"营业外支出"；对因管理不善造成的货物被盗、发生霉变等损失，扣除有关责任人员的赔偿后记入"管理费用"。

存货损失的会计处理涉及两个税种：

（1）根据国家税务总局印发的《企业财产损失税前扣除管理办法》的规定，"因自然灾害、战争、政治事件等不可抗力或者人为管理责任"导致的存货损失，需经税务机关审批才能在企业所得税前扣除。

（2）根据《中华人民共和国增值税条例》以及《中华人民共和国增值税条例实施细则》的规定，企业发生的非正常损失的购进货物，其进项税额不得扣除。如果企业在发生非正常损失之前，已将该购进存货的增值税进项税额实际申报抵扣，则应当在该批货物发生非正常损失的当期将该批存货的进项予以转出。

因此该公司首先应将损失扣除保险公司的赔偿后再记入"营业外支出"，然后再将损失向税务机关申请，经审批才能在企业所得税前扣除，在未经税务机关批准之前，必须先调增应纳税所得额进行补税。

二、存货账实不符的问题

例 4-13

某酒店 2019 年年底既没有燃煤存货的实物，在账务上也没有反映。2020 年该酒店共购进 2 吨燃煤共计 40 万元；实际使用 1.5 吨，共计 30 万元。但该酒店在账面上"原材料——燃料"科目年末结余额却是"红字"5 万元，税务机关发现其"燃料"库存单显示尚结余 0.5 吨煤煤，经实地盘存，确定其账实不符。

分析：关于"库存商品"账上出现"红字"的问题，可能产生的情况有：

（1）记账错误。这可能是财务人员的业务水平问题或是企业管理问题造成的，如企业商品间串号，形成"红字"。

(2) 偷逃税款。为了达到逃税的目的，部分企业采用销售不开票或是少开票的方式，而商品成本采用多次或一次结转，这样就可以偷逃企业所得税。

存货账面出现"红字"的种类：

(1) 数量为零或者正数，金额为"红字"。原因是存货发出计价不规范或中途变更计价方法，发出价高于账面成本价，多转成本，减少利润，少缴所得税。

(2) 数量为"红字"，金额为正数。原因是未入库就发出，且发出计价长期低于账面成本价，少转成本，虚增利润。

(3) 数量和金额都为"红字"。

存货账面出现红字的原因：

(1) 在单价正常的情况下，存货发票未到，存货已入库未做估价入账，就领用发出。

(2) 在单价不正常的情况下，也有可能是存货发出计价不规范，高于账面成本价。

《中华人民共和国会计法》规定，公司、企业进行会计核算不得有下列行为：随意改变费用、成本确认标准或者计量方法，虚列、多列、不列或者少列费用成本。因此，该公司的行为违反了相关法规，不仅要补缴相应的税款，还要受到罚款的处罚。

三、免费提供伙食问题

例 4-14

2019年某酒店为减少付现成本，招聘的员工都免费提供伙食，每天按20元的标准进行安排，其中早餐4元，午餐和晚餐各8元，这个价格同时也是对外销售价格。酒店在进行账务处理时，将这部分伙食消耗的原材料等存货与当天提供餐饮服务消耗的其他原材料等存货全部计入当期销售成本，账务处理为借记"主营业务成本"，贷记"原材料"或"燃料"等，同时因为未收到钱款，未作确认收入的任何账务处理。年底在申报纳税时，酒店没有进行任何纳税调整。

分析：该小型酒店餐饮企业免费提供餐饮的行为从企业获取最大利益的角度来看无可厚非，但是这种行为却违反了相关法规的规定，属于无偿提供伙食用于职工福利，按规定应补缴企业所得税。

根据《中华人民共和国企业所得税法实施条例》第二十五条规定：企业发生非货币性交换，以及将货物、财产、劳务用于捐赠、偿债、赞助、集资、广告、样品、职工福利或者利润分配等用途的，应当视同销售货物、转让财产或者提供劳务，但国务院财政、税务主管部门另有规定的除外。

因此，该酒店应将免费提供伙食视同销售，按其对外销售的价格补缴相应的所得税税款。

第六节　存货涉及的审计问题

一、随意变更存货的计价方法问题

例 4-15

某酒店 2019 年选用加权平均的计价方法计算发出存货的成本，但是在 2020 年上半年由于受众多因素的影响，该存货购进价格开始上扬，为确保利润保持合理的水平，从 3 月开始该酒店开始改用加权平均法和先进先出法交替使用，2020 年存货销售成本上升了将近 200 万元，酒店该年度的应纳税所得额也相应减少了 200 万元，少缴纳企业所得税 50 万元。对于该酒店未经税务机关批准擅自改变存货计价方法，致使当年度的销售成本升高，从而减少应纳税所得额的行为，税务机关要求该酒店按原适用的存货计价方法调整已结转存货的成本，相应减少该部分存货的成本，并补缴所欠税款。

分析：根据《小企业会计准则》的规定，企业可以根据自身的需要选用制度所规定的存货计价方法，但选用的方法一经确定，年度内不能随意变更，如确实需要变更，必须在财务报表中说明变更原因及对财务状况的影响。

但在实际工作中存在随意变更计价方法的问题，违反了会计的一致性、可比性原则，造成会计指标前后各期口径不一致，缺乏可比性。

有些企业甚至人为地通过变更计价方法来调节生产或销售成本，调节当期利润。对此类问题审查人员应查阅有关财务指标，分析对比各个会计期间财务指标有无异常变化，并查阅有关存货明细账；核查各期采用的计价方法是否一致，发现线索后，通过询问当事人等形式查证问题。

二、任意确定计划成本的问题

例 4-16

某酒店的原材料按照计划成本法进行核算，即采购的原材料不是按实际的采购成本入账，而是按时限确定的计划成本入账，将差额记入"材料成本差异"科目，而且在产品销售后才结转材料成本差异。2019 年，该酒店为了隐匿利润，逃避所得税，故意确定较高的计划成本，使计划成本远远高于实际成本，表现为"材料成本差异"贷方余额，每月应计原材料成本差异率在 96%~98%，领用材料时按计划成本数额转入"生产成本"等科目，但月末结转材料成本差异时，又故意以较低的成本差异率（94%左右）调整发出材料的计划成本，经过调整，全年由此多分摊材料成本差异，少计利润 20 多万元，相应少计所得税 5 万多元。

分析：有些企业为了控制超额利润，大都从隐匿收入和虚增成本两个方面进行作弊，人为提高材料成本差异率、多分摊材料成本差异是采用计划成本进行日常核算企业的常用作弊手段。上述问题留下的线索一般表现为材料成本差异率与以前各期相比较有较大的波动，当期生产成本、销售成本利润等指标呈现较大波动状况等，审查人员可以通过审阅、核实会计资料，复核被查企业有关计算结果等形式发现线索，然后再做进一步的调查、询问和查证。

对于上述问题，审查人员首先应对比各期销售成本及利润水平，看有无异常情况；然后结合各期商品进销差价率，从中发现疑点；再对照被查企业有关会计资料并调查当事人，确定被查企业问题之所在。审查人员应对比各期的销售数量和成本水平，抽查并符合产成品、商品明细账贷方记录，特别是检查被查企业单价的计算结果是否正确，从而发现上述问题的线索。对产成品、商品采用实际成本计价的小微工业企业，计算产成品及商品销售成本时经常采取的欺骗手段是：不按照规定的程序和方法正确地应用计价方法，而是故意多转或少转销售成本。如采用加权平均法计价时，故意按高于或低于正确的加权平均单价的价格计算发出商品或产成品成本；再如根据企业的需要来确定商品的单价，达到人为调节成本的目的，而不是根据账面记录，按规定的程序和方法确定应采用的单价。

三、虚转成本隐匿利润的问题

例 4-17

某酒店按照实际成本核算材料，为了达到虚增当期库存商品成本、隐匿利润、少缴税款的目的，该酒店到了每月月末，都要编制虚假的原始凭证，虚构库存商品发出业务，账务处理为借记"主营业务成本"，贷记"库存商品"。2019 年，该酒店通过这种方式共计虚转库存商品成本 120 万元，少缴企业所得税 30 万元，同时存货明细账借方出现"红字"30 万元。

分析：虚转成本是小型酒店餐饮企业常见的调节利润手法，上述问题发生后一般表现为"库存商品""产成品""原材料"等账实不符，存货成本波动较大等。

有些企业在实际工作中不能正确核算，导致存货明细账常常出现"红字"，原因是存货发出计价不规范或中途变更计价方法，使发出价高于账面成本造成的。

因此，审查人员应从这些方面入手，审阅被查企业有关存货账户，核对其账实、账账有无不符的情况，对比前后各期成本水平，必要时审阅记账凭证和原始凭证，并询问有关业务、仓库当事人，核查有关部门所存原始凭证（如领料单）与财务部门原始凭证是否一致，从中发现疑点，作进一步查证。

审计小贴士　账外存货的审计

存货主要包括各类材料、商品、在产品、半成品、产成品等。账外存货是指属于本单位所有但未纳入本单位存货账目核算的存货。对于酒店餐饮类企业而言，存货的种类繁多，且存放地点比较分散，在管理上具有一定的难度，因此更需要加强存货的审计。

一、账外存货的形成

账外存货的形成主要有两种途径：一是取得存货不入账；二是把账内存货通过各种方式转到账外。

（一）取得存货不入账

取得存货不入账的情况如图 4-3 所示。

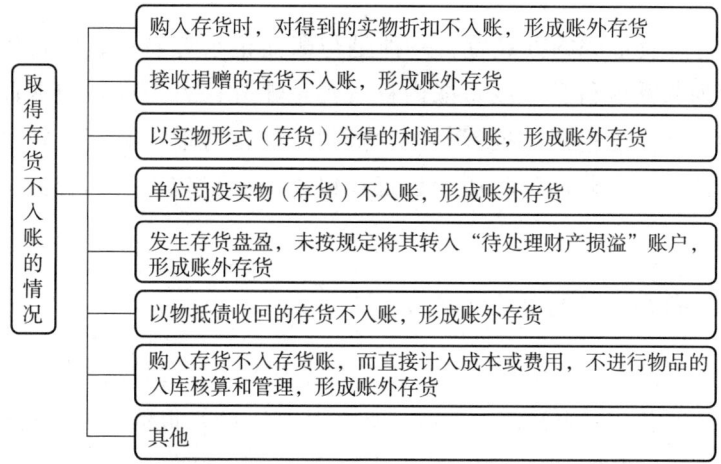

图 4-3 取得存货不入账的情况

（二）把账内存货转到账外

把账内存货转到账外的情形如图 4-4 所示。

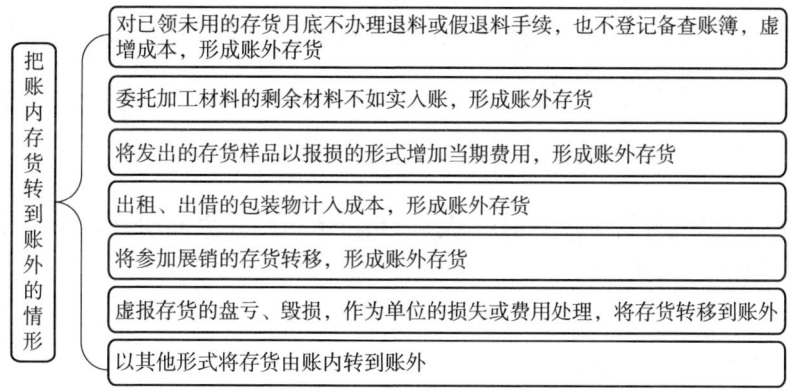

图 4-4 把账内存货转到账外的情形

二、账外存货审计的技术与方法

被审计单位形成账外存货的动机主要有：使存货脱离财务控制，为个人或少数人所用或消费；将无偿取得的或由账内转出的存货伺机出售以形成小金库。因此审计人员应关注被审计单位存货的效用，对与个人或家庭消费相关的存货，如日用品、装饰材料等，应特别加以关注，同时与小金库审计相结合。

从账外存货形成的方式看,一种是与账面记录有联系,即将应计入存货的支出列入其他科目,或将账内存货转至账外;另一种是与账面记录没有联系的,如接受捐赠、投资、实物折扣和罚没等取得存货。审计人员应区别不同情况,从账面资料或会计资料以外的其他资料中捕捉线索,查找账外存货。

(一)有举报时的审计技术与方法

在实际工作中,审计人员可能会接到有关人员提供的线索或举报,如审计人员收到署名"一个知情人"或"职工某某"的举报信,揭发某单位领导伙同会计人员虚报盘亏、毁损,将存货转到账外的问题。

对这种举报,审计人员如果直接调查该单位领导,将引起对方的警惕,增加审计的难度。所以,一般应采取重点账目审查、实地观察、询问和外围调查等审计方法。审计人员应首先查存货、待处理财产损溢、管理费用、营业外支出等重点账目,找出举报时期的存货毁损账务处理;然后检查存货"盘亏清单""报废申请书""报废清理单"及事故报告等,验证盘亏、毁损的真实性;在此基础上,向被审计单位领导、存货保管人员及有关经手人员了解情况,查明举报是否属实。

(二)无举报时的审计技术与方法

(1)了解被审计单位基本情况,分析形成账外存货的固有风险,判断其有无形成账外存货的动机。

(2)了解被审计单位相关内部控制情况,必要时进行符合性测试,分析和评价内部控制的弱点。

内部控制的健全程度与执行情况与账外存货舞弊现象的发生有密切关系。审计人员应关注被审计单位的相关内部控制,应特别注意图4-5所示的问题。

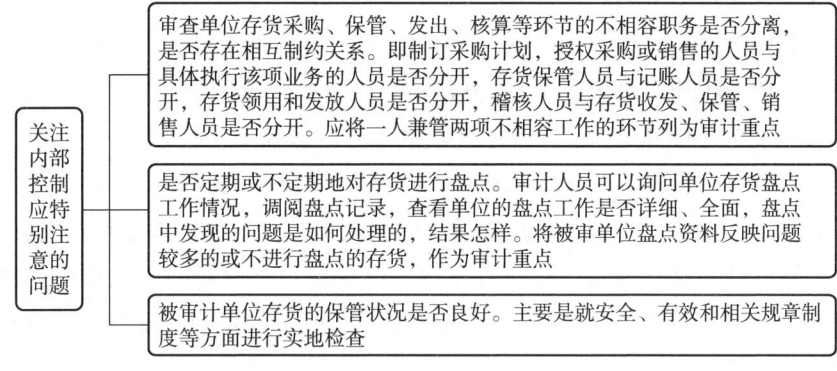

图 4-5 关注内部控制应特别注意的问题

（3）进行分析性复核，了解被审计单位存货的消耗、毁损等有无异常变动情况。

（4）根据了解的情况和所做分析，估计可能形成的账外存货，确定审计方式。

（5）根据所获审计线索，实施详细测试，以收集充分、确凿的审计证据。一般来说，可采用图 4-6 所示审计技术与方法。

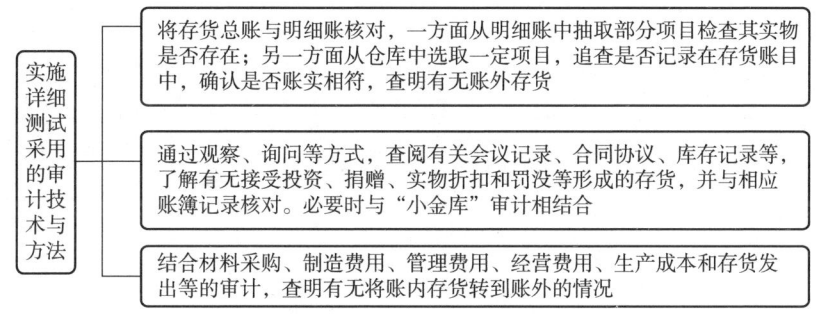

图 4-6 实施详细测试采用的审计技术与方法

对于购货过程中多报损耗及向供货单位等索取的赔偿不入账而形成账外存货，应重点查证超定额损耗的成因及货物在运输过程中是否发生过意外及处理过程。检查有无将购入存货直接在管理费用、经营费用等开支从而形成账外存货的情况。对于内部单位领用的存货，应检查领用物品的手续是否完整，单据项目填写是否齐全合规，审批是否明确等，并实施证证核对，查证存货是否真正被所需部门领用，有无多领、冒领等转做账外的情况。对于委托加工材料转做账外材料的审查，应根据委托加工合同、协议以及委托加工计划成本、委托加工材料出库单以及对方收料单、记录、凭证等测算实际成本与计划成本差距，计算加工成材率，以审查单位有无假借委托加工名义将账内材料转到账外。对于生产领用材料可以实地抽查生产车间领料的使用情况，查看有无材料被车间多领积压、不退库从而形成账外材料。

检查有无将盘盈存货转到账外及虚报盘亏、毁损的问题。审计人员应广泛地调查了解被查单位是否对存货进行定期盘点，对盘点结果是否及时处理，通过审阅待处理财产损溢、营业外支出、管理费用等明细科目及相应的会计凭证，了解被审计单位对存货盘盈或盘亏的处理是否正确、及时，是否存在弄虚作假的问题。

（6）对所获取的审计证据进行综合分析与评价，形成初步审计结论，并记录在审计工作底稿中。

（7）与被审计单位有关人员进行沟通，征求他们对初步审计结论的意见。

（8）做出审计结论与审计决定。

第五章 小微酒店餐饮企业对外投资的会计核算

第一节 投资的概述

一、投资的概念

财务会计中的投资有广义和狭义之分,广义投资包括对外投资和对内投资。对外投资是企业将企业内部资产让渡给企业外部以谋求经济利益的投资,包括权益性投资、债权性投资、期货投资、房地产投资等。对内投资是企业资产投资,包括固定资产投资、无形资产投资、存货投资等。狭义投资一般仅包括对外投资,不包括对内投资。本章所称的投资是狭义投资中的权益性投资和债权性投资。

投资是指小微企业为通过分配来增加财富,或为谋求其他利益,而将资产让渡给其他单位所获得的另一项资产。投资具有的特点如图5-1所示。

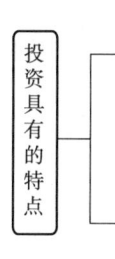

投资具有的特点：

- 投资是将资产让渡给其他单位所产生的。如小企业可以用现金购买其他小企业发行的股票、债券,也可以用固定资产、无形资产让渡给其他单位使用,以获取投资利益

- 投资为小企业带来间接的经济利益。投资所增加的经济利益是通过分配获取的。投资所增加的经济利益不是小企业自身经营产生的,而是将资产让渡给其他单位使用,通过其他单位使用该项资产创造的收益后分配取得的。此外,投资企业也可以通过投资来改善贸易关系,如提供稳定的原材料供应、良好的销售网点等来获取利益

图5-1 投资具有的特点

二、投资会计处理的问题

(一) 投资的确认

投资的确认主要解决投资入账的时间问题,即企业取得的某项投资,在符合何种条件时才能作为投资入账。

(二) 投资的核算 (见表 5-1)

表 5-1 投资的核算

初始投资成本的确定	初始投资成本的确定主要解决为取得一项投资发生的支出有多少可以计入投资账户,确认为小微企业的一项资产,并在资产负债表资产方列示。遵循历史成本原则,投资的初始成本是指取得投资时所付出的全部代价,包括买价和其他相关费用。以非货币性资产或通过债务重组方式取得的投资,则应按照相关准则规定的方法确定投资成本
投资持有期间的计量	投资持有期间是否要调整投资账面价值以及期末按什么价值在报表上反映
投资的期末计价	投资的期末计价主要解决报告期期末投资以什么价值在资产负债表上揭示。根据历史成本原则,投资在资产负债表上应按其账面价值反映

(三) 投资损益的确认与计量

投资损益的确认与计量主要解决企业从被投资单位分配的股利和利息,债券溢折价返销以投资处理或收回所产生的净收入与投资账面价值的差额等,是否计入投资损益,是否全额计入投资收益问题。

小微企业投资按投资目的可以分为短期投资和长期投资,这是投资的基本分类。

第二节 短期投资

短期投资核算包括短期投资取得及其成本的确定、短期投资收益的确认、短期投资的处理与短期投资的期末计价等内容。为此,小微企业应设置"短期投资""投资收益"等科目进行核算。

一、短期投资成本的概念及确定

短期投资是指能够随时变现并且持有时间不准备超过一年（含一年）的投资，包括股票、债券、基金等。短期投资通常易于变现，且持有时间较短，不以控制被投资单位等为目的。短期投资应当具备的条件如图5-2所示。

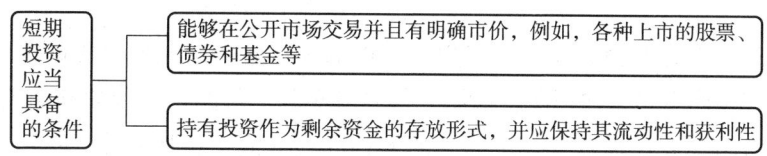

图5-2　短期投资应当具备的条件

企业的投资是作为短期投资还是长期投资，不能仅仅依据持有时间的长短而判断，主要依据企业管理部门的意图而定。只要不是以控制被投资单位为目的，而是存放剩余现金，即使短期投资实际持有时间已超过一年，仍可作为短期投资，除非企业管理当局意图改变投资目的。

二、短期投资应设置的科目

短期投资应设置的科目见表5-2。

表5-2　短期投资应设置的科目

科目	说明
"短期投资"科目	借方登记取得短期投资的实际投资成本，贷方登记短期投资处置的成本，期末余额在借方，反映企业持有的各种短期投资的实际成本。"短期投资"科目应按短期投资种类设置明细账，进行明细核算
"应收股利"科目	核算小微企业因进行股权投资应收取的现金股利、利润及进行债权投资应收取的股利、利润或利息，期末余额在借方，反映企业尚未收回的现金股利、利润或债权投资利息。"应收股利"科目应按被投资单位、债券种类设置明细账，进行明细核算
"应收利息"科目	核算小微企业因进行债券投资应收取的利息，期末余额在借方，反映企业尚未收回的债权投资利息。"应收利息"科目应按债权种类设置明细账，进行明细核算
"投资收益"科目	核算企业对外投资所取得的收益或发生的损失。该科目为损益类科目，贷方登记企业投资收益，贷方登记投资损失。期末，企业应将本科目的余额转入"本年利润"科目，结转后应无余额。"投资收益"科目应按投资收益种类设置明细账，进行明细核算

三、短期投资的计量

短期投资的计量包括短期投资取得时初始投资成本的计量、持有期间新投资成本的计量和期末账面价值计量。

（一）初始投资成本的计量

根据《小企业会计准则》的规定，短期投资应当按照取得时的实际成本入账。实际成本是指取得各种股票、债券时实际支付的购买价款和相关税费，即交易费用也计入投资成本。购入的各种股票、债券、基金等，实际支付的价款中包含已宣告但尚未领取的现金股利或已到付息期但尚未领取的债券利息，应单独核算，不构成实际成本。短期投资的实际成本按图5-3所示方法确定。

短期投资的实际成本的确定 —— 以支付现金取得的短期投资，应当按照购买价款和相关税费作为成本进行计量。实际支付价款中包含的已宣告但尚未发放的现金股利或已到付息期但尚未领取的债券利息，应当单独确认为应收股利或应收利息，不计入短期投资的成本

图5-3　短期投资的实际成本的确定

（二）持有期间新投资成本的计量

短期投资在持有期间应按照历史成本计量，账面价值等于初始投资成本。被投资单位宣告分派的现金股利或债务人的应付利息均应计入投资收益。其中，被投资单位宣告分派的现金股利，借记"应收股利"科目，贷记"投资收益"科目。在债务人应付利息日，按照分期付息、一次还本债券投资的票面利率计算的利息收入，借记"应收利息"科目，贷记"投资收益"科目。

（三）期末账面价值的计量

期末账面价值是指期末投资在资产负债表上反映的价值。根据《小企业会计准则》的规定，小微企业的短期投资不计提跌价准备，期末应按历史成本计量，账面余额依旧是初始投资成本。即使短期投资预计可能发生损失，也要在损失实际发生时进行账务处理。

例 5-1

某小微企业于 2019 年 10 月以银行存款购入表 5-3 中公司的股票作为短期投资。

表 5-3 短期投资明细表

项目	股数（股）	每股单价（元）	税费（元）	投资成本（元）
股票 A	20000	6.50	800	130800
股票 B	5000	10.00	780	50780
股票 C	40000	5.60	1000	225000
合计				406580

做相关的会计分录如下：

借：短期投资——股票 A　　　　　　　　　　130800
　　短期投资——股票 B　　　　　　　　　　 50780
　　短期投资——股票 C　　　　　　　　　　225000
　贷：银行存款　　　　　　　　　　　　　　406580

例 5-2

承例 5-1，2019 年 12 月 15 日，股票 A 所属企业宣告发放现金股利每股 0.2 元，则小微企业应做会计处理：

借：应收股利——股票 A　　　　　　　　　　4000
　贷：投资收益　　　　　　　　　　　　　　4000

待收到现金股利时，小微企业应做会计处理：

借：银行存款　　　　　　　　　　　　　　　4000
　贷：应收股利——股票 A　　　　　　　　　4000

四、短期投资损益的确认及短期投资的处置

（一）短期投资损益的确认

短期投资取得的股利、利息及持有期间的损益分别按下列方法处理：

（1）短期投资取得时实际支付的价款中包含的已宣告但尚未发放的现金股利，或已到付息期但尚未领取的债券利息，属于在购买时暂时垫付的资金，是在投资时所取得的一项债权，因此，小微企业应当在实际收到时冲减已记

录的应收股利或应收利息，不确认为投资收益。

（2）小微企业短期投资的损益，只能在短期投资处置时确认。确认的投资收益为处置短期投资所获得的净收入与短期投资账户余额的差额。这里的"净收入"指处置短期投资时所获得的价款减去发生的相关费用后的余额。

例 5-3

某酒店属于小微企业，2019 年 9 月 12 日，以银行存款购入 B 股份有限公司已宣告但尚未分派现金股利的股票 20000 股，作为短期投资进行管理，每股成交价 10.5 元，其中，0.5 元为已宣告但尚未分派的现金股利，股权截至日为 9 月 20 日；另支付相关税费 10000 元。

该酒店的会计分录如下：

借：短期投资——B 股票　　　　　　　　　　210000
　　应收股利——B 股票　　　　　　　　　　10000
　　贷：银行存款　　　　　　　　　　　　　220000

其中，短期投资成本计算如下：

成交价（20000×10.5）　　　　　　　210000 元
加：支付的相关税费　　　　　　　　　10000 元
减：已宣告尚未分派的现金股利　　　（20000×0.5）10000 元
　　短期投资成本　　　　　　　　　　210000 元

承上，如 2019 年 9 月 20 日，某酒店属于小微企业，收到原已计入"应收股利"的现金股利 10000 元，则：

借：银行存款　　　　　　　　　　　　　　　10000
　　贷：应收股利——B 股票　　　　　　　　　　10000

（二）短期投资的处置

短期投资的处置主要指短期投资的出售。出售短期投资，应当按照实际收到的出售价款，借记"银行存款"或"库存现金"科目，按照该项短期投资的账面余额，贷记"短期投资"，按照尚未收到的现金股利或债券利息，贷记"应收股利"或"应收利息"科目，按照其差额，贷记或借记"投资收益"科目。此处的投资收益金额即为小微企业此项短期投资的损益，为出售价款扣除其账面余额、相关税费后的净额。

例 5-4

某酒店属于小微企业，2019 年 12 月 31 日，出售其所持有的 B 股份有限公司的股票 20000 股，实际收回金额 252000 元，款项已存入银行；该批股票的账面余额为 20000 元。某酒店的账务处理如下：

借：银行存款　　　　　　　　　　　　　　　252000
　　贷：短期投资——B 股票　　　　　　　　　　200000
　　　　投资收益　　　　　　　　　　　　　　 52000

（三）短期投资的期末计价

短期投资的期末计价是指期末短期投资在资产负债表上反映的价值，《小企业会计准则》对短期投资的期末计价按历史成本计量，不再计提"短期投资跌价准备"。

第三节　长期股权投资

长期资产是企业除流动资产以外的其他资产。主要包括长期债券投资、长期股权投资、固定资产、生产性生物资产、无形资产、长期待摊费用等。长期资产是企业的资本性支出，其核算的正确与否会影响若干年度的会计期间有关财务状况和经营成果的会计信息质量。这一点对经营规模较小的企业同样重要。

一、长期股权投资的定义及分类

长期股权投资是指小微企业准备长期持有（通常在 1 年以上）的权益性投资。

小微企业长期股权投资核算的内容包括：长期股权投资初始成本的确定、长期股权投资的成本法、长期股权投资的处置等。为此，小微企业应设置"长期股权投资"总账科目。

二、长期股权投资初始成本的确定

长期股权投资初始投资成本应当分情况确定。

（一）以现金购入的长期股权投资

按实际支付的全部价款（包括支付的税金、手续费等相关费用）作为初始投资成本；实际支付的价款中含有已宣告但尚未领取的现金股利的，在计算初始投资成本时应予以扣除。按照扣除后的金额，借记"长期股权投资"科目，按照应收的现金股利，借记"应收股利"科目，按照实际支付的购买价款和相关税费，贷记"银行存款"科目。

例 5-5

某酒店属于小微企业，于 2019 年 6 月 6 日购买甲公司发行的股票 20000 股准备长期持有，该股票市价为 12 元，购买时另支付相关税费 2000 元，款项已通过银行存款支付。做会计分录如下：

借：长期股权投资——股票投资　　　　　　　242000
　　贷：银行存款　　　　　　　　　　　　　　　242000

例 5-6

某酒店属于小微企业，于 2019 年 6 月 6 日购买甲公司发行的股票 20000 股准备长期持有，包含已宣告但未发放的股利每股 0.2 元，该股票市价为 12 元。购买时另支付相关税费 2000 元，款项已通过银行存款支付。做会计分录如下：

购买股票时：

借：长期股权投资——股票投资　　　　　　　242000
　　应收股利　　　　　　　　　　　　　　　　　4000
　　贷：银行存款　　　　　　　　　　　　　　　246000

（二）以非货币性交易换入的长期股权投资

按换出资产的账面价值加上应支付的相关税费，作为初始投资成本。如涉及补价的，应按以下规定确定换入长期股权投资的初始投资成本：

（1）收到补价的，按换出资产的账面价值加上应确认的收益和应支付的相关税费减去补价后的余额，作为初始投资成本。

（2）支付补价的，按换出资产的账面价值加上应支付的相关税费和补价，作为初始投资成本。

以材料换入的长期股权投资，如该项材料的进项税额不可抵扣的，长期股权投资的入账价值还应加上不可抵扣的增值税进项税额。

进行账务处理时，以初始投资成本，借记"长期股权投资"科目，按照换出非货币性资产的账面价值，贷记"固定资产清理""无形资产"等科目，按照支付的相关税费,贷记"应交税费"等科目,按照其差额,贷记"营业外收入"或借记"营业外支出"等科目。

例 5-7

某酒店属于小微企业,2019 年以固定资产对其他单位投资,投出资产的账面原价为 2250000 元,已提折旧为 250000 元,已提减值准备为零。另外,支付固定资产清理费用 20000 元,应做如下会计分录:

借:固定资产清理　　　　　　　　　　　　2000000
　　累计折旧　　　　　　　　　　　　　　　250000
　　贷:固定资产　　　　　　　　　　　　　　　　2250000
借:固定资产清理　　　　　　　　　　　　　20000
　　贷:银行存款　　　　　　　　　　　　　　　　20000
长期股权投资的初始投资成本=2250000-250000+20000=2020000(元)
借:长期股权投资　　　　　　　　　　　　2020000
　　贷:固定资产清理　　　　　　　　　　　　　2020000

三、长期股权投资的成本法

(一)成本法的适用范围

成本法是指投资后按实际成本确认账面金额,并且在持有期间一般因被投资单位净资产的增减而变动投资账面余额的方法。无论小微企业的长期股权投资的类型是什么,《小企业会计准则》规定,均应采用成本法计量。

(二)成本法的核算方法

1. 取得长期股权投资的核算

长期股权投资在取得时,应按实际成本作为投资成本。

(1)以现金购入的长期股权投资,按实际支付的全部价款(包括支付的税金、手续费等相关费用)作为投资成本。实际支付的价款中包含已宣告但尚未领取的现金股利,应按实际支付的价款减去已宣告但尚未领取的现金股利后的差额,作为投资的实际成本,借记"长期股权投资",按已宣告但尚未领取的现金股利金额,借记"应收股利"科目,按实际支付的价款,贷记"银行存款"科目。

（2）通过非货币性资产交换取得的长期股权投资，应当按照非货币性资产的评估价值与相关税费之和，借记"长期股权投资"，按照换出非货币性资产的账面价值，贷记"固定资产清理""无形资产"等科目，按照支付的相关税费，贷记"应交税费"等科目，按照其差额，贷记"营业外收入"或借记"营业外支出"等科目。

2. 长期股权投资持有期间投资收益的核算

（1）采用成本法核算时，除追加或收回投资外，长期股权投资的账面余额一般应当保持不变。

（2）股权持有期间，企业应于被投资单位宣告发放现金股利或利润时确认投资收益。按被投资单位宣告发放的现金股利或利润中属于应由本企业享有的部分，借记"应收股利"科目，贷记"投资收益"科目。收到现金股利或利润时，借记"银行存款"科目，贷记"应收股利"科目。

3. 处置长期股权投资的会计核算

在使用成本法的情况下，小微企业处置长期股权投资时，按实际取得的价款，借记"银行存款"等科目，按长期股权投资的账面余额，贷记"长期股权投资"，按尚未领取的现金股利或利润，贷记"应收股利"科目，按其差额，贷记或借记"投资收益"科目。

例 5-8

某酒店属于小微企业，于 2019 年 6 月 2 日购入 C 公司股份 200000 股，每股价格 12 元，另支付相关税费 2000 元，该企业购入 C 公司股份占 C 公司有表决权资本的 3%，并准备长期持有。C 公司于 2019 年 8 月 2 日宣告分派 2018 年度的现金股利，每股 0.2 元。小微企业的会计分录如下：

（1）购入时：

借：长期股权投资——C 公司　　　　　　　　　2402000
　　贷：银行存款　　　　　　　　　　　　　　　　2402000

（2）C 公司宣告分派股利时：

借：应收股利　　　　　　　　　　　40000（200000×0.2）
　　贷：投资收益　　　　　　　　　　　　　　　　　40000

例 5-9

某酒店属于小微企业，于 2019 年 1 月 1 日以银行存款购入 C 公司 10% 的股份,并准备长期持有。实际投资成本 420000 元。C 公司于 2019 年 5 月 2 日宣告分派 2018 年度的现金股利 400000 元。假设 C 公司 2019 年 1 月 1 日股东权益合计为 3400000 元,其中股本为 3000000 元,未分配利润为 400000 元,2019 年实现净利润 1000000 元;2020 年 5 月 1 日宣告分派现金股利 600000 元。该企业的会计分录如下:

(1) 2019 年 1 月 1 日投资时:

借:长期股权投资——C 公司　　　　　　420000
　　贷:银行存款　　　　　　　　　　　　　　　420000

(2) 2019 年 5 月 2 日宣告发放现金股利时:

借:应收股利　　　　　　　　　　　　　40000
　　贷:投资收益　　　　　　　　　　　　　　　40000

收到现金股利时:

借:银行存款　　　　　　　　　　　　　40000
　　贷:应收股利　　　　　　　　　　　　　　　40000

(3) 2020 年 5 月 1 日宣告发放现金股利时:

借:应收股利　　　　　　　　　　　　　60000
　　贷:投资收益　　　　　　　　　　　　　　　60000

收到现金股利时:

借:银行存款　　　　　　　　　　　　　60000
　　贷:应收股利　　　　　　　　　　　　　　　60000

四、长期股权投资的处置

处置长期股权投资的投资损益应当在符合股权转让日的条件时才能确认。处置长期股权投资,应当按照处置价款,借记"银行存款",按长期股权投资的账面价值,贷记"长期股权投资"科目,按尚未领取的现金股利或利润,贷记"应收股利"科目,按其差额,贷记或借记"投资收益"科目。

例 5-10

某酒店属于小微企业,2019 年酒店将作为长期投资核算的甲公司股票 30000 股全部出售,每股售价 11 元,支付相关税费 2000 元,款项已通过银行收付,该股票账面价值为 303000 元。做会计分录如下:

投资收益=出让股票实际收到价款-股票投资账面价值=328000-303000=25000(元)

借：银行存款　　　　　　　　　　　　　　　　328000
　　贷：长期股权投资——股票投资　　　　　　303000
　　　　投资收益　　　　　　　　　　　　　　25000

为了详细反映企业长期股权投资的性质和被投资单位的情况，小微企业应在"长期股权投资"科目下按被投资单位设置明细账进行明细核算。

五、长期股权投资损失

小微企业长期股权投资符合下列条件之一的，减除可收回的金额后确认的无法收回的长期股权投资，作为长期股权投资损失：

（1）被投资单位依法宣告破产、关闭、解散、被撤销，或者被依法注销、吊销营业执照的。

（2）被投资单位财务状况严重恶化，累计发生巨额亏损，已连续停止经营3年以上，且无重新恢复经营改组计划的。

（3）对被投资单位不具有控制权，投资期限届满或者投资期限已超过10年，且被投资单位因连续3年经营亏损导致资不抵债的。

（4）被投资单位财务状况严重恶化，累计发生巨额亏损，已完成清算或清算期超过3年以上的。

（5）国务院财政、税务主管部门规定的其他条件。

长期股权投资损失应当于实际发生时计入营业外支出，同时冲减长期股权投资账面余额。这是《小企业会计准则》异于《小企业会计制度》的地方：长期股权投资预计发生损失时不再计提减值准备，而是当损失实际发生时，直接减少其账面金额。

第四节　长期债券投资

长期债券投资是指企业购入的在1年内（不含1年）不能或不准备变现的债券。长期债券投资的核算包括长期债券投资初始成本的确定、长期债券溢折价的摊销和利息的计提、长期债券投资损益的确认及处置等内容。为此，小微企业需设置"长期债券投资"总账科目，按照债券种类和被投资单位，分别"面值""溢折价""应计利息"进行明细核算。

一、长期债券投资初始成本的确定

长期债券投资取得时的初始投资成本,是指取得长期债券投资时支付的全部价款的金额。实际支付的价款中包含的已到付息期但尚未领取的利息,作为应收项目单独核算,不作为债权投资的初始投资成本。在进行账务处理时,应当按照债券票面价值,借记"长期债券投资"(面值),按照实际支付的购买价款和相关税费,贷记"银行存款"科目,按照其差额,借记或贷记"长期债券投资"(溢折价)。若实际支付的购买价款中包含已到付息期但尚未领取的债券利息,应当按照债券票面价值,借记"长期债券投资"(面值),按照应收的债券利息,借记"应收利息"科目,按照实际支付的购买价款和相关税费,贷记"银行存款"科目,按照其差额,借记或贷记"长期债券投资"(溢折价)。

例 5-11

某酒店属于小微企业,在 2019 年 12 月 31 日购进某公司当年 7 月 1 日发行的面值为 2000000 元的两年期债券,票面利率 6%,到期还本付息。共支付价款 2080000 元,其中包括佣金手续费 10000 元,6 个月应计利息 60000 元。会计分录如下:

债券溢价 = 2080000 - 2000000 - 60000 = 20000(元)

借:长期债券投资——面值 2000000
 ——溢折价 20000
 ——应计利息 60000
 贷:银行存款 2080000

二、长期债券溢折价的摊销及利息的计提

(一)长期债券溢折价及处理

购入长期债券时,按购入价格与债券面值之间的差异可分为按债券面值购入、按高于或低于债券面值的价格购入。溢价或折价购入是由于债券的名义利率(或票面利率)与实际利率(或市场利率)不同而引起的。当债券票面利率高于市场利率,表明债券发行单位实际支付的利息将高于按市场利率计算的利息,发行单位则在发行时按照高于债券票面价值的价格发行,即溢

价发行，对购买单位而言则为溢价购入。溢价发行对投资者而言，是为以后多得利息而事先付出的代价；对于发行单位而言，是为以后多付利息而事先得到的补偿。如果债券的票面利率低于市场利率，表明发行单位今后实际支付的利息低于按照市场利率计算的利息，则发行单位按照低于票面价值的价格发行，即折价发行，对于购买单位而言，是折价购入。折价发行对投资者而言，是为今后少得利息而事先得到的补偿；对发行单位而言，是为今后少付利息而事先付出的代价。

长期债券投资溢价或折价按以下公式计算：

债券投资溢价或折价 =（债券初始投资成本 - 尚未到期的债券利息）- 债券面值

长期债券投资溢价或折价采用直线法摊销。在债务人应付利息日，按照应分摊的债券溢折价金额，借记或贷记"投资收益"科目，贷记或借记"长期债券投资"（溢折价）。

（二）长期债券投资利息的处理

长期债券投资利息应根据不同情况分别处理，具体如图5-4所示。

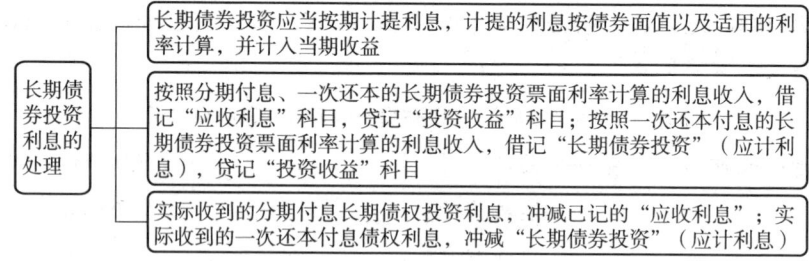

图5-4 长期债券投资利息的处理

例5-12

承例5-11，某酒店属于小微企业，在本年12月31日计提持有债券利息。会计分录如下：

债券利息 = 2000000 × 6% = 120000（元）

借：长期债券投资——应计利息　　　　　　　120000
　　贷：投资收益　　　　　　　　　　　　　　　　　120000

下一年年末做相同的会计处理。

（三）年度终了计算利息并按直线法摊销溢折价

直线法是将债券的溢折价按债券的还款期限（或付息期数）平均分摊。在直线法摊销溢折价的方法下，每期溢折价的摊销数额相等。按每期摊销金额，借记或贷记"投资收益"科目，贷记或借记"长期债券投资"（溢折价）。

例 5-13

小微企业 A 于 2019 年 1 月 2 日购入 B 企业 2019 年 1 月 1 日发行的 5 年期债券，票面年利率 12%，债券面值 1000 元。乙企业按 1050 元的价格购入 80 张，另付有关税费 400 元。该债券每年付息一次，最后一年还本金并付最后一次利息。乙企业按年计算利息，按直线法摊销溢折价。

购买时的会计分录如下：

借：长期债券投资——面值　　　　　　　　　　　80000
　　长期债券投资——溢价　　　　　　　　　　　 4400
贷：银行存款　　　　　　　　　　　　　　　　　84400

年度终了计算利息并摊销溢价，见表 5-4。

表 5-4　债券溢价摊销（直线法）

计息日期	应收利息 (1) = 面值×票面利率	利息收入 (2) = (1) - (3)	溢价摊销 (3) = 4400÷5	未摊销溢价 (4) = 上期(4) - (3)	面值和未摊销溢价之和 (5) = 上期(5) - (3)
2019 年 1 月				4400	84400
2020 年 12 月	9600	8720	880	3520	83520
2021 年 12 月	9600	8720	880	2640	82640
2022 年 12 月	9600	8720	880	1760	81760
2023 年 12 月	9600	8720	880	880	80880
2024 年 12 月	9600	8720	880	0	80000
合计	48000	43600	4400		

借：应收利息　　　　　　　　　　　　　　　　　9600
贷：长期债券投资——溢价　　　　　　　　　　　 880
　　投资收益　　　　　　　　　　　　　　　　　8720

各年收到债券利息（除最后一次付息外）：

借：银行存款　　　　　　　　　　　　　　　　9600
　　贷：应收利息　　　　　　　　　　　　　　　9600
到期还本并收到最后一次利息：
借：银行存款　　　　　　　　　　　　　　　　89600
　　贷：长期债券投资——面值　　　　　　　　80000
　　　　应收利息　　　　　　　　　　　　　　9600

三、长期债券投资损益的确认及处置

（一）长期债券投资损益的确认

长期债券投资损益包括债券持有期间的利息收入、处置收入与其账面价值的差额等。具体按图5-5所示办法处理。

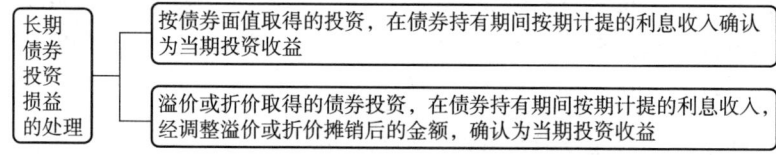

图5-5　长期债券投资损益的处理

（二）长期债券投资损益的处置

出售或到期收回债券本息时，按实际收到的金额借记"银行存款"科目，按照其债券账面余额，贷记"长期债券投资"（成本、溢折价、应计利息），按照应收未收的利息收入，贷记"应收利息"，按差额贷记或借记"投资收益"科目。

例5-14

某酒店属于小微企业，持有的两年期债券于2019年1月1日到期。债券面值200000元，利息30000元，收回债券本金和利息230000元存入银行。做会计分录如下：

借：银行存款　　　　　　　　　　　　　　　　230000
　　贷：长期债券投资——面值　　　　　　　　200000
　　　　应收利息　　　　　　　　　　　　　　30000

四、长期债券投资的损失

根据《小企业会计准则》的规定,当小微企业的长期债券投资符合下列条件之一的,不再计提减值准备,而是在损失实际发生时计入营业外支出,同时冲减长期债券投资账面余额。长期债券投资账面余额减除可收回的金额后确认的无法收回的部分,作为长期债券投资损失。

(1) 债务人依法宣告破产、关闭、解散、被撤销,或者被依法注销、吊销营业执照,其清算财产不足清偿的。

(2) 债务人死亡,或者依法被宣告失踪、死亡,其财产或者遗产不足清偿的。

(3) 债务人逾期3年以上未清偿,且有确凿证据证明已无力清偿债务的。

(4) 与债务人达成债务重组协议或法院批准破产重整计划后,无法追偿的。

(5) 因自然灾害、战争等不可抗力导致无法收回的。

(6) 国务院财政、税务主管部门规定的其他条件。

第五节　对外投资涉及的主要税务问题

一、投资损失纳税调整问题

例5-15

某酒店2019年度协议转让意向股权投资,初始投资成本为100万元,取得转让所得80万元,会计上确认的投资损失是20万元,年底未做任何纳税调整。税务机关根据文件的规定,认为该企业当年股权转让所得80万元可以冲减投资成本,但其投资损失20万元应做当期纳税调整,并从以后年度取得的投资收益或转让所得中结转扣除。如果该公司在5年内对其投资损失的20万元未扣除或未完全扣除,则可以在2020年一次性全额税前扣除。

分析:该小型酒店餐饮企业在会计的处理上没有问题,但是根据国家税务总局《关于企业股权投资业务若干所得税问题的通知》和相关法规的规定，每一纳税年度扣除的股权投资损失，不得超过当年实现的股权投资收益和股权投资转让所得，超过部分可向以后纳税年度结转扣除。但企业股权投资转让损失连续向后结转5年仍不能从股权投资收益和股权投资转让所得中扣除的，准予在该股权投资转让年度后第6年一次性扣除。因此，该公司当年股权转让所得80万元可以冲减投资成本，其投资损失20万元应做当期纳税调整，并从以后年度取得的投资收益或者转让所得中结转扣除。如果该公司在5年内对其投资损失的20万元未扣除或未完全扣除，则可以在2020年度一次性全额税前扣除。

二、投资减值纳税调整

例 5-16

2019年初，某酒店以银行存款购买上市公司股票，价值30万元（含各种税费），账务处理为借记"短期投资——股票"，贷记"银行存款"。当年底，由于被投资公司股票价格持续下跌及经营状况恶化等原因导致该酒店可收回金额低于账面价值。该酒店据此计提了资产减值损失——短期投资10万元，并计入当期损益，但未做任何纳税调整。

分析：该小型酒店餐饮企业根据企业短期投资减值情况，计提了短期投资减值准备，但却未按要求进行纳税调整。根据《国家税务总局关于执行〈企业会计制度〉需要明确的有关问题的通知》规定：除国家税收规定外，企业根据财务会计制度等规定提取的任何形式的准备金（包括资产准备、风险准备或工资准备等）不得在企业所得税前扣除。因此，该酒店应就未经核准的减值准备金支出调增应纳税所得额，缴纳企业所得税。

三、投资成本核算不实

例 5-17

某小微工业企业2019年以银行存款支付长期股权投资，实际支付的全部价款为50万元，包括支付的税金、手续费等相关费用5万元。该公司以45万元作为投资成本入账，账务处理为借记"长期股权投资"，贷记"银行存款"，而另外5万元列支管理费用。

分析：该公司未按规定将实际支付的全部价款作为长期股权投资成本入

账,而是将部分相关费用单独核算,减少了当期利润。根据相关法律的规定,企业对外投资期间,投资资产的成本在计算应纳税所得额时不得扣除,而《小企业会计准则》也规定,长期股权投资在取得时应当按实际成本作为投资成本。因此,该公司应将5万元冲减管理费用,调增当期长期股权投资成本。

第六节　对外投资涉及的主要审计问题

一、股权转让的财务处理

例 5-18

2020 年 5 月 1 日,该小微酒店餐饮企业将作为长期股权投资的 B 公司股票 3000 股出售,每股售价 11 元,支付税费 3000 元,款项已通过银行收讫,该股票的账面价值为 23400 元。

会计处理如下:

借:银行存款	33000
贷:长期股权投资——股票投资	23400
投资收益	9600
借:应交税款——应交增值税	3000
贷:银行借款	3000

分析:

该小企业的会计处理错误,《小企业会计准则》第二十五条规定,处置长期股权投资,处置价款扣除其成本、相关税费后的净额,应当计入投资收益。

那么该小企业的投资收益为:(3000×11-3000)-23400=6600 元。

正确的会计分录为:

借:银行存款	30000
贷:长期股权投资——股票投资	23400
投资收益	6600

二、长期债券投资入账问题

例 5-19

某公司 2019 年以银行存款 50 万元购入某公司面值为 40 万元的长期债券,

其中含相关税金及手续费4万元，含已到付息期但是尚未领取的债券利息3万元，该公司的账务处理时借记"长期债券投资"50万元，贷记"银行存款"50万元，审计人员在审计时发现该公司2019年收到了债券发行方支付的债券利息，直接冲减长期债券投资科目，查阅2018年相关账目，发现了长期债券投资入账方面存在的问题。

分析：根据相关会计准则的规定，小企业购入的长期债券按照实际支付的价款减去已到付息期但尚未领取的债券利息及税金、手续费等相关税费后的金额，作为债券投资的成本。长期债券应按期计提利息。购入到期还本付息的债券，按期计提的利息，于确认利息收入时，记入"应收股利"科目。

应审查确认债券投资入账价值是否按实际支付款计算，含有应计利息的是否扣除应计利息。查明对含有应得利息的债券投资其应计利息是否单独核算，债券投资增减变动及其收益（损失）核算的账务正确性。审查确认财务报表说明了一年内到期的长期债券投资和期末债券的市价。

第六章　小微酒店餐饮企业固定资产的会计核算

第一节　固定资产的取得

一、固定资产的概念与特征

固定资产指为生产产品、提供劳务、出租或经营管理而持有的、使用年限超过一年、单位价值较高的资产。小微企业的固定资产包括：房屋、建筑物、机器、机械、运输工具、设备、器具、工具等。固定资产最基本的特征如图6-1所示。

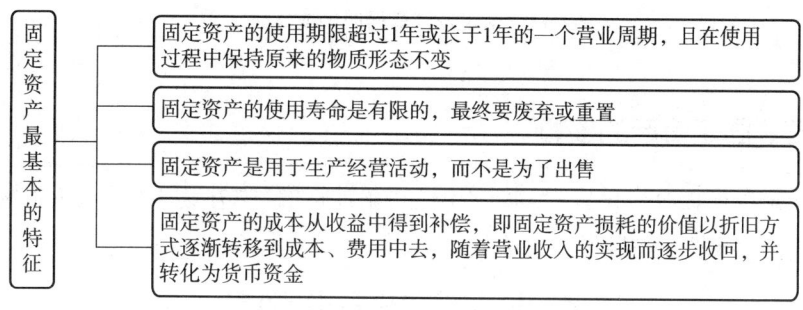

图6-1　固定资产最基本的特征

小微企业应当根据固定资产定义，结合本企业的具体情况，制定适合于本企业的固定资产目录、分类方法、每类或每项固定资产的折旧年限、折旧方法和预计净残值，作为进行固定资产核算的依据。小微企业临时租入的固定资产和以经营租赁租入的固定资产，应另设备查簿进行登记，不作为固定资产核算。

二、固定资产取得时的成本确定

固定资产的价值构成是指固定资产价值所包括的范围。它包括企业为购建某项固定资产达到预定可使用状态前所发生的一切合理、必要的支出。这些支出既有直接发生的，如固定资产的价款、进口关税等税金、运输和保险等相关费用、包装费和安装成本等；也有间接发生的，如应承担的借款利息、外币借款折合差额以及应分摊的其他间接费用等。

固定资产取得时的成本应当根据图6-2所示情况分别确定。

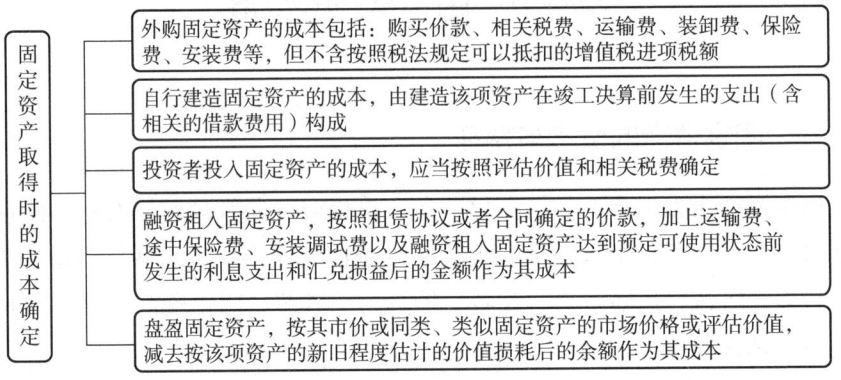

图6-2 固定资产取得时的成本确定

三、固定资产的核算

固定资产核算应设置"固定资产""累计折旧""在建工程""工程物资""固定资产清理"等科目（见表6-1）。

表6-1 固定资产核算的科目设置

科目	说明
"固定资产"科目	本科目核算小微企业生产经营活动中使用的固定资产的原价。借方登记增加固定资产的原价；贷方登记减少的固定资产的原价；期末余额在借方，反映小微企业期末固定资产的账面原价。临时租入的固定资产，应当另设置备查簿进行登记，不在本科目核算
"累计折旧"科目	本科目核算小微企业固定资产的累计折旧。借方登记减少固定资产转出的折旧额；贷方登记提取的折旧额；期末余额在贷方，反映小微企业提取的固定资产折旧累计数

续表	
"在建工程"科目	本科目核算小微企业进行基建工程、安装工程、技术发行工程等发生的实际支出，包括安装设备的重置。借方登记小微企业出包或自营基建工程达到预定可使用状态前所发生的全部净支出以及改扩建过程中发生的有关支出；贷方登记基建工程达到预定使用状态转出的实际工程成本。期末余额在借方，反映小微企业尚未完工的基建工程发生的各项实际支出。为了反映在建工程的明细资料，小微企业应设置"建筑工程""安装工程""技术改造工程"和"其他支出"等明细科目。此外，为在建工程需要购入的工程物资，购入时应通过"工程物资"科目进行核算，待实际用于在建工程时转入本科目
"工程物资"科目	本科目核算小微企业为建筑工程等购入的各种物资的实际成本，包括为工程设置准备的材料、尚未安装的设置的实际成本等。借方登记企业购入为工程准备的物资和工程完工后输退库手续的剩余工程物资；贷方登记领用、盘亏、报废、毁损的工程物资。期末余额在借方，反映小微企业为工程购入但尚未领用的材料及购入需要安装设置的实际成本
"固定资产清理"科目	本科目核算小微企业因出售、报废、毁损等原因转入清理的固定资产价值及在清理过程中所发生的清理费用和清理收入等。借方登记转入清理的固定资产账面价值的净值、清理过程中发生的清理费用和应交的税金以及结转的固定资产清理后的净收益；贷方登记收回出售固定资产的价款、残料价值和变价收入、应由保险公司或过失人赔偿的损失以及结转的固定资产清理后的净损失；期末余额在借方，反映小微企业尚未清理完毕固定资产的净值以及清理净收入（清理收入-清理费用）

四、固定资产取得的账务处理

（一）外购固定资产

小微企业购入不需要安装的固定资产，应当按照实际支付的购买价款、相关税费（不包括按照税法规定可抵扣的增值税进项税额）、运输费、装卸费、保险费等，借记"固定资产"，按照税法规定可抵扣的增值税进项税额，借记"应交税费——应交增值税（进项税额）"科目，贷记"银行存款""长期应付款"等科目。购入需要安装的固定资产，先记入"在建工程"科目，安装完成后再转入"固定资产"科目。

例 6-1

某酒店属于小微企业，2019 年购入冷藏柜一台，买价为 20000 元，增值税 2600 元，均以银行存款付讫，机器设备已交付生产使用。会计分录如下：

借：固定资产　　　　　　　　　　　　　　　　20000
　　应交税费——应交增值税　　　　　　　　　　2600
　贷：银行存款　　　　　　　　　　　　　　　　22600

例 6-2

某酒店属于小微企业，2019 年以银行存款向外购入供暖锅炉一部，买价 500000 元，增值税 65000 元，安装费用 7800 元，现已安装完毕，交付生产使用。会计分录如下：

（1）购入并交付安装：

借：在建工程　　　　　　　　　　　　　　　　　500000
　　应交税费——应交增值税　　　　　　　　　　 65000
　　贷：银行存款　　　　　　　　　　　　　　　　565000

（2）发生安装费用：

借：在建工程　　　　　　　　　　　　　　　　　　7800
　　贷：银行存款　　　　　　　　　　　　　　　　 7800

（3）安装完毕，交付使用：

借：固定资产　　　　　　　　　　　　　　　　　507800
　　贷：在建工程　　　　　　　　　　　　　　　　507800

（二）自行建造固定资产

自行建造完成的固定资产，按照竣工决算前所发生的必要支出作为入账价值，借记"固定资产"科目，贷记"在建工程"科目。建造资产竣工决算前所发生的必要支出，包括小微企业以专门借款购建的固定资产，在达到竣工决算前实际发生的借款费用等。小微企业自行建造固定资产包括自营建造和出包建造两种方式。

1. 自营建造固定资产的成本确定

自营的工程，领用工程用物资时，应按工程物资的实际成本，借记"在建工程"科目，贷记"工程物资"等科目；工程领用本企业材料的，应按材料的实际成本加上不能抵扣的增值税进项税额，借记"在建工程"科目，按材料的实际成本，贷记"原材料"科目，按不能抵扣的增值税进项税额，贷记"应交税费——应交增值税（进项税额转出）"科目。

工程领用本企业的商品产品时，按商品产品的实际成本加上应交纳的相关税费，借记"在建工程"科目，按应交纳的相关税费，贷记"应交税费——应交增值税（销项税额）"等科目，按库存商品的实际成本，贷记"库存商品"科目。

工程应负担的职工工资及福利费，借记"在建工程"科目，贷记"应付职工薪酬"科目。

小微企业进行工程在竣工决算前发生的借款利息，应当根据借款合同利率计算确定的利息费用，借记"在建工程"科目，贷记"应付利息"等科目。办理竣工决算后发生的利息费用，借记"财务费用"科目，贷记"应付利息"等科目。

小微企业在建工程在试运转过程中形成的产品、副产品或试车收入冲减在建工程成本。

小微企业自营工程办理决算竣工，借记"固定资产"科目，贷记"在建工程"科目。

2. 出包建造固定资产的成本确定

出包的工程，应于按合同规定向承包企业预付工程款、备料款时，根据实际支付的价款，借记"在建工程"科目，贷记"银行存款"科目；以拨付给承包企业的材料抵作预付备料款的，应按工程物资的实际成本，借记"在建工程"科目，贷记"工程物资"科目；将需要安装的设备交付承包企业进行安装时，应按设备的成本借记"在建工程"科目，贷记"工程物资"科目。与承包企业办理工程价款结算时，补付的工程款，借记"在建工程"科目，贷记"银行存款""应付账款"等科目。

例 6-3

某酒店属于小微企业，2019 年自行建造自行车棚一座，购入为工程准备的物资用去 300000 元，支付增值税额为 39000 元。实际领用工程物资 320000 元，剩余物资转为存货；另外还领用了一批维修用的材料，实际成本为 50000 元，应转出的增值税为 6500 元；支付工程人员工资 57800 元。工程达到预定可使用状态并交付使用。会计分录如下：

（1）购入为工程准备的物资：

借：工程物资　　　　　　　　　　　　　　　　　　339000
　　贷：银行存款　　　　　　　　　　　　　　　　339000

对于工程物资，由于增值税的进项税额不予抵扣，因此将增值税的进项税额全部记入工程物资的成本之中。

（2）工程领用工程物资：

借：在建工程——建筑工程（车棚）　　　　　　　　320000
　　贷：工程物资　　　　　　　　　　　　　　　　320000

(3) 工程领用维修材料：

借：在建工程——建筑工程（车棚）　　　　　　56500
　　贷：原材料　　　　　　　　　　　　　　　　　50000
　　　　应交税费——应交增值税（进项税额转出）　6500

(4) 分配工程人员工资费用：

借：在建工程——建筑工程（车棚）　　　　　　57800
　　贷：应付职工薪酬　　　　　　　　　　　　　57800

(5) 固定资产建造完工，交付生产使用：

借：固定资产　　　　　　　　　　　　　　　　434300
　　贷：在建工程——建筑工程（车棚）　　　　434300

应结转的固定资产总额＝320000+56500+57800＝434300（元）

(6) 剩余工程物资转为存货：

剩余工程物资额＝339000—320000＝19000（元）

借：原材料　　　　　　　　　　　　　　　　　16814
　　应交税费——应交增值税（进项税额）　　　　2186
　　贷：工程物资　　　　　　　　　　　　　　　19000

例 6-4

某酒店属于小微企业，2019 年将一座自行车棚的工程出包给 A 企业承建，按规定先预付承包单位工程款 800000 元，工程完工后，收到承包单位的有关工程结算账单，补付工程款 100000 元，工程完工经验收后交付使用。会计分录如下：

(1) 按规定预付承包单位工程款：

借：在建工程——建筑工程（自行车棚）　　　　800000
　　贷：银行存款　　　　　　　　　　　　　　　800000

(2) 收到承包单位账单，补付工程款：

借：在建工程——建筑工程（自行车棚）　　　　100000
　　贷：银行存款　　　　　　　　　　　　　　　100000

(3) 工程完工，交付使用：

借：固定资产　　　　　　　　　　　　　　　　900000
　　贷：在建工程——建筑工程（自行车棚）　　900000

（三）投资者投入固定资产

投资者投入的固定资产，应按投资合同或协议约定价值和相关税费作为初始成本。借记"固定资产"科目，按投资各方确认的价值在其注册资本中所占的份额，贷记"实收资本（或股本）"；两者差额确认为资本公积，贷记"资本公积——资本溢价"或"资本公积——股本溢价"科目。

例 6-5

某酒店属于小微企业，2019 年某股东向本企业投入管理用小轿车一辆，该小轿车经投资双方确定的价值为 80000 元。会计分录如下：

借：固定资产　　　　　　　　　　　　　　　　　80000
　　贷：实收资本　　　　　　　　　　　　　　　　80000

（四）融资租入固定资产

租赁固定资产是小微企业取得资产的方式之一。根据租赁的目的，以与租赁资产所有权有关的风险和报酬归属于出租人或承租人的程度为依据，将租赁分为融资租赁和经营租赁两类。融资租赁是指实质上转移了资产所有权有关的全部风险和报酬的租赁。经营租赁是指融资租赁以外的租赁。

融资租入的固定资产，应当在固定资产科目项下单设明细科目进行核算。小微企业应在租赁开始日，按租赁协议或者合同确定的价款、运输费、途中保险费、安装调试费以及融资租入固定资产达到预定可使用状态前发生的借款费用等，借记"固定资产"科目（融资租入固定资产），按租赁协议或者合同确定的设备价款，贷记"长期应付款——应付融资租赁款"科目，按支付的其他费用，贷记"银行存款"等科目。租赁期满，如合同规定将固定资产所有权转归承租企业，应进行转账，将固定资产从"融资租入固定资产"明细科目转入有关明细科目。

例 6-6

某酒店属于小微企业，2019 年以融资租赁方式租入太阳能热水设备一部，租期 5 年，该设备在租赁开始日按租赁合同确定的价款 450000 元，同时以银行存款支付途中运输等费用 8000 元。租赁期满，资产产权转归承租企业。会计分录如下：

（1）租入设备时：

借：固定资产——融资租入固定资产　　　　　　458000
　　贷：长期应付款——应付融资租赁款　　　　　450000
　　　　银行存款　　　　　　　　　　　　　　　　8000

（2）租赁期满，资产产权转入企业时：

借：固定资产——生产经营用固定资产　　　　　　　　458000
　　贷：固定资产——融资租入固定资产　　　　　　　　　458000

（五）盘盈固定资产

盘盈的固定资产，按其市价或同类、类似固定资产的市场价格，减去按该项资产的新旧程度估计的价值损耗后的余额，借记"固定资产"科目，贷记"以前年度损益调整"科目。

例 6-7

某酒店属于小微企业，2019 年盘盈彩色电视机一台，同类设备的市场价格为 5000 元，估计折旧 3500 元。会计分录如下：

借：固定资产　　　　　　　　　　　　　　　　　　　1500
　　贷：以前年度损益调整　　　　　　　　　　　　　　　1500

第二节　固定资产的后续支出

固定资产的后续支出是指固定资产在使用过程中发生的改建支出、修理费用等。小微企业的固定资产投入使用后，由于各个组成部分耐用程度不同或者使用的条件不同，因而往往发生固定资产的局部损坏。为了保持固定资产的正常运转和使用，充分发挥其使用效能，就必须对其进行必要的后续支出。

固定资产的后续支出通常包括固定资产在使用过程中发生的日常修理费、大修理费用、改建支出、房屋的装修费用等。这些支出按其性质不同可分为两类：一类是资本性支出；另一类是费用性支出。

一、资本化的后续支出

固定资产资本化的后续支出主要是指改建支出。固定资产的改建支出，是指改变房屋或者建筑物结构、延长使用年限等发生的支出。固定资产在使用过程中进行改建的，除已提足折旧的固定资产和经营租入固定资产以外，其他固定资产的改建支出应当计入固定资产成本。如对厂房进行改建延长了厂房等固定资产的使用寿命、对设备的改造提高了相关资产的生产能力、对生产线的改进大大降低了产品的成本等都表明后续支出提高了固定资产原定的创利能力,应将后续支出予以资本化。可资本化的固定资产后续支出发生时,借记"在建工程"等科目,贷记"银行存款"等科目。

例 6-8

某酒店属于小微企业,2019 年决定对自有的营业用房进行改扩建,该房原值 500000 元,已提折旧 120000 元。扩建中实际发生成本支出 180000 元,拆除部分的变价收入 30000 元,发生的支出符合资本化的条件。工程已完工交付生产使用,暂不考虑相关税费的影响。会计分录如下:

(1) 固定资产转入扩建时:

借:在建工程		380000
累计折旧		120000
贷:固定资产		500000

(2) 发生有关支出时:

借:在建工程		180000
贷:银行存款等		180000

(3) 收到拆除部分的变价收入时:

借:银行存款		30000
贷:在建工程		30000

(4) 工程完工时:

借:固定资产		530000
贷:在建工程		530000

二、费用化的后续支出

固定资产费用化的后续支出主要是指固定资产大修理支出和日常修理费。该支出不能提高相关固定资产的生产能力,应在其发生时确认为当期费用,不能计入固定资产价值。

固定资产在使用过程中发生的日常修理费,应当在发生时计入制造费用或管理费用。小微企业生产车间(部门)发生的固定资产修理费用等后续支出,计入"制造费用"科目,行政管理部门等发生的固定资产修理费用等后续支出,计入"管理费用"科目。

已提足折旧的固定资产的改建支出、经营租入固定资产的改建支出、符合税法规定的固定资产大修支出通过"长期待摊费用"科目核算,借记"长期待摊费用"科目,贷记"银行存款"等科目。

例 6-9

某酒店属于小微企业,2019 年对管理部门自用的小汽车委托修理厂进行经常性修理,支付修理费 6000 元,用银行存款转账支付,暂不考虑相关税费的影响。做会计分录如下:

借:管理费用　　　　　　　　　　　　　　　　　　6000
　　贷:银行存款　　　　　　　　　　　　　　　　　　6000

第三节　固定资产的折旧

固定资产折旧是指固定资产在使用过程中,逐渐损耗而消失的这部分价值。固定资产损耗的这部分价值,应当在固定资产的有效使用年限内进行分摊,形成折旧费用,计入各期成本。固定资产折旧计入生产成本的过程,即随着固定资产价值的转移,以折旧的形式在产品销售收入中得到补偿,并转化为货币资金的过程。

一、影响固定资产折旧的因素

影响固定资产折旧的因素见表 6-2。

表 6-2　影响固定资产折旧的因素

固定资产原值	是指取得固定资产的原始成本,即固定资产的账面原价
固定资产的预计净残值	是指固定资产报废时预计可以收回的残值扣除清理费用后的数额。由于残值可以通过自身的回收得到补偿,因此,不需要以折旧的方式收回;而清理费用应该是固定资产使用中的一种必要的追加耗费,应以折旧的方式收回。事实上,在固定资产转入清理前,残值和清理费用都未实际发生,因此,计算固定资产折旧时使用的净残值充其量也只是一个预计量。将预计净残值与固定资产原值相比,即为预计净残值率,即预计净残值率=预计净残值/固定资产原值×100%
固定资产的使用年限	固定资产的使用年限就是固定资产可持续使用的时间,其长短直接影响到各期应计提的折旧额。企业在确定固定资产的使用年限时,主要应考虑下列因素:①该资产的预计生产能力或实物产量。②该资产的有形损耗,如设备使用中发生磨损、房屋建筑物受到自然侵蚀等。③该资产的无形损耗,如因新技术的出现而使现有的资产技术水平相对陈旧、市场需求变化使产品过时等。④有关资产使用的法律或者类似的限制。在固定资产使用过程中,企业应当定期对固定资产的使用年限进行复核。如果固定资产使用年限的预期数与原先的估计数有重大差异,则应相应调整固定资产的折旧年限

续表

折旧方法	固定资产不同的折旧方法，实质上涉及固定资产的成本在它的折旧年限内如何分配的问题。《小企业会计准则》规定，小微企业应当根据固定资产的性质和使用情况，合理确定其折旧年限和净残值，并考虑固定资产所含经济利益预期实现方式等，选择折旧方法。可选用的折旧方法包括年限平均法、工作量法、年数总和法、双倍余额递减法等。折旧方法一经确定，不得随意变更，如需变更，应将变更的内容及原因在变更当期会计报表附注中予以说明

二、固定资产折旧的范围

确定固定资产折旧的范围，一是要从空间上确定哪些固定资产应当计提折旧，哪些固定资产不应当计提折旧；二是要从时间范围上确定应计提折旧的固定资产什么时间开始计提折旧，什么时间停止计提折旧。

《小企业会计准则》规定：除图6-3所示情况外，小微企业应对所有固定资产计提折旧。

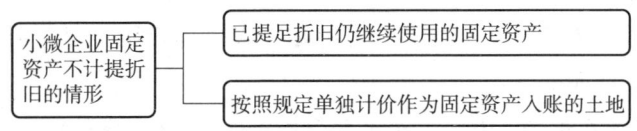

图6-3　小微企业固定资产不计提折旧的情形

对于固定资产，小微企业应当按月计提折旧，当月增加的固定资产，当月不计提折旧，从下月起计提折旧；当月减少的固定资产，当月仍计提折旧，从下月起不计提折旧。固定资产提足折旧后，不管能否继续使用，均不再计提折旧；提前报废的固定资产，也不再补提折旧。所谓提足折旧，是指已经提足该项固定资产应提的折旧总额。

三、固定资产的折旧方法

小微企业固定资产的折旧方法包括年限平均法、工作量法、年数总和法、双倍余额递减法等。折旧方法一经确定，不得随意变更，如需变更，应将变更的内容及原因在变更当期会计报表附注中予以说明。

（一）年限平均法

年限平均法又称直线法，是指按固定资产使用年限平均计算折旧的一种方法。按照这种方法计算提取的折旧额，在各个使用年份或月份都是相等的，折旧的积累额呈直线上升趋势。这种方法主要适用于固定资产各期的负荷程度基本相同，各期应分摊的折旧费用基本相同的情况。计算公式如下：

固定资产年折旧额＝［固定资产原价－（预计残值收入－预计清理费用）］÷固定资产预计使用年限

固定资产月折旧额＝固定资产年折旧额÷12

例 6-10

某酒店属于小微企业，2019年固定资产台账上有一部自用小轿车的原价为50000元，预计使用年限为10年，预计残值收入为4000元，预计清理费用为1500元，则：

固定资产年折旧额＝［50000－（4000－1500）］÷10＝4750（元）

固定资产月折旧额＝（4750÷12）＝395.83（元）

在实际工作中，为了反映固定资产在一定时间内的损耗程度和便于计算折旧，企业每月应计提的折旧额一般是根据固定资产的原价乘以月折旧率计算确定的。固定资产折旧率是指一定时期内固定资产折旧额与固定资产原价之比。其计算公式如下：

固定资产年折旧率＝［（固定资产原价－预计净残值）÷固定资产原价］÷固定资产预计使用年限

＝（1－预计净残值率）÷固定资产预计使用年限

固定资产月折旧率＝固定资产年折旧率÷12

固定资产月折旧额＝固定资产原价×固定资产月折旧率

例 6-11

承接例6-10，固定资产月折旧额的计算如下：

固定资产年折旧率＝［50000－（4000－1500）］÷（10×50000）＝9.5%

固定资产月折旧率＝9.5%÷12＝0.79%

固定资产月折旧额＝50000×0.79%＝395（元）

按年限平均法计算折旧简便易行，但此法只有在固定资产各个期间使用程度比较均衡的情况下才较为合理。

（二）工作量法

工作量法是按固定资产在规定的折旧年限内可以完成工作量的比例计算

折旧额的一种方法，这里的工作量指小时数、产量数、行驶里程数、工作台班数等。按照工作量法计算折旧的固定资产的折旧额，应根据固定资产在本期内的工作量和单位折旧额确定。计算公式为：

单位工作量折旧＝固定资产原值×（1－预计净残值率）÷预计总工作量

某项固定资产月折旧额＝单位工作量折旧额×该项固定资产当月工作量

例 6-12

某酒店属于小微企业，2019年该企业拥有一辆运货卡车，原值为100000元，预计总行驶里程为96万公里，预计净残值为4%，本月行驶了5000公里。本月的折旧额计算如下：

每公里折旧额＝100000×（1-4%）÷960000＝0.1（元/小时）

本月折旧额＝0.1×5000＝500（元）

（三）加速折旧法

加速折旧法是指在固定资产使用的前期多提折旧，从而使固定资产的成本在其折旧年限中加快得到补偿的一种折旧方法。从另一方面看，采用这种方法，每期计提的折旧数额，随时间的增加而逐渐减少，因此这种方法也称递减折旧法。

加速折旧法的种类很多，主要有：

1. 双倍余额递减法

双倍余额递减法，又称为双重余额递减法，是指以固定的、加倍的直线折旧率应用于递减的账面净值来计算折旧的方法。其计算公式如下：

年折旧率＝2÷预计使用年限×100%

年折旧额＝年初固定资产账面净值×年折旧率

由于每年年初固定资产净值没有扣除预计净残值，因此，在应用这种方法计算折旧额时必须注意不能使固定资产的账面折余价值降低到其预计净残值以下，即实行双倍余额递减法计提折旧的固定资产，应在其折旧年限到期前两年内，将固定资产净值扣除预计净残值后的余额平均摊销。

例 6-13

2019年某企业某项固定资产原值为30000元，预计使用年限为8年，预计净残值为900元。

根据计算出的折旧率，计算各年的折旧额见表6-3。

表 6-3　折旧计算表（双倍余额递减法）　　　　　　　　单位：元

年次	年折旧额	累计折旧	账面净值
1	30000×25%=7500	7500	22500
2	22500×25%=5625	13125	16875
3	16875×25%=4218.75	17343.75	12656.25
4	12656.25×25%=3164.06	20507.81	9492.19
5	9492.19×25%=2373.05	22880.86	7119.14
6	7119.14×25%=1779.79	24660.65	5339.35
7	(5339.35-900)/2=2219.68	26880.33	3119.67
8	(5339.35-900)/2=2219.67	29100	900

2. 年数总和法

年数总和法，又称年数比例法或年限积数法，是以固定资产的原值减去预计净残值后的净额为基数，以一个逐年递减的分数为折旧率，计算各年固定资产折旧额的一种方法。在这种方法下，计提折旧的基数是固定不变的，折旧率依据固定资产的使用年限来确定，且各年折旧率呈递减趋势，因此，计算出来的折旧额也呈递减趋势。其计算公式如下：

年折旧率=（预计使用寿命-已使用年限）÷预计使用寿命的年数总和×100%

年折旧额=（固定资产原值-预计净残值）×年折旧率

月折旧额=（固定资产原值-预计净残值）×月折旧率

四、固定资产折旧的账务处理

固定资产折旧的总分类核算，一般应先编制"固定资产折旧计算表"和"固定资产折旧计算汇总表"，然后再据此进行账务处理。"固定资产折旧计算表"由各车间、部门分别编制。在平均年限法下，此表是根据月初各类应计折旧的固定资产原值和分类折旧率计算编制的。为了简化核算工作，在实际工作中，往往根据上月计提的固定资产折旧额，加上上月增加的固定资产应计折旧额，减去上月减少的固定资产应计提折旧额，来计算本月的折旧额。

对于各车间、部门编制的固定资产折旧计算表，财务部门应进行认真审核，审查应计提折旧的范围、依据和方法是否符合企业会计制度的规定，认真核对表内各数字的计算是否正确。然后，财务部门根据各车间、部门的固定资产折旧计算表，编制整个企业的"固定资产折旧计算汇总表"，作为进行分类核算的依据。

例 6-14

某酒店属于小微企业，共包括客房部、餐饮部、洗衣房三个营业单位，2019 年 4 月该企业计提固定资产折旧的情况见表 6-4。

表 6-4　A 企业 2019 年 4 月折旧计算表　　　　单位：元

使用部门	固定资产项目	上月折旧额	上月增加固定资产		上月减少固定资产		本月折旧额	分配费用
			原价	折旧额	原价	折旧额		
客房部	房屋	15000					15000	主营业务成本
	电子设备	3000					3000	主营业务成本
	其他设备	900					900	主营业务成本
	小计	18900					18900	
餐饮部	厨房设备	2000					2000	主营业务成本
	房屋	12000	40000	200			12200	主营业务成本
	小计	14000	40000	200			14200	
洗衣房	房屋	2100					2100	主营业务成本
	清洗设备	14000			30000	900	13100	主营业务成本
	小计	16100			30000	900	15200	
公司管理部门	房屋建筑	1200					1200	管理费用
	运输工具	1500					1500	管理费用
	小计	2700					2700	
合计		51700	40000	200	30000	900	51000	

根据上述固定资产折旧计算表编制如下会计分录：

借：主营业务成本——客房部　　　　　　　　　　18900
　　　　　　　　——餐饮部　　　　　　　　　　14200
　　　　　　　　——洗衣房　　　　　　　　　　15200
　　管理费用——公司管理部门　　　　　　　　　2700
　　贷：累计折旧　　　　　　　　　　　　　　　51000

第四节　固定资产的处置

企业在生产经营过程中,对那些不适用或不需用的固定资产,可以出售转让,也可以用固定资产对外投资、捐赠、抵偿债务,还可能由于调拨、盘亏等原因发生固定资产的减少。

一、投资转出的固定资产

投资转出的固定资产,应按转出固定资产的账面价值,借记"固定资产清理"科目,按投出固定资产已提折旧,借记"累计折旧"科目,按投出固定资产的账面原价,贷记"固定资产"科目;按投出固定资产应支付的相关税费,借记"固定资产清理"科目,贷记"银行存款""应交税费"等科目;按"固定资产清理"科目,借记"长期股权投资"科目,贷记"固定资产清理"科目。

例 6-15

某酒店属于小微企业,2019 年向外单位投资转出自有的店面房一幢,原价为 300000 元,已计提折旧 60000 元。会计分录如下:

借:固定资产清理	240000
累计折旧	60000
贷:固定资产	300000
借:长期股权投资	240000
贷:固定资产清理	240000

二、捐赠转出的固定资产

捐赠转出的固定资产,应按固定资产净值,转入"固定资产清理"科目,对于应支付的相关税费,也应通过"固定资产清理"科目进行归集,按"固定资产清理"科目的余额,借记"营业外支出"科目,贷记"固定资产清理"科目。

例 6-16

某酒店属于小微企业,2019 年将 1 台账面原值为 50000 元,已计提折旧为 21000 元的干洗设备捐赠给另一单位，捐出时支付运杂费 500 元，暂不考虑相关税费的影响。做会计分录如下：

（1）注销捐赠资产价值：

借：固定资产清理　　　　　　　　　　　　　　29000
　　累计折旧　　　　　　　　　　　　　　　　21000
　　贷：固定资产　　　　　　　　　　　　　　　　50000

（2）发生清理费用：

借：固定资产清理　　　　　　　　　　　　　　500
　　贷：库存现金　　　　　　　　　　　　　　　　500

（3）确认相应的营业外支出：

借：营业外支出——捐赠支出　　　　　　　　　29500
　　贷：固定资产清理　　　　　　　　　　　　　　29500

三、盘亏的固定资产

盘亏的固定资产，按其账面价值，借记"待处理财产损溢——待处理非流动资产损溢"科目，按照已计提的折旧，借记"累计折旧"科目，按照其原价，贷记"固定资产"。经批准处理后，按照残料价值，借记"原材料"等科目，按照可收回的保险赔偿或过失人赔偿，借记"其他应收款"科目，按科目余额，贷记"待处理财产损溢——待处理固定资产损溢"，按照其借方差额，借记"营业外支出"科目。

例 6-17

某酒店属于小微企业，2019 年盘亏办公用电脑一台，原价 5800 元，已计提折旧 4800 元。会计分录如下：

借：待处理财产损溢——待处理非流动资产损溢　　1000
　　累计折旧　　　　　　　　　　　　　　　　4800
　　贷：固定资产　　　　　　　　　　　　　　　　5800

经批准转销时：

借：营业外支出　　　　　　　　　　　　　　　1000
　　贷：待处理财产损溢——待处理非流动资产损溢　　1000

四、出售、报废和毁损等原因减少的固定资产

出售、报废和毁损等原因减少的固定资产,按固定资产账面净值,借记"固定资产清理"科目,按已提折旧,借记"累计折旧"科目,按固定资产原价,贷记"固定资产"科目。

(一)固定资产出售

小微企业固定资产主要为本小微企业生产经营使用,但对某些不需要的资产,也可以转让。

例 6-18

某酒店属于小微企业,2019 年出售不用的车辆一台,原始价值为 120000 元,已计提折旧 45000 元。用银行存款支付清理费用 3000 元,取得变卖收入 80000 元,暂不考虑相关税费的影响。会计分录如下:

(1) 转入清理时:

借:固定资产清理　　　　　　　　　　　　　75000
　　累计折旧　　　　　　　　　　　　　　　45000
　　贷:固定资产　　　　　　　　　　　　　　　　　120000

(2) 发生清理费用时:

借:固定资产清理　　　　　　　　　　　　　3000
　　贷:银行存款　　　　　　　　　　　　　　　　　3000

(3) 取得变卖收入时:

借:银行存款　　　　　　　　　　　　　　　80000
　　贷:固定资产清理　　　　　　　　　　　　　　　80000

(4) 结转清理净收益时:

借:固定资产清理　　　　　　　　　　　　　2000
　　贷:营业外收入　　　　　　　　　　　　　　　　2000

(二)固定资产的报废和毁损

固定资产到了预计使用年限或因其他特殊原因丧失了生产能力,不能继续使用时,要办理报废手续,转入清理。

例 6-19

某酒店属于小微企业，2019 年 9 月一部衣物干洗设备达到规定的使用年限，决定实行报废，该设备的原始价值为 40000 元，预计的净残值率为 3%。清理过程中，实际支付清理费用 800 元，取得残料变价收入 1800 元，暂不考虑相关税费的影响。会计分录如下：

该项设备的预计残值为 40000×3%＝1200 元，由于该设备已达到规定的使用年限，故已计提折旧数额为 40000－1200＝38800 元。

(1) 注销固定资产和累计折旧的价值时：

借：固定资产清理　　　　　　　　　　　　1200
　　累计折旧　　　　　　　　　　　　　　38800
　　贷：固定资产　　　　　　　　　　　　　　40000

(2) 支付清理费用时：

借：固定资产清理　　　　　　　　　　　　 800
　　贷：银行存款　　　　　　　　　　　　　　 800

(3) 取得残料变价收入时：

借：银行存款　　　　　　　　　　　　　　1800
　　贷：固定资产清理　　　　　　　　　　　　1800

(4) 结转清理净损失时：

借：营业外支出　　　　　　　　　　　　　 200
　　贷：固定资产清理　　　　　　　　　　　　 200

第五节　固定资产涉及的主要税务问题

一、折旧未做纳税调整的问题

《中华人民共和国企业所得税法》规定企业的固定资产由于技术进步等原因，确需加速折旧的，可以缩短折旧年限或者采取加速折旧的方法，但是，采取缩短折旧年限方法的，最低折旧年限不得低于《中华人民共和国企业所得税法实施条例》规定折旧年限的 60%。同时，企业当月购置的固定资产折旧必须从下月开始计提。因此，企业未按会计准则规定的折旧年限和时间而多计提的折旧费用，应当调增利润，并补缴相应的企业所得税。

例 6-20

某酒店在 2019 年 1 月开始进行生产经营活动，购置了生产厂房、土地、车、家具、电器、电脑等固定资产，账务处理为借记"固定资产"，贷记"银行存款"或"库存现金"，由于担心资产贬值过快，同时也想增加费用、减少利润，故决定房屋按 10 年、车辆按 8 年、家具按 2 年计提折旧，并且以双倍余额递减法从当月开始计提折旧，当年共计提折旧 10 万元，年末未做纳税调整。

分析：该公司计提的折旧是错误的，应计提固定资产折旧年限应按相关法规中规定的各类固定资产分类折旧年限执行。根据《中华人民共和国所得税法实施条例》的规定：除国务院财政、税务主管部门另有规定外，固定资产计算折旧的最低年限如下：

（1）房屋、建筑物为 20 年。

（2）飞机、火车、轮船、机器、机械和其他生产设备为 10 年。

（3）与生产经营活动有关的器具、工具、家具等为 5 年。

（4）飞机、火车、轮船以外的运输工具为 4 年。

（5）电子设备为 3 年。

二、未按规定计提固定资产折旧

例 6-21

某酒店 2019 年 1 月购置了一批食品加工设备，价值为 21 万元，由于技术进步，该设备更新换代较快，因此该酒店考虑采用加速折旧的方法计提折旧，同时还可以多计成本、少计利润。从 2020 年 1 月开始，该酒店用年数总和法计提折旧，折旧年限为 5 年，当年实际计提 7 万元。该酒店当年按利润表反映的利润进行纳税申报，没有进行应纳税所得额的调整。

分析：该酒店出现了以下错误：没有按规定进行纳税调整；没有按规定的时间计提折旧。

根据《中华人民共和国企业所得税法实施条例》的规定，固定资产按照直线法计算的折旧，准予扣除。企业应当自固定资产投入使用月份的次月起计提折旧；停止使用的固定资产应当自停止使用月份的次月起停止计提折旧。企业应当根据固定资产的性质和使用情况，合理确定固定资产的预计净残值。固定资产的预计净残值一经确定，不得变更。因此，该酒店首先应进行账务调整，将 2020 年 1 月计提的折旧进行更正，其次在纳税申报时应按直线法与年数总和法计提折旧的差额进行纳税调整。

三、经营租赁计提折旧的问题

例 6-22

某酒店 2019 年成立，经营场地采用了租赁的方式，此外该公司还租赁了餐具、餐桌以及烹饪的全套电器设备等，每年支付租金 100 万元。除餐具没有作为固定资产入账而直接按费用列支外，该公司将场地费、餐桌以及电器设备等全部按固定资产入账，作为固定资产管理，其账务处理为借记"固定资产"，贷记"银行存款"，并按月计提折旧，折旧额计入管理费用，年底公司没有进行任何纳税调整。

分析：该公司明显错误理解了计提固定资产折旧的范围，租赁的资产中只有融资租赁的资产必须计提折旧，而经营租赁的资产不用计提折旧。按照《中华人民共和国企业所得税法实施条例》的规定，企业应计提折旧的固定资产为：①房屋和建筑物；②在用的机器设备、仪器仪表、运输工具、工具器具；③季节性停用、大修停用的固定资产；④融资租入和以经营租赁方式租出的固定资产。不应计提折旧的固定资产为：①房屋、建筑物以外的未使用、不需用固定资产；②以经营租赁方式租入的固定资产；③已提足折旧继续使用的固定资产；④按规定单独股价作为固定资产入账的土地。因此公司不应再计提折旧费用，上述已计提的折旧费用应当全部转回，同时补缴漏缴的企业所得税。

第六节　固定资产涉及的主要审计问题

一、融资租赁列支费用问题

例 6-23

某酒店由于资金紧张，2019 年从某租赁公司融资租赁了 6 辆运输卡车用于生产物资采购和销售产品的运输，租赁公司为其开具了租赁发票，该公司将租赁费全额在"管理费用"科目核算。税务机关在对该公司进行审计时发现该公司大量报销车辆的费用，但是在固定资产的账上却未发现，经过核实发现该公司融资租赁固定资产却按经营租赁记账。

分析：该酒店租赁的部分物品是固定资产没有问题，但是融资性租赁产品必须按固定资产管理，并计提折旧费用。在遇到这样的审计问题时，只需要理解相关法律法规的规定，根据范围进行认定即可。在确认融资租赁和经营租赁时，还要根据租赁合同按固定资产租赁时间的长短、金额的大小、到期资产的处理等具体情况分析确定。现行的《小企业会计准则》规定：符合下列一项或者数项标准的，应当认定为融资租赁：①在租赁期届满时，租赁资产的所有权转移给承租人。②承租人有购买租赁资产的选择权，所订立的购买价款预计将远低于行使选择权时租赁资产的公允价值，因而在租赁开始日就可以合理确定承租人将会行使这种选择权。③即使资产的所有权不转移，租赁仍占资产使用寿命的大部分。④承租人在租赁开始日的最低租赁付款额现值，几乎相当于租赁开始日租赁资产公允价值；出租人在租赁开始日的最低租赁收款额现值，几乎相当于租赁开始日租赁资产公允价值。⑤租赁资产性质特殊，如果不作较大改造，只有承租人才能使用。

二、违规提取超龄固定资产折旧的问题

例 6-24

某酒店的固定资产按照直线法计提折旧。税务机关在审计时发现，2019 年该酒店计提的累计折旧只有 8 万元，但是 2020 年却猛增到 12 万元。查阅公司当年的固定资产台账，并未发现购买任何资产，企业存在随意增加折旧额的现象。税务机关对固定资产明细账进行细致审核，发现固定资产的净额中出现"红字"，由此该酒店超龄使用的固定资产继续计提折旧的事实得以曝光。

分析：该酒店为了多计费用、调节利润，在原来固定资产已经计提完毕后还在计提折旧。审计这类问题要关注固定资产折旧已计提完毕后还在计提折旧。这类问题可以分为以下两种情况：

（1）在固定资产无增减变动的情况下：采用直线折旧法计提折旧的企业，其每年各月计提的折旧额基本是一致的，较平稳。在审计时，应以"累计折旧"科目为中心，如果在某月发现该科目的贷方发生额陡然增改，就应将偏高月份的固定资产折旧计算表与相邻月份的分类计提基数、折旧额逐项对照分析，进一步查明有无虚增固定资产或者提高折旧率以及计算误差等情况。

（2）在固定资产有增减变动的情况下：审核投入固定资产有无在当月计提折

旧。审计时，根据"固定资产"科目借方统计出本月增加的固定资产金额，再根据"累计折旧"科目贷方确定本月折旧的增加数，据此判断当月新增的固定资产是否计提了折旧；同时对停止使用的固定资产，看有无在次月停止计提折旧。

此外，要注意审核超龄使用的固定资产有无继续计提折旧的情况。按照规定，对已提足折旧的固定资产不再计提折旧。正常情况下，折旧总额等于该项固定资产原值加上预计清理费减去预计残值，即固定资产原值大于已计提折旧的折旧额。对于超龄使用固定资产是否继续计提折旧，可直接审查固定资产卡片或固定资产明细分类账。如果该科目反映固定资产的净额出现"红字"，那么就是多计提了折旧，就应作利润调整。

三、固定资产成本核算不实的问题

例 6-25

某酒店 2019 年从外地购买了一批固定资产，共花费了 52 万元。其中固定资产的买价是 49 万元，运输费、安装费等是 3 万元。酒店将其中 49 万元作为固定资产入账，而其他杂费直接列入管理费用。2020 年该酒店以部分家具没有使用为借口，将这部分家具按原值与折旧的差额 12 万元直接列支费用。税务机关在该酒店进行审计时，发现其固定资产原值构成和调整不符合规定，要求其补交欠缴的税款。

分析：审计各类新增固定资产原值构成是否真实、合法，主要查看：

（1）有无购入、融资租入固定资产的运输费、安装费、保险费等挤占生产成本或其他费用。

（2）自用自建工程中支付的料、工、费是否列入成本费用。

（3）固定资产盘盈处理是否符合规定。

（4）要审计企业有无任意调整已入账的原值，按照规定，固定资产的价值确定后，除四种特殊情况外，一般不得随意调整：

①国家统一规定的清产核资。

②将固定资产的一部分拆除。

③固定资产发生永久性损害，经有关部门审核，可调整到该固定资产可收回金额，并确定损失。

④根据实际价值调整原暂估价值或发现原计价有错误。

如果不符合上述 4 个条件，擅自调整固定资产账面价值，必然影响折旧计算基础。因此，应通过审计企业提供的固定资产明细分类账、原始凭证，核实入账固定资产价值是否真实。

审计小贴士 账外固定资产的审计

一、账外固定资产是如何形成的？

固定资产包括企业用于生产经营的房屋、建筑物、机器、机械、运输工具等。账外固定资产是指属于本单位所有但未纳入本单位固定资产账目核算的固定资产。对于酒店餐饮企业而言，经营用房屋、室内服务用电子设备、餐饮设备是其主要的固定资产。

账外固定资产的形成主要有两种途径：一是取得固定资产不入账；二是把账内固定资产通过各种方式转到账外。

（一）取得固定资产不入账

取得固定资产不入账的情况如图6-4所示。

取得固定资产不入账的情况：

- 接受捐赠的固定资产不入账。对国外组织、有关机构或团体等捐赠的固定资产不计入财务账，有意逃避财务控制。这种舞弊容易发生在行政机关、事业单位、从事公用事业的企业
- 用"小金库"购入的固定资产不入账
- 对外投资以固定资产形式分回的利润不入账。接受投资的单位以房产、汽车等固定资产形式分配利润时，对外投资单位不入账。这种舞弊容易发生在有对外投资的单位
- 罚没的固定资产不入账。特指有执法职能的行政机关将执法中罚没的部分固定资产不计入财务账
- 盘盈的固定资产不入账。盘盈的固定资产不在财务账中反映
- 以物抵债收回的固定资产不入账。债务人以固定资产清偿所欠债务，而债权人未将此项固定资产计入财务账。这种舞弊容易发生在应收、预付款项较多且账龄时间较长的单位中
- 虚列工程支出形成账外固定资产。在自营基建工程中利用多列、虚列工程支出等手段购建的固定资产不入固定资产账。这种舞弊容易发生在有自营建设工程的单位
- 故意混淆资本性支出和收益性支出界线，以各种名义在费用、专项资金中列支固定资产。如以维修费、租赁费、购配件和购低值易耗品等名义购建固定资产，并直接在管理费用、制造费用、经营费用等费用科目或专项资金中列支，形成账外固定资产
- 其他情况

图6-4 取得固定资产不入账的情况

（二）把账内固定资产转到账外

把账内固定资产转移至账外的情形如图 6-5 所示。

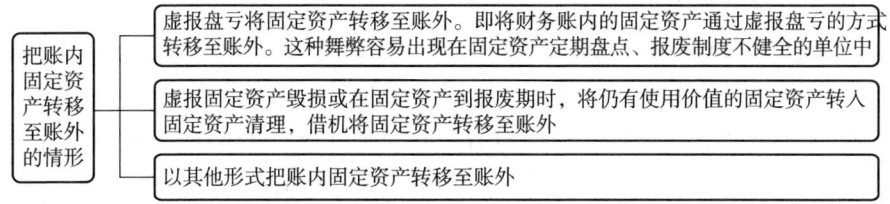

图 6-5　把账内固定资产转移至账外的情形

二、账外固定资产审计的技术与方法

被审计单位形成账外固定资产的动机主要有：为使固定资产脱离财务控制，便于个人所用或消费，或将其出租、出售和投资，并把取得的收入放入"小金库"；将本应计入"固定资产"的支出直接计入"期间费用"或在专项资金中列支等，从而逃避有关部门对固定资产购置的控制或操纵利润水平等。因此，审计人员应加强对单位高层人士的观察和了解，如所乘坐的汽车、居住的房屋等，分析被审计单位的利润水平，从中发现线索。

从账外固定资产形成的方式看，一种是与账面记录有联系，即将应计入"固定资产"的支出列入其他科目，或将账内固定资产转移至账外；另一种是与账面记录没有联系的，如接受捐赠、投资和罚没等取得固定资产或用小金库等账外资产取得的固定资产。审计人员应区别不同情况，从账面资料或会计资料以外的其他资料中捕捉线索，找查账外固定资产。

（一）有举报时的审计技术与方法

在实际工作中，审计人员往往会接到有关人员提供的线索或举报，如收到署名"一个知情人"或"职工某某"的检举信，其中揭发某单位领导伙同会计虚报固定资产毁损，将固定资产转移至账外并进行投资。对这种举报，审计人员如果直接调查该单位领导，将引起对方的警惕，增加审计的难度。所以，一般应采取重点账目审查、实地观察、盘点、外围调查等审计方法。审计人员应：首先，查阅固定资产、固定资产清理、待处理财产损溢、营业外支出等重点账目，找出举报时期的固定资产毁损账务处理；其次，检查固定资产"报废申请书""报废清理单"及事故报告等,验证报废、毁损的真实性;再次,在此基础上,向被审计单位领导、固定资产保管人员及有关经手人员了解情况;最后,再亲赴现场,查看固定资产是否真实存在,核对报废、毁损的技术鉴定。

在发现疑点后,若被审计单位领导或有关人员拒绝配合,审计人员可采取以下步骤进行外围调查:首先,通过工商部门查找接受固定资产投资单位所在地址、电话,再亲自上门向对方单位了解情况,查阅相关账簿及凭证,并实地观察,充分取得证据。其次,审计人员可与被审计单位的领导直接交谈,以翔实的证明材料开展攻心战,迫使其交代虚报毁损、设置账外固定资产并进行账外投资的真实情况。

(二)无举报时的审计技术与方法

(1) 了解被审计单位基本情况,分析形成账外固定资产的固有风险,判断有无形成账外固定资产的动机。

(2) 了解被审计单位相关内部控制情况,必要时进行符合性测试,分析和评价内部控制的弱点。

内部控制的健全程度与执行情况与账外固定资产舞弊现象的发生有密切的关系,审计人员应关注被审计单位的相关内部控制,应特别注意图6-6所示的问题。

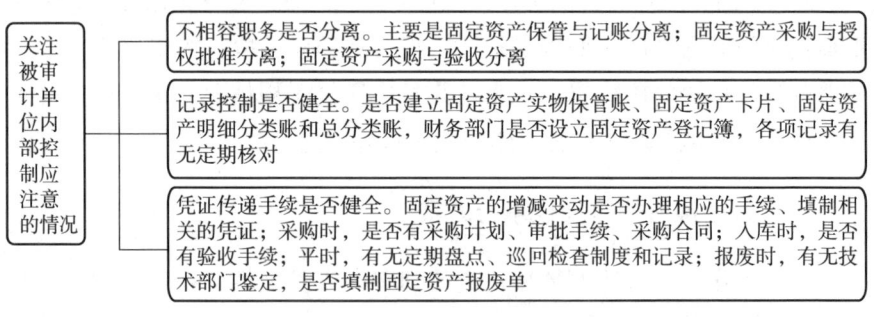

图6-6 关注被审计单位内部控制应注意的情况

(3) 进行分析性复核,了解被审计单位固定资产、成本费用、利润水平等有无异常变动情况。

(4) 根据了解情况和所做分析,估计可能形成的账外固定资产,确定审计方式。

（5）根据所获得的审计线索，实施详细测试，以收集充分、确凿的审计证据。一般来说，可采用以下审计技术与方法：

①将固定资产总账与固定资产明细账、固定资产卡片核对，并现场抽查盘点固定资产，确认是否账实相符，有无账外固定资产。根据被审计单位定期盘点制度健全程度或记录管理规范程度，合理确定盘点范围。操作中应从明细账中抽取部分项目检查其实物是否存在；同时抽取部分固定资产实物，与固定资产明细账核对，检查是否已记录在固定资产明细账中。

②通过观察询问等方式，查阅有关会议记录、合同协议、盘盈清单等，了解有无接受投资、捐赠、罚没和盘盈等形成固定资产情况，并与账面记录核对。如发现"小金库"，检查"小金库"的来源有无来自账外固定资产出租、出售或投资的情况，以及有无用"小金库"购置固定资产的情况。

③结合管理费用、制造费用、经营费用、低值易耗品、在建工程、应收款项和专项资金支出等的审计，查明有无应计入"固定资产"而未计入的情况。

审查中应注意：固定资产的维修是否正常，有无假借日常维修之机，利用开具假发票等手段，购置账外固定资产；固定资产与低值易耗品在财务核算上是否分开，有无假借购置低值易耗品名义，购置账外固定资产；对单位购建或自行建设的房屋、库房、大型设备等，应检查工程预算、决算报告，看有无虚列工程支出形成的账外固定资产；对长期未收回的应收和预付款项，应向有关当事人了解情况或函证，以查证有无债务人以固定资产抵偿债务而债权单位未入账；检查对专项资金支出中列支的大额支出，检查有无利用专项资金支出形成固定资产而不计入"固定资产"的情况。

④检查固定资产盘亏、毁损和报废情况，审查固定资产盘亏和报废申请、事故报告、报废清单等，验证盘亏、报废和毁损的真实性。若固定资产仍在现场，必须及时查验，看其是否确属已报废、毁损；若固定资产已不存在，应了解其去向，检查是否假借报废、毁损之名而形成账外固定资产。

（6）对取得的审计证据进行综合分析和评价，形成初步审计结论，并记录在审计工作底稿中。

（7）与被审计单位有关人员进行沟通，征求他们对初步审计结论的意见。

（8）做出审计结论与审计决定。

第七章 小微酒店餐饮企业无形资产和长期待摊费用的会计核算

第一节 无形资产的会计核算

一、无形资产概述

（一）无形资产的定义与特征

无形资产是指小微企业为生产商品或者提供劳务出租给他人或为管理目的而持有的、没有实物形态的非货币性长期资产，如商标权、专利权、非专利技术、特许经营权、著作权、土地使用权等。

自行开发建造厂房等建筑物，相关的土地使用权与建筑物应当分别进行处理。外购土地及建筑物支付的价款应当在建筑物与土地使用权之间按照合理的方法进行分配；难以合理分配的，应当全部作为固定资产。

与其他资产相比，无形资产具有的特征见表 7-1。

表 7-1 无形资产具有的特征

非实体性	一方面，无形资产没有人们感官可感触的物质形态，只能从观念上感觉它。它或者表现为人们心目中的一种形象，或者以特许权形式表现为社会关系范畴；另一方面，它在使用过程中没有有形损耗，报废时也无残值
垄断性	无形资产的垄断性表现在以下几个方面：有些无形资产在法律制度的保护下，禁止非持有人无偿地取得；排斥他人的非法竞争。如专利权、商标权等。有些无形资产的独占权虽不受法律保护，但只要能确保秘密不泄露于外界，实际上也能独占，如专有技术、秘诀等
不确定性	一方面，无形资产的有效期受技术进步和市场变化的影响很难准确确定；另一方面，由于有效期的不稳定改为无形资产的有效期具有不稳定性，增加无形资产的使用寿命和为企业带来的未来经济利益等的不确定性

续表

共享性	是指无形资产有偿转让后,可以由几个主体同时共有,而固定资产和流动资产不可能同时在两个或两个以上的企业中使用,例如,商标权受让企业可以使用,同时出让企业也可以使用
高效性	无形资产能给企事业单位带来远高于其成本的经济效益。企业无形资产越丰富,则其获利能力越强;反之,企业的无形资产短缺,则企业的获利能力就弱,市场竞争力也就越差

(二)无形资产的内容

无形资产是指小微企业为生产产品、提供劳务、出租或经营管理而持有的、没有实物形态可辨认的非货币性资产。小微企业的无形资产包括专利权、非专利技术、商标权、著作权、土地使用权、特许权等(见表7-2)。

表7-2 无形资产的内容

专利权	是指国家专利主管机关授予发明创造专利申请人,对其发明创造在法定期限内所享有的专有权利,包括发明专利权、实用新型专利权和外观设计专利权等
非专利技术	也称专有技术,是指不为外界所知、在生产经营活动中已采用了的、不享有法律保护的各种技术和经验。非专利技术一般包括工业专有技术、商业贸易专有技术和管理专有技术等
商标权	商标是用来辨认特定的商品或劳务的标记。商标权指专门在某类指定的商品或产品上使用特定的名称或图案的权利。商标权包括独占使用权和禁止权两个方面。独占使用权指商标权享有人在商标的注册范围内独家使用其商标的权利;禁止权指商标权享有人排除和禁止他人对商标独占使用权进行侵犯的权利
著作权	又称版权,指作者对其创作的文学、科学和艺术作品依法享有的某些特殊权利。著作权包括两方面的权利,即精神权利(人身权利)和经济权利(财产权利)。前者指作品署名、发表作品、确认作者身份、保护作品的完整性、修改已经发表的作品等项权利
土地使用权	指国家准许某企业在一定期间内对国有土地享有开发、利用、经营的权利。根据我国土地管理法的规定,我国土地实行公有制,任何单位和个人不得侵占、买卖或者以其他形式非法转让。企业取得土地使用权的方式大致有行政划拨取得、外购取得和投资者投入取得等几种形式
特许权	又称经营特许权或专营权,指企业在某一地区经营或销售某种特定商品的权利或是一家企业接受另一家企业使用其商标、商号、技术秘密等的权利。前者一般是由政府机构授权,准许企业使用或在一定地区享有经营某种业务的特权,如水、电、邮电、通信等专营权,烟草专卖权等;后者指依照企业间签订的合同,有限期或无限期使用另一家企业的某些权利,如连锁分店使用总店的名称等

二、无形资产的确认与计量

（一）无形资产的确认

无形资产确认是指将符合无形资产确认条件的项目，作为企业的无形资产加以记录并将其列入企业资产负债表的过程。小微企业要确认某项资产为无形资产，首先必须符合无形资产的定义，其次还要符合图7-1所示的两个条件。

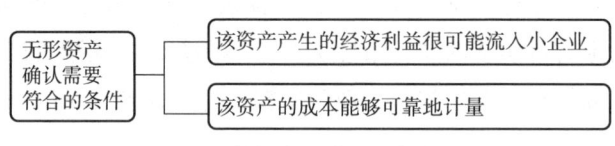

图7-1　无形资产确认需要符合的条件

（二）无形资产的计量

小微企业会计准则按无形资产取得方式的不同，对无形资产成本的确定做了明确的规定（如图7-2所示）。

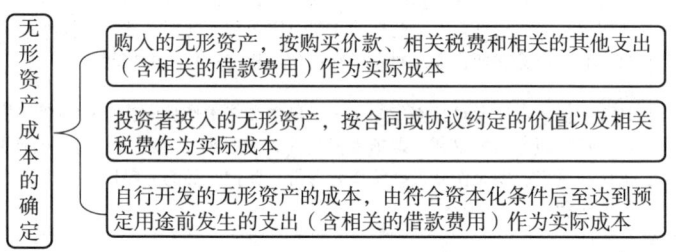

图7-2　无形资产成本的确定

三、无形资产的账务处理

（一）无形资产取得的核算

小微企业应设置"无形资产"科目，核算无形资产的取得、价值摊销及处置等。该科目是资产类科目，其借方反映企业所取得的各种无形资产的价值；贷方反映企业无形资产的价值摊销和处置，余额在借方，反映尚未摊销的无形资产价值。该科目按无形资产的类别设置明细科目进行明细核算。

（1）购入无形资产。企业购入无形资产时，应按实际支付购买价款、相关税费和相关的其他支出（含相关的利息费用），借记"无形资产"科目，贷记"银行存款""应付利息"等科目。其中，相关的其他支出包括使无形资产达到预定用途所发生的专业服务费用、测试无形资产是否能够正常发挥作用的费用等。

例 7-1

某酒店属于小微企业，2019年9月购买某服务品牌的使用权10年（以连锁加盟的形式），价款为350000元。发生业务洽谈、技术考察等相关费用9800元，价款已从银行存款中付讫，暂不考虑相关税费的影响。做会计分录如下：

借：无形资产——专利权　　　　　　　　　　　　359800
　　贷：银行存款　　　　　　　　　　　　　　　　359800

（2）投资者投入的无形资产，按投资各方确认的价值和相关税费作为实际成本。进行账务处理时借记"无形资产"，贷记"实收资本""资本公积"等科目。

例 7-2

某酒店属于小微企业，2019年收到某股东投入的一项专利技术，合同约定的价值为360000元。根据该经济业务，该小微企业做会计分录如下：

借：无形资产　　　　　　　　　　　　　　　　　360000
　　贷：实收资本　　　　　　　　　　　　　　　　360000

（3）自行开发取得无形资产。小微企业会计准则规定，小微企业自行开发的无形资产的成本，由符合资本化条件后至达到预定用途前发生的支出（含相关的借款费用）构成，借记"研发支出"科目，贷记"银行存款"等科目。开发项目达到预定用途形成无形资产的，按照应予资本化的支出，借记"无形资产"科目，贷记"研发支出"科目。

《小企业会计准则》规定，小微企业自行开发无形资产发生的支出，同时满足下列资本化条件的，才能确认为无形资产：

①完成该无形资产以使其能够使用或出售在技术上具有可行性。
②具有完成该无形资产并使用或出售的意图。
③能够证明运用该无形资产生产的产品存在市场或无形资产自身存在市

场，无形资产将在内部使用的，应当证明其有用性。

④有足够的技术、财务资源和其他资源支持，以完成该无形资产的开发，并有能力使用或出售该无形资产。

⑤归属于该无形资产开发阶段的支出能够可靠地计量。

例 7-3

某酒店属于小微企业，2019 年为研制一项关于自制啤酒的专利技术发生研发费用 100000 元，此处的研发费用符合资本化条件。在申请专利过程中发生专利登记费 30000 元，律师费 8900 元，现该公司已取得这项专利权，则应做如下会计分录：

①研发过程发生的费用：

借：研发支出——专利权　　　　　　　　　　100000

　　贷：银行存款　　　　　　　　　　　　　　　100000

②申请专利所有权时发生的费用：

借：无形资产——专利权　　　　　　　　　　38900

　　贷：银行存款　　　　　　　　　　　　　　　38900

③取得专利权后：

借：无形资产——专利权　　　　　　　　　　100000

　　贷：研发支出——专利权　　　　　　　　　　100000

（4）自行开发建造厂房等建筑物，外购土地及建筑物支付的价款应当在建筑物与土地使用权之间按照合理的方法进行分配，其中属于土地使用权的部分，按照实际支付的价款，借记"无形资产"科目，贷记"银行存款"等科目。

例 7-4

某酒店属于小微企业，2019 年以 590000 元的价格购得一块荒地的使用权，欲开发建造娱乐城一幢。则取得土地使用权时，做会计分录如下：

借：无形资产——土地使用权　　　　　　　　590000

　　贷：银行存款　　　　　　　　　　　　　　　590000

（二）无形资产摊销的核算

无形资产应当自取得当月起按直线法分期平均摊销，计入损益。其摊销年限应按图 7-3 所示原则确定。

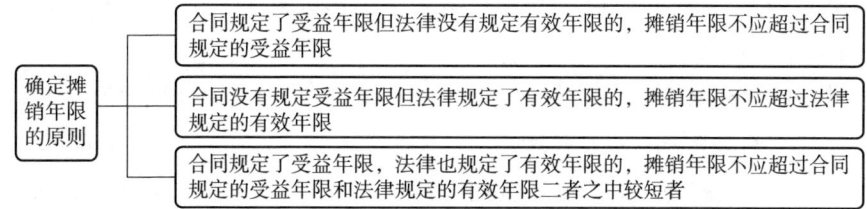

图 7-3 确定摊销年限的原则

如果合同没有规定受益年限，法律也没有规定有效年限的，企业不能可靠估计无形资产使用寿命的，摊销期不短于 10 年。小微企业一般按月进行账务处理，因此，企业应当按月对无形资产进行摊销，自无形资产可供使用（即其达到预定用途）当月起开始摊销，处置当月不再摊销。

无形资产的摊销额一般应当计入当期损益，企业自用的无形资产，其摊销金额计入管理费用；出租的无形资产，其摊销金额计入其他业务成本；某项无形资产包含的经济利益通过所生产的产品或其他资产实现的，其摊销金额应当计入相关资产成本。

例 7-5

某酒店属于小微企业，2019 年取得的一项著作权，有效年限为 10 年，该专利权入账价值为 72000 元，则做会计分录如下：

月摊销额＝无形资产价值÷（摊销年限×12）＝72000÷（10×12）＝600（元）

借：管理费用——无形资产摊销　　　　　　　　　　600
　　贷：累计摊销　　　　　　　　　　　　　　　　　　600

（三）无形资产处置的核算

因出售、报废、对外投资等原因处置无形资产，应当按照取得的出售无形资产的价款等处置收入，借记"银行存款"等科目，按照其已计提的累计摊销，借记"累计摊销"科目，按照应支付的相关税费及其他费用，贷记"银行存款"等科目，按照其成本，贷记"无形资产"，按照其差额，贷记"营业外收入——非流动资产处置净收益"科目或借记"营业外支出——非流动资产处置净损失"科目。

例 7-6

某酒店属于小微企业，2019 年将一项专利权出售，取得收入 200000 元，该专利权的账面余额为 150000 元，应交增值税金额 12000 元。做会计分录如下：

  借：银行存款   200000
   贷：无形资产——专利权   150000
    应交税费——应交增值税   12000
    营业外收入——非流动资产处置净收益 38000

第二节 长期待摊费用

一、长期待摊费用的概念及内容

长期待摊费用是指企业已经支出，但摊销期限在 1 年以上（不含 1 年）的各项费用，包括已提足折旧的固定资产的改建支出、经营租入固定资产的改建支出、固定资产的大修理支出和其他长期待摊费用等。

固定资产的大修理支出，是指同时符合下列条件的支出：

(1) 大修理支出达到取得固定资产时的计税基础 50% 以上。

(2) 大修理后固定资产的使用寿命延长 2 年以上。

二、长期待摊费用的核算

长期待摊费用应当单独核算，在费用项目的受益期限内分期平均摊销。已提足折旧的固定资产的改建支出，按照固定资产预计尚可使用年限分期摊销；经营租入固定资产的改建支出，按照合同约定的剩余租赁期限分期摊销；固定资产的大修理支出，按照固定资产尚可使用年限分期摊销；其他长期待摊费用，自支出发生月份的下月起分期摊销，摊销期不得低于 3 年。

小微企业发生的长期待摊费用，借记"长期待摊费用"，贷记"银行存款""原材料"等科目。摊销时，应按月采用年限平均法，按照长期待摊费用的受益对象，借记"制造费用""管理费用"等科目，贷记"长期待摊费用"科目。

例 7-7

某酒店属于小微企业，2019 年年初对办公用房进行修理，领用修理备件及维修材料费 300000 元（暂不考虑增值税进项税额转出），以银行存款支付修理人员工资 60000 元，修理费用总额 360000 元，费用在两年内平均摊销。

做会计分录如下：

  借：长期待摊费用   360000
    贷：原材料   300000
      应付职工薪酬   60000
  借：应付职工薪酬   60000
    贷：银行存款   60000

每月摊销时：

  借：管理费用   15000
    贷：长期摊销费用   15000

第三节　无形资产和长期待摊费用涉及的主要税务问题

无形资产是企业拥有或者控制的没有实物形态的可辨认非货币性资产。长期待摊费用是指企业已经支出，但是摊销期限在 1 年以上的各项费用。在会计核算中，涉及无形资产和长期待摊费用的税务问题主要表现在摊销年限、长期待摊费用与固定资产的划分等方面。

一、改造固定资产虚列费用的问题

例 7-8

某酒店 2019 年 1 月购置了一栋房产用于扩大产能，固定资产入账价值为 100 万元，折旧按 12 年平均进行摊销。2020 年 3 月 15 日，该酒店对该房产进行改建，改变了房屋整体结构，共花费了 30 万元。该酒店将这笔花销全部记入"长期待摊费用"科目，按 3 年进行摊销，年末未进行纳税调整。

分析：该公司未界定清楚长期待摊费用与固定资产，将原本是在固定资产核算的支出列入长期待摊费用，导致虚增费用，利润减少。根据《中华人民共和国企业所得税法》及其《实施条例》的规定，未足额提取折旧的固定资产的改建支出不属于长期待摊费用，按照规定除了已足额提取折旧的固定资产和以经营租赁方式租入的固定资产外，企业所拥有的固定资产，仍然具有可利用价值，仍然在计算折旧时予以扣除，而这时企业用于对这些固定资产的改建支出,将增加固定资产的价值或者延长固定资产的使用年限,其性质属于资本化投入,应计入固定资产原值,按规定提取折旧后进行扣除,而不是作为长期待摊费用分期摊销。改建的固定资产延长使用年限的,除了属于已足额提取折旧的固定资产和租入固定资产外,应适当延长固定资产的折旧年限。

二、无形资产违规摊销

例 7-9

某酒店在 2019 年取得金额 200 多万元的土地所有权,列入"无形资产——土地"科目,按土地使用证上的使用年限进行摊销,每月摊销 2000 元。2020 年 1 月 1 日,该酒店在这块土地上进行酒店的建设,至 2020 年 12 月 31 日该工程仍在进行中,当年土地实际摊销 3.6 万元。

分析:在这个案例中,该企业在进行酒店开发时,未将摊余的无形资产账面价值转移至"在建工程"科目,致使利润虚减,少缴企业所得税。根据《小企业会计准则》规定:企业购入或者以支付土地出让权方式取得的土地使用权,在未开发或者建造自用项目前,作为无形资产核算,待该项土地开发时再将其账面价值转入相关的"在建工程"。因此,该公司应将已摊销的无形资产予以冲回,将土地所有权的账面价值转入"在建工程"科目相应的工程成本中。

三、违规摊销费用

例 7-10

某酒店 2019 年 1 月以每年 10 万元的租金租赁某废弃餐厅作为生产经营场所,租赁期为 8 年。开始经营时,该公司只是购置了电器设备、餐桌等,并未进行装修。2020 年 3 月,该公司为改善工作环境,决定对餐厅进行重金改建装修,共耗资 100 余万元。由于不是本企业的固定资产,该公司决定按管理费用结果直接摊销,账务处理为借记"管理费用",贷记"银行存款"或"库存现金",年末企业未进行任何纳税调整。

分析:该公司一次性进行摊销改建装修费用,并未按税法规定进行处理。根据《中华人民共和国企业所得税法》的规定,租入固定资产的改建支出应作为长期待摊费用，同时，根据《中华人民共和国企业所得税法实施条例》的规定，该法所称的"其他"应当作为长期待摊费用的支出自支出发生月份的次月起，分期摊销，摊销年限不得低于3年。因此，该公司应当按照合同规定的剩余租赁年限进行摊销，就其多摊销的部分进行纳税调整。

四、违规延长无形资产年限

例 7-11

A 酒店 2019 年 3 月 1 日向 B 公司购买某项专有技术，支付价款为 240 万元，双方合同约定该项专有技术的受益年限为 8 年，根据相关法律规定，该项无形资产的有效使用年限为 10 年。A 酒店认为使用时间不止 10 年，决定按 12 年进行摊销。

分析：该案例中，小型酒店餐饮 A 企业摊销年限的选择既超过了合同规定的受益年限，也超过了法律规定的有效年限，将使当年费用少计、利润虚增。根据相关规定：无形资产的成本，应当自取得当月起在预计使用年限内分期平均摊销。如果预计使用年限超过了相关合同规定的受益年限或法律规定的有效年限，摊销年限不应超过受益年限；合同规定了受益年限但法律没有规定有效年限的，摊销年限不应超过受益年限；合同没有规定受益年限但是法律规定了有效年限的摊销年限不应超过法律规定的有效年限；合同规定了受益年限，法律也规定了有效年限的，摊销年限不应超过受益年限和有效年限二者之中较短者。如果合同没有规定受益年限，法律也没有规定有效年限的，摊销年限不应超过 10 年。因此，该公司应按受益年限和有效年限二者之中较短者 8 年进行摊销。

第四节　无形资产和长期待摊费用涉及的主要审计问题

一、无形资产核算不实

例 7-12

A 公司为小型酒店餐饮企业，在 2019 年 11 月与 B 公司签订了协议，将本企业的专有技术出售给 B 公司，双方协议价格为 250 万元，B 公司于 12 月

5日预付了150万元价款。B公司在取得该无形资产后,又转手出租给了C公司,出租协议价款为100万元,为避免缴纳税款,B公司要求C公司将款直接支付宇通公司,抵顶欠款。B公司无形资产实际入账价值为150万元。审计人员在审计A公司相关账务时,发现该企业处置某一无形资产时,其价款却来自不同企业,经询问A公司得知该资产只出售给了B公司。A公司出示了合同原本,双方成交价格250万元,由此发现B公司隐藏收入100万元的事实。

分析:在这个案例中,B公司采取了收入不入账的操作手法,但是合同却露了马脚,其购买的无形资产没有按规定要求入账。无形资产是公司为了生产、经营由股东投入、自行创造、购入等方式而持有没有实物形态,但在一定期间能为公司带来经济利益流入的非货币性的长期资产。

在会计和审计实务中,无形资产的确认应符合以下特性:

(1) 无形资产不具有实物形态。
(2) 无形资产属于非货币性长期资产。
(3) 无形资产持有的目的是使用而不是出售。
(4) 无形资产在创造经济利益方面存在不确定性。
(5) 无形资产取得具有有偿性。

根据有关规定:自行开发并依法申请取得的无形资产,其入账价值应按依法取得时发生的注册费、律师费等费用确定;依法申请取得前发生的研究与开发费用,应于发生时确认为当期费用。无形资产在确认后发生的支出,应在发生时确认为当期费用。企业出租无形资产时,所取得的租金应按规定予以确认;同时,还应确认相关的费用。

由于无形资产的价值具有相对不确定性,在审计中必须对其存在性、归属性和会计处理的合法性给予一定的关注。无形资产的审计可采用以下特殊审计程序:

(1) 索取并审阅被审计单位无形资产明细账,逐一检查与无形资产相关的文件、资料,了解其内容和计价依据、所有权等。
(2) 审查无形资产当年增加,关注入账价值中资本化支出和费用的划分是否合理。
(3) 审查无形资产摊销期间估计的合理性及其本期摊销是否正确、会计处理是否合规。
(4) 审核本期无形资产转让、出租等处置的合法性及其会计处理。
(5) 检查无形资产在资产负债表中是否适当披露。

二、固定资产化整为零违规列支

一般是企业将购入的固定资产不记账而是以长期待摊费用的形式列示。

例 7-13

2019 年审计人员到某酒店进行检查，发现尽管该企业的经营情况良好，营业收入也稳步增长，但多年来账面上固定资产的规模并未同步扩大，盈利情况也不理想，企业所得税的税负明显偏低。审计人员进一步检查发现账面上新增固定资产确实很少，但对固定资产的大修理支出却特别多，而且长期待摊费用账户还有大量未摊销的大修理费，相关凭证显示大修理费全部是固定资产的部件和配件。审计人员立即针对固定资产明细账核对所有固定资产，该公司以大修理的名义将购进的部分固定资产化整为零的违规问题终于露出水面。

分析：在这个案例中，该小型酒店餐饮企业采取化整为零的方式比较常见，但由于公司账面核算清晰规范，具有一定的迷惑性，检查人员从账面上很难发现问题。将购进的固定资产化整为零并以大修理费的名义列支，检查人员从账面上虽一时无法判断大修理费的真假，但可以倒过来检查被化整为零的机器设备，因为机器设备的成本虽可以很快从账面上摊销，但其实物形态不可能很快消除，只要企业还在使用，只要检查到生产车间并盘点实物资产，就很容易发现企业已作费用列支而账面上没有记载的这些账外机器设备。所以，检查类似问题时，检查人员不应拘泥于会计账簿和凭证，而应采取账实核对的方法，这样就很容易发现疑点并抓住问题的突破口，取得事半功倍的效果。检查时，不仅要贯彻账实核对的思路，充分关注是否存在有账无物或有物无账等问题，还要仔细核对和分析实物的品名、规格和批次，不能仅核对数量，敷衍了事。

第八章 小微酒店餐饮企业流动负债的会计核算

第一节 应付账款及应付票据

一、应付账款

应付账款是指因购买材料、商品或接受劳务供应等而发生的应付给供应单位的款项。这是买卖双方在购销活动中由于取得材料、商品或接受劳务与支付货款在时间上不一致而产生的负债。

（一）应付账款的入账时间

应付账款的入账时间应以采购物资所有权转移至本单位的时间或实际上已接受约定劳务的时间为标志。所谓所有权转移至本单位，是指物资到达验收入库，或依合同规定物资所有权已发生转移。但在实际工作中，应区别情况处理：

（1）在物资和发票账单同时到达的情况下，应付账款一般待物资验收入库后，才按发票账单登记入账。这主要是为了确认所购入的物资是否在质量、数量和品种上都与合同上订明的条件相符，以免因先入账而在验收入库时发现购入物资错、漏、破损等问题再行调账。

（2）在物资和发票账单不是同时到达的情况下，由于应付账款要根据发票账单登记入账，有时候货物已到，发票账单要间隔较长时间才能到达，但由于这笔负债已经成立，应作为一项负债反映。为在"资产负债表"上客观反映企业所拥有的资产和承担的债务，在实际中采用在月份终了将所购物资和应付债务估计入账，待下月初再用"红字"予以冲回的办法。

（二）应付账款的入账金额

应付账款按发票上记载的金额入账。若存在折扣，应视下面两种情况分别处理：

（1）如果存在商业折扣，购货方应根据发标价格即扣除了商业折扣后的金额入账。

（2）如果存在现金折扣，购货方应根据发票上记载的应付金额即未扣除现金折扣的金额入账，待实际发生折扣时，再将折扣的金额计入当期财务费用。

（三）应付账款的会计处理

为了核算小微企业因购买材料、商品和接受劳务供应等而产生的应付账款及其偿还情况，应设置"应付账款"科目。该科目借方反映已经支付或已转销的款项，贷方反映单位应支付的款项，期末贷方余额反映小微企业尚未支付的应付账款。

小微企业购入材料、商品等，待验收入库且款项未支付时，根据有关凭证，借记"原材料""库存商品"等科目，按专用发票上注明的增值税额，借记"应交税费——应交增值税（进项税额）"等科目，按该两项科目的合计金额，贷记"应付账款"科目。

小微企业接受外单位提供劳务，根据供应单位的发票账单，借记"生产成本""管理费用"等科目，贷记"应付账款"科目。支付款项时，借记"应付账款"科目，贷记"银行存款"科目。若小微企业以商业汇票抵付应付账款，则借记"应付账款"科目，贷记"应付票据"科目。

应付账款应在短期内支付，若有些应付账款由于债权单位撤销或其他原因导致无法支付，应转入营业外收入，借记"应付账款"科目，贷记"营业外收入"科目。

为了加强对应付账款的管理，小微企业应按供货单位设置"应付账款"科目的明细账，进行明细核算。

例 8-1

2019 年 9 月 30 日，某小微酒店向 A 公司购入材料一批，价款为 50000元，增值税为 6500 元，付款条件为"2/10，1/20，n/90"。材料已验收入库，货款尚未支付。做会计分录如下：

(1) 购入材料时：

借：原材料 50000
　　应交税费——应交增值税（进项税额） 6500
　贷：应付账款 56500

(2) 如果该小微企业在10月5日付款，则可享受2%的折扣，只需付款：50000×（1-2%）+6500＝55500（元）

借：应付账款 50650
　贷：银行存款 55500
　　　财务费用 1000

(3) 如果该小微企业在11月15日付款，则不再享受折扣：

借：应付账款 56500
　贷：银行存款 56500

(4) 如果A公司在11月13日被撤销，导致该小微企业无法支付这笔货款：

借：应付账款 56500
　贷：营业外收入 56500

二、应付票据

应付票据是由出票人出票，委托付款人在指定日期无条件支付确定的金额给收款人或者持票人的票据。应付票据也是委托付款人允诺在一定时期内支付一定的款项的书面证明。它是一种期票，是延期付款的证明，有承诺付款的票据作为凭据。应付票据分为带息和不带息两种。期限一般较短，一般为3个月、6个月和9个月。企业开出的应付票据按承兑人不同，有商业汇票和银行汇票。

小微企业应设置"应付票据"科目，核算企业购买材料、商品和接受劳务供应等而开出、承兑的商业汇票，包括银行承兑汇票和商业承兑汇票。企业应当设置"应付票据备查簿"，详细登记每一应付票据的种类、号数、签发日期、到期日、票面金额、票面利率、合同交易号、收款人姓名或单位名称，以及付款日期和金额等资料。应付票据到期结清时，应当在备查簿内逐笔注销。

小微企业开出、承兑商业汇票或以承兑商业汇票抵付货款、应付账款等，借记"材料采购"或"在途物资""库存商品"等科目，按照应交的增值税，借记"应交税费——应交增值税（进项税额）"，贷记"应付票据"科目。支付银行承兑汇票的手续费，借记"财务费用"科目，贷记"银行存款"科目。支付票款，借记"应付票据"，贷记"银行存款"科目。银行承兑汇票到期，小微企业无力支付票款的，按照银行承兑汇票的票面金额，借记"应付票据"科目，贷记"短期借款"科目。

例 8-2

某小微酒店于 2019 年 7 月 31 日开出面值 56500 元、期限为 6 个月的商业票据一张，用于购买原材料。其中，货款为 50000 元，增值税税率为 13%。

（1）购进材料时：

借：在途物资	50000
应交税费——应交增值税（进项税额）	6500
贷：应付票据	56500

（2）票据到期时：

借：应付票据	56500
贷：银行存款	56500

（3）若酒店到期无法支付票款，则：

借：应付票据	56500
贷：短期借款	56500

第二节　其他流动负债

小微企业的流动负债除了应付账款、应付票据、应交税费外，还包括短期借款、应付职工薪酬、其他应付款、应付利息等。

一、短期借款

短期借款是指企业为了弥补流动资金的不足，向银行或其他金融机构、其他单位或个人借入的期限在 1 年以下的各种借款。短期借款的目的一般是为了维持企业正常的生产经营所需的资金，或者是为了抵偿某项债务。短期借款应按照借款种类、贷款人和币种进行明细核算。

小微企业借入的各种短期借款，借记"银行存款"科目，贷记"短期借款"科目；归还借款时，做相反的会计分录。发生的短期借款利息应当直接计入当期财务费用，按照短期借款合同利率计算确定的利息费用，借记"财务费用"科目，贷记"应付利息"等科目。

二、应付职工薪酬

（一）职工薪酬的核算范围

小微企业职工薪酬通过"应付职工薪酬"科目核算。应付职工薪酬是指小微企业为获得职工提供的服务而应付给职工的各种形式的报酬以及其他相关支出。小微企业的职工薪酬包括：

（1）职工工资、奖金、津贴和补贴。

（2）职工福利费。

（3）医疗保险费、养老保险费、失业保险费、工伤保险费和生育保险费等社会保险费。

（4）住房公积金。

（5）工会经费和职工教育经费。

（6）非货币性福利。

（7）因解除与职工的劳动关系给予的补偿。

（8）其他与获得职工提供的服务相关的支出等。

（二）职工薪酬的确认

小微企业应当在职工为其提供服务的会计期间，将应付的职工薪酬确认为负债，并根据职工提供服务的受益对象，分别下列情况进行会计处理：

（1）生产部门（提供劳务）人员的职工薪酬，借记"生产成本""制造费用"等科目，贷记"应付职工薪酬"科目。

（2）应由在建工程、无形资产开发项目负担的职工薪酬，借记"在建工程""研发支出"等科目，贷记"应付职工薪酬"科目。

（3）管理部门人员的职工薪酬和因解除与职工的劳动关系给予的补偿，借记"管理费用"科目，贷记"应付职工薪酬"科目。

（4）销售人员的职工薪酬，借记"销售费用"科目，贷记"应付职工薪酬"科目。

（三）职工薪酬的发放

（1）向职工支付工资、奖金、津贴、福利费，同时从应付职工薪酬中扣还的各种款项（代垫的家属药费、个人所得税等）等，借记"应付职工薪酬"科目，贷记"库存现金""银行存款""其他应收款"等科目。

（2）支付工会经费和职工教育经费用于工会活动和职工培训，借记"应付职工薪酬"科目，贷记"银行存款"等科目。

（3）按照国家有关规定缴纳的社会保险费和住房公积金，借记"应付职工薪酬"科目，贷记"银行存款"科目。

（4）以其自产产品发放给职工的，借记"应付职工薪酬"科目，贷记"主营业务收入"科目；同时，还应结转产成品的成本。涉及增值税销项税额的，贷记"应交税费——应交增值税"。

（5）因解除与职工的劳动关系给予职工的补偿，借记"应付职工薪酬"科目，贷记"库存现金""银行存款"等科目。

例 8-3

甲公司 2019 年 3 月将本公司生产的产品发放给职工作为福利，每件产品成本为 2000 元，计税价格（售价）每件产品为 3000 元，增值税销项税额为 390 元。甲公司生产工人为 200 人，管理人员为 30 人。

（1）甲公司决定发放时：

借：生产成本	678000
管理费用	101700
贷：应付职工薪酬——非货币性福利	779700

（2）实际发放时：

借：应付职工薪酬——非货币性福利	779700
贷：主营业务收入	690000
应交税费——应交增值税（销项税额）	89700
借：主营业务成本	460000
贷：库存商品	460000

三、应付利润

为反映企业应付给投资者的利润，应设置"应付利润"科目，本科目借方登记已支付利润，贷方登记发生的各类应付利润数，期末贷方余额表示尚未支付的利润。实行股份制的企业，应设置"应付股利"科目进行核算，科目的结构与"应付利润"科目相同。

非股份制企业，分给投资者的利润，应在提取盈余公积以后进行分配，按照投资协议、章程或其他约定的办法进行分配。

企业计算出应支付给投资者的利润时，借记"利润分配"科目，贷记本科目；支付利润时，借记本科目，贷记"银行存款"等科目。

四、应付利息

为反映企业应付给债权人的利息，应设置"应付利息"科目，本科目借方登记已支付利息，贷方登记发生的各类应付利息数，期末贷方余额表示尚未支付的利息。

在应付利息日，小微企业应当按照合同利率计算确定的利息费用，借记"财务费用""在建工程"等科目，贷记"应付利息"科目。实际支付的利息，借记"应付利息"科目，贷记"银行存款"等科目。

五、预收账款

"预收账款"科目核算小微企业按照合同规定预收的款项。包括：预收的购货款、工程款等。预收账款情况不多的，也可以不设置本科目，将预收的款项直接计入"应收账款"科目贷方。"预收账款"应按照对方单位（或个人）进行明细核算。

小微企业向购货单位预收的款项，借记"银行存款"等科目，贷记本科目。销售收入实现时，按照实现的收入金额，借记本科目，贷记"主营业务收入"科目。涉及增值税销项税额的，还应进行相应的账务处理。

期末贷方余额，反映小微企业预收的款项；期末如为借方余额，反映小微企业尚未转销的款项。

六、其他应付款

其他应付款核算小微企业除应付账款、预收账款、应付职工薪酬、应交税费、应付利息、应付利润等以外的其他各项应付、暂收的款项，如应付租入固定资产和包装物的租金、存入保证金等，具体内容如图8-1所示。

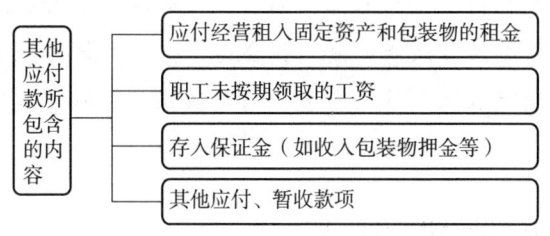

图 8-1　其他应付款所包含的内容

小微企业应设置"其他应付款"科目进行核算，并按应付和暂收款项的类别和单位或个人设置明细账进行明细核算。小微企业发生的各种应付、暂收款项，借记"银行存款""管理费用"等科目，贷记"其他应付款"科目；支付时，借记"其他应付款"科目，贷记"银行存款"等科目。小微企业无法支付的其他应付款，借记"其他应付款"科目，贷记"营业外收入"科目。

第三节　负债涉及的主要税务问题

一、利用应付账款隐瞒收入问题

应付账款是企业因购买商品、接受劳务而形成的债务。企业收入应当计入相应的"营业收入"科目，不能利用"应付账款"科目而隐藏收入。

例 8-4

税务人员对 A 酒店 2019 年度的营业收入进行检查时，发现本年度的营业收入比上年度明显减少，而根据前期调查了解到的情况，A 酒店本年度营业情况应该是历史上最好的，税务人员感到营业收入的真实性值得怀疑。税务人员抽查了 11 月、12 月相关的会计凭证，发现其原始凭证中有开具发票的记账联，而记账凭证中反映的却是"应付账款"，共计 60 万元。针对这种情况，税务人员询问了有关的当事人，并向应付账款的对方企业函证，结果发现 A 酒店是将企业正常的营业收入反映在"应付账款"中，作为其他企业的暂存款处理。此外，税务人员还发现有如下的账务处理：借记"应付账款"，贷记"库存商品"，经追查前期应付账款科目，发现是欠其他公司的货款，企业存在用商品抵顶债务的情况。

分析：应付账款是企业因购买商品、接受劳务而形成的债务，这个案例中的小型企业正是利用"应付账款"科目,采取收入不入账的方式,隐瞒了营业收入。根据相关法律法规的规定,公司、企业进行会计核算不得有下列行为:虚列或者隐瞒收入,推迟或者提前确认收入。因此,该公司应调整账务,确认相关收入,补缴欠缴的各项税收。

二、利用应付票据截留收入

例 8-5

税务人员 2019 年到 A 酒店检查时发现,该企业在被检查年度的 9 月有一笔会计分录:借记"其他应收款——B 公司"150 万元,贷记"应付票据——B 公司"150 万元,再追踪检查这两个科目,发现在 12 月又因退票如数冲回,两科目同时转平。但是 A 酒店并不缺少资金,是什么原因从开出票据到退票,前后正好 3 个月。到 B 公司实地了解,B 公司从未收到过 A 酒店的银行承兑汇票,而且也没有与 A 酒店的任何往来挂账,但其销售部门却与 A 酒店在被检查年度的年初与 B 公司签订了为 2 位老总各购一套住房的协议,并从 A 酒店门市部(非独立核算)预付了 80 万元,同时承诺在拿到房后 3 个月内付完剩余款项。A 酒店被检查年度的 5 月,B 公司在交付房屋的同时要求 A 酒店提供担保或抵押。于是,A 酒店从本公司账户上开出了上述 295 万元银行承兑汇票。但最后 3 个月到期时,A 酒店又从其账户上汇来了 295 万元,B 公司遂将抵押的银行承兑汇票退回给 A 酒店。审计人员立即请 B 公司财务调出了 A 酒店为 2 位老总付款买房的会计凭证,发现了并未在账面反映的 A 酒店另外的银行账户。最终,A 酒店隐瞒销售收入 420 万元的事实暴露。

分析: 这个案例说明税务人员在工作中,绝不能放过任何疑点,即使是平时作假可能性较小的科目。在日常税收检查中,许多检查人员往往习惯性地关注与税收有直接关联的收入、成本和费用等成本、损益类科目,而不关注其他会计科目,也不关注表面上看与纳税问题无关的经济事项,这实际上是一个误区。对此,检查人员要注意:

(1)企业的涉税违法问题不可能都通过涉税科目进行核算,所以,仅检查涉税科目往往发现不了问题。

(2)如果出现类似上述企业的情形,即涉税违法问题本身就没有通过账面核算,则企业的涉税违法资金很可能回流到大账或与大账发生收付关系。

检查人员需明白,既然是涉税违法问题,违法行为产生的利益必定会体现为货币资金形态，企业也一定会处置这些资金。正如上述案例中该企业将截留收入形成的资金用于为老总购买住房，这就使得违规所得的资金产生了流动，而这种流动一旦与大账产生关联，就给检查人员发现问题提供了机会。

第四节　负债涉及的主要审计问题

一、应付账款重复入账的问题

应付账款一般是一项比较大的流动负债，是评价企业短期偿债能力时必须考虑的一个重要因素，与应付票据共同构成了企业主要商业信用形式，成为其重要资金来源渠道之一。在审计中，应注意对应付账款的实质性测试，可通过以下审计程序来完成：

（1）获取或编制应付账款明细表。

（2）对应付账款明细余额进行分析并作必要的重新分类。

（3）函证应付账款。

（4）查找未入账的应付账款。

（5）抽取未能函证、期末余额变动较大以及函证未果的明细账户进行抽查。

（6）检查应付账款是否已在财务报表及附注中得到恰当披露。

（7）向企业管理当局索取有关负债说明书。

例 8-6

2019 年 1 月，审计人员在 A 酒店进行纳税检查时，从"原材料"科目借方发现两笔日期相近，数量、金额相同的购料。经翻阅有关凭证，审查"应付账款"的明细账目及材料盘点表发现如下问题：该公司 2018 年 5 月从某厂购入原材料一批，材料已验收入库，月末发票尚未到达，按订货合同价入库。账务处理为：借记"原材料" 5 万元，贷记"应付账款" 5 万元。2018 年 6 月，估价的材料费并未冲销，当收到对方结算凭证后，又以发货票据为依据，再入一次原材料账，借记"原材料" 5 万元，贷记"银行存款" 5 万元。为掩盖重复记账的事实，其厂在年末材料盘点时，以"盘亏"名义将价款列入"管理费用"。审计人员采取了函证应付账款的方式，发现了该公司重复入账，虚列应付账款的问题。

分析：A酒店利用"应付账款"科目重复记账，在期末盘点时，以存货盘亏为由计入管理费用，导致公司多计费用、少计利润。

二、违规使用会计科目的问题

在会计核算中具体发生的业务要计入相应的账户中，这在会计准则中已经做好规定，企业会计人员不能随意计入不相关账户。

例8-7

A酒店2019年度实现营业收入90万元，职工人数15人，年工资总额32万元，已申报缴纳企业所得税3万元，未缴个人所得税。2019年3月，审计人员对该企业2018年地方各种税的缴纳情况进行全面检查。通过检查，发现该公司在12月的会计凭证中，按照自己规定的"全赔全奖制度"计提奖金5万元，列入"其他应付款——盘亏盘盈奖"科目。经审计人员向该公司财会人员进行了解后得知，原来是该企业为了给售货人员进行奖惩，制定了一个库存商品盘亏比例，对库存商品盘亏额在规定比例内的售货人员按规定给予一定的奖励。

分析：按照《小企业会计准则》要求，职工工资、资金、津贴、补贴等，应当是小企业根据劳动工资制度，依据考勤记录、工时记录、工资标准、资金制度、提成制度等编制出来的"工资单"，应反映在"应付职工薪酬"等科目，而不应该在"其他应付款"科目中列支。此外，对于在工资科目外发放的职工津贴、补贴等，应与职工工资合并缴纳个人所得税。

工资是企业成本费用的重要组成部分，因此，在这类企业的查账过程中，对于核定企业工资时，一方面应对照应付工资明细账和职工工资表，核实企业职工人数和应付工资提取情况，另一方面要注意对各种费用支出明细账进行审查，防止企业用"应付职工薪酬"以外的会计科目和其他科目发放工资、奖金、实物，从而达到其偷逃国家税款的目的。

第九章 小微酒店餐饮企业税金的计算与会计处理

第一节 与提供劳务、销售商品相关的税种
——增值税的计算与会计处理

增值税主要是针对生产、销售各类有形的产品的企业征收的，当小微酒店餐饮企业存在销售行为时，就会出现缴纳增值税的问题。比如，有些酒店为了方便住宿的客人，设立小卖部等，根据需要缴纳增值税。

一、增值税的概念

增值税是以从事销售货物或者提供加工、修理修配劳务，销售服务、无形资产或者不动产以及进口货物的单位和个人取得的增值额为课税对象征收的一种税。

要很好地理解增值税，首先要理解增值额，从理论上讲，增值额是企业在生产经营过程中新创造的那部分价值。在现实的经济生活中，对增值额这一概念可以从以下两个方面理解：

（1）从一个生产经营单位来看，增值额是指该单位销售货物或提供劳务的收入额扣除为生产经营这种货物而外购的那部分货物价款后的余额。

（2）从一项货物来看，增值额是该货物经历的生产和流通的各个环节所创造的增值额之和，也就是该项货物的最终销售价值。

二、一般纳税人和小规模纳税人

和别的税种不同，增值税的纳税人划分为一般纳税人和小规模纳税人两种，两种纳税人在税政管理上具有明显的区别。主要体现在以下两个方面：

第一，使用增值税专用发票的权限不同。一般纳税人可以开具增值税专

用发票，而小规模纳税人只能开具普通销售发票。

第二，应纳增值税的计算方法不同。对一般纳税人而言，应纳税额=销项税额－进项税额。而对于小规模纳税人而言，应纳税额=销售总额/（1+小规模纳税人的适用税率）×小规模纳税人的适用税率。

根据《增值税暂行条例》和《增值税实施细则》的规定，划分一般纳税人和小规模纳税人的基本依据是纳税人的会计核算是否健全，是否能够提供准确的税务资料以及企业规模的大小。

三、增值税的征收范围

一般而言，增值税的征收范围包括销售货物、提供应税劳务、销售服务、销售无形资产、销售不动产和进口货物。对于酒店企业来说，其增值税的征收范围包括销售货物、销售无形资产、销售不动产和进口货物。酒店企业所经营的客房业务、餐饮业务、旅游娱乐业务、房屋出租业务等，都属于销售服务的范畴，都需要交纳增值税。

四、增值税税率

我国增值税在税率设置上主要包括：基本税率、低税率和零税率三档，此外，对于小规模纳税人等还规定了特殊情况下的税率。

酒店企业的增值税均实行比例税率。绝大多数一般纳税人适用基本税率、低税率或零税率；小规模纳税人和采用简易办法征税的一般纳税人适用征收率。

（1）纳税人销售货物、劳务、有形动产租赁服务或者进口货物，税率为13%。

（2）纳税人销售交通运输、邮政、基础电信、建筑、不动产租赁服务，销售不动产，转让土地使用权，销售或者进口下列货物，税率为9%：

①粮食等农产品、食用植物油、食用盐。

②自来水、暖气、冷气、热水、煤气、石油液化气、天然气、二甲醚、沼气、居民用煤炭制品。

③图书、报纸、杂志、音像制品、电子出版物。

④饲料、化肥、农药、农机、农膜。

⑤国务院规定的其他货物。

（3）纳税人销售服务（金融服务、现代服务、生活服务）、无形资产的税率为6%。

（4）纳税人出口货物，税率为零；但是国务院另有规定的除外。

（5）境内单位和个人跨境销售国务院规定范围内的服务、无形资产，税率为零。

（6）销售货物、劳务，提供的跨境应税行为符合免税条件的，免税。

具体对于酒店企业而言，餐饮住宿服务和旅游娱乐都属于生活服务的一个组成部分。

1. 餐饮住宿服务

（1）餐饮服务是指通过提供饮食和饮食场所的方式为消费者提供饮食消费服务的业务活动。

（2）住宿服务是指提供住宿场所及配套服务等的活动。包括宾馆、旅馆、旅社、度假村和其他经营性住场所提供的住宿服务。

2. 旅游娱乐服务

（1）旅游服务是指根据旅游者的要求，组织安排交通、游览、住宿、餐饮、购物、文娱、商务等服务的业务活动。

（2）娱乐服务是指为娱乐活动同时提供场所和服务的业务。具体包括：歌厅、舞厅、夜总会、酒吧、台球、高尔夫球、保龄球、游艺（包括射击、跑马、游戏机、卡丁车、热气球、动力伞、射箭、飞镖等）。

以上业务均属于生活服务，执行6%的增值税税率。

五、一般纳税人应纳增值税额的计算

（一）一般纳税人应纳增值税的计算公式

一般纳税人销售货物或者提供应税劳务，应纳税额为当期销项税额抵扣当期进项税额后的余额。应纳税额计算公式为：

应纳税额＝当期销项税额－当期进项税额

因当期销项税额小于当期进项税额不足抵扣时，其不足部分可以结转下期继续抵扣。

（二）销项税额的计算

纳税人销售货物或者提供应税劳务，按照销售额和《增值税暂行条例》

规定的税率计算并向购买方收取的增值税额,为销项税额。销项税额的计算公式为:

$$销项税额=销售额\times增值税税率$$

如果没有公允的销售额时,应由税务机关评定组成计税价格,计算其销项税额:

$$销项税额=组成计税价格\times增值税税率$$

(三)销项税额的确定

依据销项税额的计算公式:"销项税额=销售额×增值税税率",在增值税税率一定的情况下,计算销项税额的关键在于正确、合理地确定销售额。

《增值税暂行条例》第六条规定:"销售额为纳税人销售货物或提供应税劳务向购买方收取的全部价款和价外费用。"具体地说,应税销售额包括以下内容:

(1)销售货物或提供应税劳务取自于购买方的全部价款。

(2)向购买方收取的各种价外费用。具体包括手续费、补贴、基金、集资费、返还利润、奖励费、违约金(延期付款利息)、包装费、包装物租金、储备费、运输装卸费、代收款项、代垫款项及其他各种性质的价外收费。上述价外费用无论其会计制度如何核算,都应并入销售额计税。

(四)进项税额的计算

纳税人购进货物或者接受应税劳务,所支付或者负担的增值税额为进项税额。

六、小规模纳税人应纳增值税额的计算

(一)小规模纳税人应纳增值税的计算

对增值税小规模纳税人而言,由于其会计核算的能力比较弱,很难实施首先计算增值额,再计算应纳税额的计算方法,因此,我国对增值税小规模纳税人采纳了简化的计算方法,就是直接用不含税的销售额乘以相应税率的方法。

小规模纳税人销售货物或者提供应税劳务,实行简易办法按照销售额和

规定的征收率计算应纳税额，不得抵扣进项税额。应纳税额计算公式为：

应纳税额＝销售额（不含增值税）×征收率

（二）含税销售额怎样换算成不含税销售额

在上面的计算公式中，增值税的计税依据是不含增值税的销售额，但在日常的经济活动中，纳税人总是把增值税额和货款同时收取的，因此，在计算应纳税额时，必须首先把含税销售额换算成不含税销售额，换算的公式为：

不含增值税销售额＝含增值税销售额／（1＋适用税税率）

七、一般纳税人增值税的会计处理

增值税是指对我国境内销售货物、进口货物，或提供加工、修理修配劳务、销售服务、无形资产或者不动产等行为征收的一种流转税。

小微企业应交的增值税，在"应交税费"科目下设置"应交增值税"和"未交增值税"两个明细科目进行核算。"应交增值税"明细账内，设置"进项税额""出口退税""进项税额转出""出口抵减内销产品应纳税额""转出多交增值税"等专栏。月份终了，应将"应交增值税"明细科目的余额转入"未交增值税"明细科目。

（一）采购物资

小微企业采购物资等，按照应计入采购成本的金额，借记"材料采购"或"在途物资""原材料""库存商品"等科目，按照税法规定可抵扣的增值税进项税额，借记"应交税费——应交增值税（进项税额）"，按照应付或实际支付的金额，贷记"应付账款""银行存款"等科目。购入物资发生退货的，做相反的会计分录。

购进免税农业产品，按照购入农业产品的买价和税法规定的税率计算的增值税进项税额，借记"应交税费——应交增值税（进项税额）"，按照买价减去按照税法规定计算的增值税进项税额后的金额，借记"材料采购"或"在途物资"等科目，按照应付或实际支付的价款，贷记"应付账款""库存现金""银行存款"等科目。

例 9-1

某小微酒店餐饮企业2019年购入一批材料，增值税专用发票上注明的材料价款为 50000 元，增值税税额为 6500 元。货款已经支付，材料已经到达并验收入库。设增值税税率为 13%，不缴纳消费税，材料入库分录略。会计分录如下：

借：在途物资　　　　　　　　　　　　　　　　　50000
　　应交税费——应交增值税（进项税额）　　　　6500
　　贷：银行存款　　　　　　　　　　　　　　　　　56500

（二）销售商品

销售商品（提供劳务），按照收入金额和应收取的增值税销项税额，借记"应收账款""银行存款"等科目，按照税法规定应缴纳的增值税销项税额，贷记"应交税费——应交增值税（销项税额）"科目，按照确认的营业收入金额，贷记"主营业务收入""其他业务收入"等科目。发生销售退回的，做相反的会计分录。

随同商品出售但单独计价的包装物，应当按照实际收到或应收的金额，借记"银行存款""应收账款"等科目，按照税法规定应缴纳的增值税销项税额，贷记"应交税费——应交增值税（销项税额）"科目，按照确认的其他业务收入金额，贷记"其他业务收入"科目。

（三）产品出口

有出口产品的小微企业，其出口退税的账务处理如下：

（1）实行"免、抵、退"管理办法的小微企业，按照税法规定计算的当期出口产品不予免征、抵扣和退税的增值税额，借记"主营业务成本"科目，贷记"应交税费——应交增值税（进项税额转出）"科目。按照税法规定计算的当期应予抵扣的增值税额，借记"应交税费——应交增值税（出口抵减内销产品应纳税额）"科目，贷记"应交税费——应交增值税（出口退税）"科目。出口产品按照税法规定应予退回的增值税款，借记"其他应收款"科目，贷记"应交税费——应交增值税（出口退税）"科目。

（2）未实行"免、抵、退"管理办法的小微企业，出口产品实现销售收入时，应当按照应收的金额，借记"应收账款"等科目，按照税法规定应收的出口退税，借记"其他应收款"科目，按照税法规定不予退回的增值税额，借记"主营业务成本"科目，按照确认的销售商品收入，贷记"主营业务收入"科目，按照税法规定应交纳的增值税额，贷记"应交税费——应交增值税（销项税额）"科目。

（四）特殊处理

（1）购入材料等按照税法规定不得从增值税销项税额中抵扣的进项税额，其进项税额应计入材料等的成本，借记"材料采购"或"在途物资"等科目，贷记"银行存款"等科目，不通过"应交税费——应交增值税（进项税额）"核算。

（2）将自产的产品等用作福利发放给职工，应视同产品销售计算应交增值税的，借记"应付职工酬薪"科目，贷记"主营业务收入""应交税费——应交增值税（进项税额）"等科目。

例 9-2

某酒店属于小微企业，有一以销售本地土特产品为特色的商贸中心，2019 年将本企业的一批库存商品作为集体福利发给职工，该批产品成本为 5000 元，售价为 8000 元，增值税税率为 13%，做会计分录如下：

借：应付职工薪酬　　　　　　　　　　　　　　9040
　　贷：主营业务收入　　　　　　　　　　　　8000
　　　　应交税费——应交增值税（销项税额）　1040
借：主营业务成本　　　　　　　　　　　　　　5000
　　贷：库存商品　　　　　　　　　　　　　　5000

（3）购进的物资、在产品、产成品因盘亏、毁损、报废、被盗，以及购进物资改变用途等原因按照税法规定不得从增值税销项税额中抵扣的进项税额，其进项税额应转入有关科目，借记"待处理财产损溢"等科目，贷记"应交税费——应交增值税（进项税额转出）"科目。

（4）由于工程而使用本企业的产品或商品，应当按照成本，借记"在建工程"科目，贷记"库存商品"科目。同时，按照税法规定应交纳的增值税销项税额，借记"在建工程"科目，贷记"应交税费——应交增值税（销项税额）"科目。

例 9-3

某酒店属于小微企业，2019 年在盘点中盘亏材料一批，经查系管理不善造成材料短缺。该批材料价款为 5000 元，增值税为 650 元。做会计分录如下：

借：待处理财产损溢——待处理流动资产损溢　　　　　5650
　　贷：原材料　　　　　　　　　　　　　　　　　　5000
　　　　应交税费——应交增值税（进项税额转出）　　650
借：管理费用　　　　　　　　　　　　　　　　　　　5650
　　贷：待处理财产损溢——待处理流动资产损溢　　　5650

（五）缴纳增值税

缴纳的增值税，借记"应交税费——应交增值税（已交税金）"科目，贷记"银行存款"科目。

例 9-4

小微企业 A 以银行存款 65000 元，缴纳 2019 年 8 月增值税。做会计分录如下：

借：应交税费——应交增值税（已交税金）　　　　　65000
　　贷：银行存款　　　　　　　　　　　　　　　　65000

八、小规模纳税人增值税的会计处理

国家对于小规模纳税企业销售货物或者提供应税劳务，实行简易办法计算应纳税额，按照销售额和规定的征收率计算应纳税额，不得抵扣进项税额。其应纳税额的计算公式为：

$$应纳税额 = 销售额 \times 征收率$$

注意，该销售额为不含税的销售额。

小规模纳税企业购入货物及接受应税劳务支付的增值税额，应直接计入有关货物及劳务成本。也就是说，小规模纳税企业对于购入货物或接受应税劳务时向供应方（或应税劳务的提供方）支付增值税额，不能像一般纳税企业那样做抵扣销项税额处理，而应当将其与价款、运杂费等一并计入有关货物、劳务的成本。

小规模纳税企业销售货物或提供应税劳务，应按实现的销售收入和按规定收取的增值税额，借记"应收账款""应收票据""银行存款"等科目；按规定收取的增值税额，贷记"应交税费——应交增值税"科目，按实现的销售收入，贷记"主营业务收入""其他业务收入"等科目。

小规模纳税企业在上缴增值税时，应借记"应交税费——应交增值税"科目，贷记"银行存款"科目。

例 9-5

某酒店属于小微企业，被当地主管的国家税务局认定为增值税小规模纳税企业，执行3%的增值税税率，该公司2019年9月发生的与增值税有关的经济业务如下，请编制其会计分录。

（1）从某供应单位购进材料一批，已验收入库，以银行存款支付材料的价款、运杂费、增值税共计10000元。请编制以上业务的会计分录。

借：原材料　　　　　　　　　　　　　　　　　10000
　　贷：银行存款　　　　　　　　　　　　　　　　10000

（2）向某学校销售肥皂、洗衣粉等日化用品一批，其价税合计为1030元，增值税税额为1060÷（1+3%）×3%＝30元，款项尚未收到。请编制以上业务的会计分录。

借：应收账款　　　　　　　　　　　　　　　　1030
　　贷：主营业务收入　　　　　　　　　　　　　　1000
　　　　应交税费——应交增值税　　　　　　　　　　30

（3）本月该企业以银行存款上缴增值税520元。请编制以上业务的会计分录。

借：应交税费——应交增值税　　　　　　　　　　520
　　贷：银行存款　　　　　　　　　　　　　　　　520

九、小型微利企业税收优惠

对于增值税，月销售额不超过10万元，全部减免增值税。

其中，小型微利企业是指从事国家非限制和禁止行业，且同时符合年度应纳税所得额不超过300万元、从业人数不超过300人、资产总额不超过5000万元三个条件的企业。

从业人数，包括与企业建立劳动关系的职工人数和企业接受的劳务派遣用工人数。所称从业人数和资产总额指标，应按企业全年的季度平均值确定。具体计算公式如下：

季度平均值＝（季初值+季末值）÷2

全年季度平均值=全年各季度平均值之和÷4

年度中间开业或者终止经营活动的,以其实际经营期作为一个纳税年度确定上述相关指标。

酒店企业提供的餐饮服务作为"营改增"的重要组成部分,其原本征收的营业税也改为计征增值税,所以酒店企业纳税应当按照增值税的相关规定进行计算。

如果小微酒店餐饮企业为增值税一般纳税人,生活服务业适用税率为6%,所以酒店餐饮企业适用的增值税税率也为6%。

如果小微酒店餐饮企业为增值税小规模纳税人,则不分行业,统一适用3%的征收率。

对酒店企业的一般纳税人而言,营改增后减税是建立在有进项税额抵扣的前提下。进项税额抵扣需要取得相应的专用发票,如果酒店企业每项支出是有发票的,每项进货都是有发票的,那营改增肯定是能降低公司税负的。如果无法取得发票或没有发票,有可能导致进项税额抵扣不足,税收负担不降反升也是有可能的。例如餐厅去菜市场采购食材,小摊贩是无法提供增值税专用发票的,这部分开支就不能抵扣。

第二节 与企业盈亏相关的税种——企业所得税的计算与账务处理

一、企业所得税的含义

企业所得税是以各类组织取得的生产经营所得和其他所得为征税对象所征收的一种税。从2008年1月1日起,我国实行了合并企业所得税的改革,无论外资企业,还是内资企业,均适用统一的企业所得税。

二、企业所得税纳税人、征税范围、税率

(一)企业所得税的纳税人

企业所得税的纳税人范围,《企业所得税法》采用了一般减去特殊的原

则，除个人独资企业和合伙企业，其他的凡取得收入的各类经济组织，包括依照中国法律、行政法规在中国境内成立的企事业单位、社会团体以及其他取得收入的组织。

（二）企业所得税的征税范围

《企业所得税法》规定，企业以货币形式和非货币形式从各种来源取得的收入，为收入总额。收入总额的构成如图 9-1 所示。

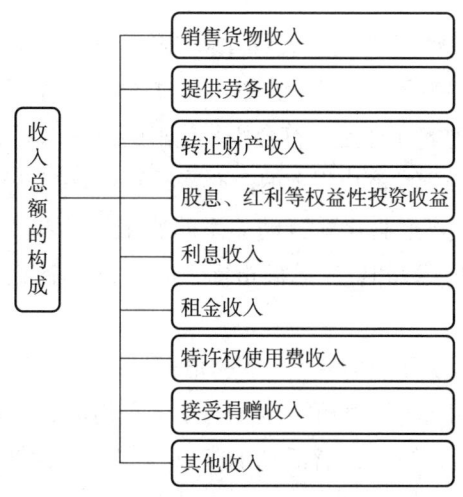

图 9-1　收入总额的构成

依据《企业所得税法》规定，收入总额中的不征税收入如图 9-2 所示。

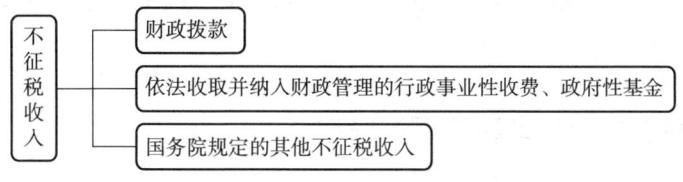

图 9-2　不征税收入

另外，企业在清算结算的时候，往往会产生清算所得，所谓清算所得，是指企业的全部资产可变现价值或者交易价格减除资产净值、清算费用以及相关税费等后的余额。清算所得也属于企业所得税的征税范围。

（三）企业所得税的税率

当前企业所得税的税率统一为25%。但在下列情况下，可以享受到20%、15%的优惠税率：

（1）对于符合一定条件的小型微利企业，采用20%优惠税率的规定，对于企业所得税，年应纳税所得额不超过100万元的部分，按5%征收企业所得税；对年应纳税所得额超过100万元但不超过200万元的部分，按10%的税率缴纳企业所得税。

其中，上述小型微利企业是指从事国家非限制和禁止行业，且同时符合年度应纳税所得额不超过300万元、从业人数不超过300人、资产总额不超过5000万元三个条件的企业。纳税企业是否符合税收优惠的条件，由企业自己判断，在申报纳税时，自行依据优惠税率申报缴纳，不需要先经过税务局的批准。

从业人数，包括与企业建立劳动关系的职工人数和企业接受的劳务派遣用工人数。所称从业人数和资产总额指标，应按企业全年的季度平均值确定。具体计算公式如下：

$$季度平均值 = （季初值+季末值）÷2$$
$$全年季度平均值 = 全年各季度平均值之和÷4$$

年度中间开业或者终止经营活动的，以其实际经营期作为一个纳税年度确定上述相关指标。

（2）对于国家需要重点扶持的高新技术企业，减按15%的税率征收企业所得税。

因此，我国企业所得额税执行的是25%的统一税率，并辅以20%、15%优惠税率的政策。

三、企业所得税计税依据的确定

（一）企业所得税的计税依据

企业所得税的计税依据是企业的应纳税所得额。所谓应纳税所得额，是指企业每一纳税年度的收入总额，减除不征税收入、免税收入、各项扣除以及允许弥补的以前年度亏损后的余额。应纳税所得额的基本计算公式为：

$$应纳税所得额 = 收入总额-不征税收入-免税收入-$$
$$准予扣除项目-允许弥补的以前年度亏损$$

（二）如何正确地计算企业收入

要正确地计算企业的应纳税所得额，首先要正确地计算企业的收入总额，企业以货币形式和非货币形式从各种来源取得的收入，为收入总额。企业取得收入的货币形式，包括现金、存款、应收账款、应收票据、准备持有至到期的债券投资以及债务的豁免等。企业取得收入的非货币形式，包括固定资产、生物资产、无形资产、股权投资、存货、不准备持有至到期的债券投资、劳务以及有关权益等。企业以非货币形式取得的收入，应当按照公允价值确定收入额。

1. 企业收入的主要内容

按照新施行的《企业所得税法》的规定，企业的各项收入主要包括的内容见表9-1。

表9-1　企业的各项收入主要包括的内容

销售货物收入	是指企业销售商品、产品、原材料、包装物、低值易耗品以及其他存货取得的收入
提供劳务收入	是指企业从事建筑安装、修理修配、交通运输、仓储租赁、金融保险、邮电通信、咨询经纪、文化体育、科学研究、技术服务、教育培训、餐饮住宿、中介代理、卫生保健、社区服务、旅游、娱乐、加工以及其他劳务服务活动取得的收入
转让财产收入	是指企业转让固定资产、生物资产、无形资产、股权、债权等财产取得的收入
股息、红利等权益性投资收益	是指企业因权益性投资从被投资方取得的收入
利息收入	是指企业将资金提供他人使用但不构成权益性投资，或者因他人占用本企业资金取得的收入，包括存款利息、贷款利息、债券利息、欠款利息等收入
租金收入	是指企业提供固定资产、包装物或者其他有形资产的使用权取得的收入
特许权使用费收入	是指企业提供专利权、非专利技术、商标权、著作权以及其他特许权的使用权取得的收入
接受捐赠收入	是指企业接受的来自其他企业、组织或者个人无偿给予的货币性资产、非货币性资产
其他收入	是指企业取得的除企业所得税法第六条第（一）项至第（八）项规定的收入外的其他收入，包括企业资产溢余收入、逾期未退包装物押金收入、确实无法偿付的应付款项、已作坏账损失处理后又收回的应收款项、债务重组收入、补贴收入、违约金收入、汇兑收益等

2. 不征税收入的主要内容

《企业所得税法》规定，收入总额中不征税收入的主要内容见表9-2。

表9-2 不征税收入的主要内容

财政拨款	是指各级人民政府对纳入预算管理的事业单位、社会团体等组织拨付的财政资金,但国务院和国务院财政、税务主管部门另有规定的除外
依法收取并纳入财政管理的行政事业性收费、政府性基金	行政事业性收费是指依照法律法规等有关规定,按照国务院规定程序批准,在实施社会公共管理,以及在向公民、法人或者其他组织提供特定公共服务过程中,向特定对象收取并纳入财政管理的费用。政府性基金是指企业依照法律、行政法规等有关规定,代政府收取的具有专项用途的财政资金
国务院规定的其他不征税收入	是指企业取得的,由国务院财政、税务主管部门规定专项用途并经国务院批准的财政性资金

(三)准予在税前进行扣除的项目

《企业所得税法》第八条规定,企业实际发生的与取得收入有关的、合理的支出,包括成本、费用、税金、损失、亏损和其他支出,准予在计算应纳税所得额时扣除。

其中,有关的支出,是指与取得收入直接相关的支出。合理的支出,是指符合生产经营活动常规,应当计入当期损益或者有关资产成本的必要和正常的支出。准予在税前扣除的项目见表9-3。

表9-3 准予在税前扣除的项目

成本	是指企业在生产经营活动中发生的销售成本、销货成本、业务支出以及其他耗费等
费用	是指企业在生产经营活动中发生的销售费用、管理费用和财务费用,已经计入成本的有关费用除外
税金	是指企业发生的除企业所得税和允许抵扣的增值税以外的各项税金及其附加。企业缴纳的增值税因其属于价外税,故不在扣除之列
损失	是指企业在生产经营活动中发生的固定资产和存货的盘亏、毁损、报废损失,转让财产损失,呆账损失,坏账损失,自然灾害等不可抗力因素造成的损失以及其他损失。企业发生的损失,减除责任人赔偿和保险赔款后的余额,依照国务院财政、税务主管部门的规定扣除。企业已经作为损失处理的资产,在以后纳税年度又全部收回或者部分收回时,应当计入当期收入

续表

亏损	企业纳税年度发生的亏损,准予向以后年度结转,用以后年度的所得弥补,但结转年限最长不得超过5年。5年内不论纳税人是盈利还是亏损,都应连续计算弥补的年限。先亏先补,按顺序连续计算弥补期。亏损额不是企业利润表中的亏损额,是指企业依照企业所得税法和本条例的规定将每一纳税年度的收入总额减除不征税收入、免税收入和各项扣除后小于零的数额
其他支出	是指除成本、费用、税金、损失外,企业在生产经营活动中发生的与生产经营活动有关的、合理的支出

四、应纳所得税额的计算

企业所得税采取按年计征、分期预缴、年终汇算清缴、多退少补的办法。其应纳所得税额的计算分为预缴所得税额计算和年终汇算清缴所得税额计算两部分。

(一)按月(季)预缴所得税额的计算方法

纳税人预缴所得税时,应当按纳税期限内应纳税所得额的实际数预缴;按实际数预缴有困难的,可按上一年度应纳税所得额的1/12或1/4预缴,或者按经当地税务机关认可的其他方法分期预缴所得税额。其计算公式为:

应纳所得税额=月(季)应纳税所得额×25%

或=上年应纳税所得额×1/12(或1/4)×25%

(二)年终汇算清缴所得税额的计算方法

全年应纳所得税额=全年应纳税所得额×25%

多退少补所得税额=全年应纳税所得额-月(季)已预缴所得税额

企业所得税税款应以人民币为计算单位。若所得为外国货币的,应当按照国家外汇管理机关公布的外汇汇率折合为人民币缴纳。

例9-6

某酒店属于小微企业,2019年全年应纳税所得额240万元。2019年企业经税务机关同意,每月按2019年应纳税所得额的1/12预缴企业所得税。2019年全年实现利润经调整后的应纳税所得额为300万元。计算该企业2019年每月应预缴的企业所得税;年终汇算清缴时应补缴的企业所得税。

分析与计算：

（1）2019年1—12月每月应预缴所得税额为：

应纳税额=240÷12×25%=5（万元）

（2）2019年1—12月实际预缴所得税额为：

实际预缴额=5×12=60（万元）

（3）2019年全年应纳所得税额为：

应纳税额=100×5%+（200-100）×10%+（300-200）×20%=35（万元）

（4）年终汇算清缴时应补缴所得税额为：

应补缴所得税额=35-60=-25（万元）

五、企业所得税的缴纳

企业所得税实行按年计算、分月或分季预缴、年终汇算清缴、多退少补的征纳办法。具体纳税期限由主管税务机关根据纳税人应纳税额的大小，予以核定。

（一）企业所得税的缴纳期限

企业所得税分月或者分季预缴，其相应的交纳期限如下：

（1）企业应当自月份或者季度终了之日起十五日内，向税务机关报送预缴企业所得税纳税申报表，预缴税款。

（2）企业应当自年度终了之日起五个月内，向税务机关报送年度企业所得税纳税申报表，并汇算清缴，结清应缴应退税款。

企业在报送企业所得税纳税申报表时，应当按照规定附送财务会计报告和其他有关资料。

（3）企业在年度中间终止经营活动的，应当自实际经营终止之日起六十日内，向税务机关办理当期企业所得税汇算清缴。

企业应当在办理注销登记前，就其清算所得向税务机关申报并依法缴纳企业所得税。

企业所得税的清缴，由纳税人自行计算年度应纳税所得额和应缴所得税额，根据预缴税款情况，计算全年应缴纳税额，并填写纳税申报表，在税法规定的申报期内向税务机关进行年度纳税申报，经税务机关审核后，办理结清手续。

(二)企业所得税的纳税年度

企业所得税按纳税年度计算。纳税年度自公历 1 月 1 日起至 12 月 31 日止。

企业在一个纳税年度中间开业,或者终止经营活动,使该纳税年度的实际经营期不足十二个月的,应当以其实际经营期为一个纳税年度。

企业依法清算时,应当以清算期间作为一个纳税年度。

六、所得税的会计处理

小微企业的生产、经营所得和其他所得,依照有关所得税暂行条例及其细则的规定需要交纳所得税。小微企业应交纳的所得税,在"应交税费"科目下设置"应交企业所得税"明细科目核算。当期应计入损益的所得税,作为一项费用在净收益前扣除。小微企业按照一定方法计算计入损益的所得税,借记"所得税费用"科目,贷记"应交税费——应交企业所得税"科目。交纳的企业所得税,借记"应交税费——应交企业所得税"科目,贷记"银行存款"科目。

第三节 其他税种的计算与会计处理

一、房产税

房产税是国家对在城市、县城、建制镇和工矿区征收的由产权所有人缴纳的一种税。房产税依照房产原值一次减除 10%~30% 后的余额计算缴纳。没有房产原值作为依据的,由房产所在地税务机关参考同类房产核定;房产出租的,以房产租金收入为房产税的计税依据。土地使用税是国家为了合理利用城镇土地、调节土地级差收入、提高土地使用效益、加强土地管理而开征的一种税,以纳税人实际占用的土地面积为计税依据,依照规定税额计算征收。车船税由拥有并且使用车船的单位和个人缴纳。车船税按照适用税额计算缴纳。

企业按规定计算应交的房产税、土地使用税、车船税和印花税时,借记

"税金及附加"科目,贷记"应交税费——应交房产税(或土地使用税、车船税、印花税)"科目;上交时,借记"应交税费——应交房产税(或土地使用税、车船税、印花税)"科目,贷记"银行存款"科目。

例 9-7

2019 年 3 月末,某酒店属于小微企业,当月按规定税率计算,应缴纳房产税 2000 元、土地使用税 3200 元、车船税 6400 元、印花税 320 元。根据有关凭证,会计分录如下:

借:税金及附加　　　　　　　　　　　　　　　11920
　　贷:应交税费——应交房产税　　　　　　　　2000
　　　　应交税费——应交土地使用税　　　　　　3200
　　　　应交税费——应交车船税　　　　　　　　6400
　　　　应交税费——应交印花税　　　　　　　　320

二、城市维护建设税和教育费附加

城市维护建设税和教育费附加是国家对缴纳增值税、消费税的单位和个人,就其交纳的增值税、消费税为计税依据征收的两种税。计算公式为:

$$应纳税额 = (应交增值税 + 应交消费税) \times 适用税率$$

城市维护建设税的税率因纳税人所在地不同,从 1% 到 7% 不等:

(1) 纳税人所在地为市区的,税率为 7%。

(2) 纳税人所在地为县城、镇的,税率为 5%。

(3) 纳税人所在地不在市区、县城或者镇的,税率为 1%。

教育费附加的征收率一律为 3%。

小微企业按规定计算出应缴纳的城市维护建设税和教育费附加,借记"税金及附加"科目,贷记"应交税费——应交城市维护建设税(或应交教育费附加)"科目,缴纳的城市维护建设税,借记"应交税费——应交城市维护建设税(或应交教育费附加)"科目,贷记"银行存款"科目。

例 9-8

某酒店属于小微企业,2019 年 4 月末,当期本期实际应上交的流转税为 75700 元,适用的城市维护建设税税率为 7%。根据有关凭证,会计分录如下:

(1) 计算应交的城市维护建设税为 5299(75700×7%)元。

    借：税金及附加　　　　　　　　　　　　　　　　　　　5299
        贷：应交税费——应交城市维护建设税　　　　　　　　5299
    （2）用银行存款上交城市维护建设税时：
    借：应交税费——应交城市维护建设税　　　　　　　　　5299
        贷：银行存款　　　　　　　　　　　　　　　　　　5299

三、个人所得税

个人所得税是对个人取得的各项所得征收的一种所得税。根据税法规定，个人所得税代扣代缴和纳税人自行申报相结合的征收方式，支付所得的单位或个人为扣缴义务人。小微企业为核算扣缴职工个人所得税的情况，应在"应交税费"科目下设置"应交个人所得税"明细科目。小微企业按规定计算应代扣代缴的职工个人所得税，借记"应付职工薪酬"科目，贷记"应交税费——应交个人所得税"科目。交纳的个人所得税，借记"应交税费——应交个人所得税"科目，贷记"银行存款"科目。

四、小微企业税款的先征后返

小微企业按照规定实行企业所得税、增值税、消费税等先征后返的，应当在实际收到返还的企业所得税、增值税（不含出口退税）、消费税等时，借记"银行存款"科目，贷记"营业外收入"科目。

第四节　税金涉及的税务问题

一、税金长期挂账

例 9-9

A 酒店在"应交税费——个人所得税"科目中核算代扣代缴的个人所得税。税务人员在对科目明细账进行审计中发现，2019 年应交税费——个人所得税科目年初贷方余额为 1.2 万元，而 2019 年年末该科目贷方余额为 1.8 万元，当年借方累计发生额为 0.8 万元，贷方累计发生额为 1.4 万元。当年借方累计发生额为什么小于年初贷方余额，是否存在少缴个人所得税的情况。

经核实，公司计提的个人所得税是正确的，但是存在应缴未缴的情况。该公司老板承认，由于资金比较紧张，每年代扣的个人所得税只有部分上缴，而其余部分则长期挂账。

分析：该公司存在代扣代缴税金长期挂账不缴的现象。根据《个人所得税法》第九条规定，扣缴义务人每月所扣的税款，自行申报纳税人每月应纳的税款，都应当在次月7日内缴入国库，并向税务机关报送纳税申报表。工资、薪金所得应纳的税款，按月计征，由扣缴义务人或者纳税义务人在次月7日内缴入国库，并向税务机关报送纳税申报表。根据《中华人民共和国税收征收管理法》第三十二条规定，纳税人未按照规定期限缴纳税款的，扣缴义务人未按照规定期限解缴税款的，税务机关除责令限期缴纳外，从滞纳税款之日起，按日加收滞纳税款0.5‰的滞纳金。因此，该公司不仅应及时缴纳应缴未缴的个人所得税资金，而且应就欠缴的税金缴纳相应的滞纳金。

二、转让无形资产少缴税款

例9-10

税务人员检查A工业公司2019年度财务报表时，发现该公司于当年6月与B公司签订的无形资产使用权转让协议书，将企业的专利技术使用权作价50万元转让给B公司使用；协议规定B公司于当年6月30日前向A工业公司付款25万元，余款于次年年底前付清。无形资产转让手续分两次办理：第一次手续于当年的11月30日办理完毕；第二次手续仍在办理中。A工业公司所做的会计分录为：借记"银行存款"250000元，贷记"其他业务收入"250000元。税务人员进一步检查了A工业公司无形资产使用权有偿转让协议，证实了上述交易确实发生。但查阅A工业公司有关纳税申报资料和税务部门汇算清缴确认文件时，发现该公司没有按税法规定计缴增值税。

分析：该公司未按税法规定计缴增值税，企业转让无形资产应按向对方收取的全部价款和价外费用（包括向对方收取的手续费、基金、集资款、代收款项、代垫款项及其他各种性质的价外收费）乘以税率缴纳增值税。因此，该公司应作调整处理，补缴尚未支付款项但已发生的转让行为的增值税、城市维护建设税和教育费附加。

第五节　税金涉及的审计问题

税金涉及的审计问题有：隐匿收入偷逃税款。

例 9-11

某工业公司 2019 年 1—9 月的累计营业额 100 万元，并据此缴纳增值税 6 万元。税务人员 2019 年 10 月对其 2019 年 1—9 月的经营收入采取顺查法、比较分析法等进行了核实。税务人员首先根据增值税发票本数及起讫号码，逐月逐本核对其有关丢失、转借、代开、外带等违章行为，检查结果表明未发现有上述发票违章现象。于是，税务人员根据平时掌握的信息迅速到与其经常有业务往来的海鸿公司对其财务情况进行延伸检查。通过审查账簿凭证，从中找出该工业公司开具的一张号码为 062940# 的收款收据，时间为 2018 年 3 月 12 日，金额为 2800 元，税务人员当即将收据复印。据此，税务人员又赶回该工业公司，找业主谈话询问，在讲明政策、陈清利害关系后，督促其交代是否在使用外购或自制收据代替增值税专用发票的情况。该业主起先不予交代，在税务人员出示证据后才不得不承认有两本外购的收款收据代替发票使用。最终查获该业主共隐瞒了 24 万元营业收入。

分析：从该案件可以看出，该公司采取不开具增值税发票、不入账、不纳税申报，从中偷逃税的"三不"现象带有普遍性。在审计过程中应重点关注小型工业企业使用外购或自制发票代替增值税专用发票隐瞒收入的情况，由于企业的收入基本上都属于账外收入，在账上很难发现问题，因此，尤其要积极开展外调工作，从消费单位原始票据及记账凭证中寻找蛛丝马迹，对有重大疑问的单据要一查到底，掌握充分证据后谎言将不攻自破。

第十章 小微酒店餐饮企业长期负债的会计核算

第一节 长期借款

长期借款是小微企业向银行或其他金融机构借入的期限在1年以上（不含1年）的各项借款。为了核算小微企业借入的长期借款情况，应设置"长期借款"科目，该科目的贷方登记借入长期借款的本金和按期计提的利息；借方登记偿还的本金和支付的利息。期末贷方余额反映尚未偿还的借款本息。该科目按贷款单位设置明细账，并按贷款种类进行明细核算。

小微企业会计准则下，应当按照借款本金和借款合同利率计算利息费用。

企业借入长期借款，借记"银行存款"科目，贷记"长期借款"科目。在应付利息日，应当按照借款本金和借款合同利率计提利息费用，借记"财务费用""在建工程"等科目，贷记"应付利息"科目。偿还长期借款本金，借记"长期借款"科目，贷记"银行存款"科目。

例 10-1

某酒店是一家小微企业，2019年1月1日从银行取得周转借款1200000元，期限3年，年利率8%，每年年底归还借款利息，到期一次还本。款项已存入银行。

（1）取得借款时：

借：银行存款　　　　　　　　　　　　　　　1200000
　　贷：长期借款　　　　　　　　　　　　　　1200000

（2）第一年年末计息：

借：财务费用　　　　　　　　　　　　　　　96000
　　贷：应付利息　　　　　　　　　　　　　　96000

（3）偿还借款利息：

借：应付利息　　　　　　　　　　　　　　　　96000
　　贷：银行存款　　　　　　　　　　　　　　　　96000

（4）第二年处理同上。

（5）第三年偿还借款本金和最后一期利息：

借：财务费用　　　　　　　　　　　　　　　　96000
　　贷：应付利息　　　　　　　　　　　　　　　　96000
借：长期借款　　　　　　　　　　　　　　　1200000
　　应付利息　　　　　　　　　　　　　　　　96000
　　贷：银行存款　　　　　　　　　　　　　　1296000

第二节　长期应付款

长期应付款指小微企业除长期借款以外的其他各种长期应付款。小微企业的长期应付款主要包括：应付融资租入固定资产的租赁费、以分期付款方式购入固定资产发生的应付款项等。为核算小微企业偿还期在1年以上的各种长期应付款（除长期借款）应设置"长期应付款"科目。该科目贷方登记应付未付的长期应付款，借方登记已经支付的长期应付款。期末贷方余额反映小微企业尚未支付的各种长期应付款。该科目应按长期应付款的种类和债权人设置明细账，进行明细核算。

一、融资租入固定资产

融资租入固定资产，应在租赁开始日，按照租赁合同约定的付款总额和在签订租赁合同过程中发生的相关税费等，借记"在建工程"或"固定资产"科目，按应支付的融资租赁费，贷记"长期应付款"科目，按应支付的其他相关费用，贷记"银行存款""应付账款"等科目。按期支付融资租赁费时，借记"长期应付款"科目，贷记"银行存款"科目。租赁期满，如合同规定将设备所有权转归承租小微企业，应当进行转账，将固定资产从"融资租入固定资产"明细科目转入有关明细科目。

例10-2

小微酒店餐饮企业融资租入一台机器设备，租期5年，该设备价值为

2000000元,租赁合同规定租金分5年于每年年末等额支付,该项设备不需要安装即可投入使用。设备预计净残值为40000元,采用直线法计提折旧。租赁期满后设备归承租方所有。

(1) 租赁开始日:

借:固定资产——融资租入固定资产　　　　　2000000
　贷:长期应付款——应付融资租赁款　　　　　　2000000

(2) 每年支付租金:

借:长期应付款——应付融资租赁款　　　　　400000
　贷:银行存款　　　　　　　　　　　　　　　　400000

(3) 每年按期计提折旧:

借:制造费用　　　　　　　　　　　　　　　392000
　贷:累计折旧　　　　　　　　　　　　　　　　392000

(4) 租赁期满后,该项融资租入固定资产转为承租方所有:

借:固定资产——生产用固定资产　　　　　　2000000
　贷:固定资产——融资租入固定资产　　　　　　2000000

小微企业长期应付款所发生的借款费用(包括利息、汇兑损益等)比照长期借款费用处理的规定办理。

二、以分期付款方式购入固定资产

以分期付款方式购入固定资产,应当按照实际支付的购买价款和相关税费(不包括按照税法规定可抵扣的增值税进项税额),借记"固定资产"或"在建工程"科目,按照税法规定可抵扣的增值税进项税额,借记"应交税费——应交增值税(进项税额)"科目,贷记"长期应付款"科目。

第三节　长期负债涉及的主要税务问题

一、长期借款利息错列费用问题

例 10-3

2019年,税务人员对某酒店的"财务费用"和"长期借款"科目进行审计时，发现该酒店当年4—7月每月预提利息费用20000元，共计8万元，计入"财务费用"科目。经询问企业并无短期借款，调阅记账凭证，发现其摘要注明为2018年的基建借款10万元，月利率2%。但税务人员经核实发现，该工程并没有发生中断，工期并未延长。很明显，该酒店人为增加了企业费用，减少利润，偷漏所得税。

分析：在这个案例中，企业为了达到少缴企业所得税的目的，利用长期借款科目调节利润。根据《小企业会计制度》规定，为购建固定资产而发生的专门借款，在满足借款费用开始资本化的条件时至构建的固定资产达到预定可使用状态前发生的借款费用，应计入固定资产成本；在固定资产达到预定可使用状态以后发生的，应于发生时计入当期财务费用。如果固定资产的构建活动发生非正常中断，并且中断时间连续超过3个月，应当暂停借款费用的资本化，将其确认为当期费用，直至资产的构建活动重新开始。因此，该小型酒店餐饮企业应调整账务，补交欠缴的所得税。

二、虚增融资租赁固定资产问题

例10-4

某酒店2019年融资租入一台食品加工设备，租赁费5万元，租赁期为3年。但该酒店实际入账时，人为虚列固定资产10万元。审计人员在审计过程中发现该酒店"长期应付款"明细账中有两笔5万元，并且付款日期很接近。经调查，发现第一笔资金5万元是支付给A公司，而第二笔则是支付给张某。该酒店财务人员解释张某就是A公司的人，但是一直联系不上。审计人员函证A公司，只收到5万元，该酒店财务人员不得不承认虚增固定资产，以达到多计固定资产和套取资金的目的。

分析：有些企业在融资租赁付款期满后继续付款，将多余的款项从对方提出，存入部门"小金库"或私分。根据《中华人民共和国会计法》第二章第九条规定，各单位必须根据实际发生的经济业务事项进行会计核算，填制会计凭证，登记会计账簿，编制财务会计报告。任何单位不得以虚假的经济业务事项或资料进行会计核算。而本例中，该企业以虚假的经济业务进行会计核算，其结果既虚增固定资产，待摊销时虚减利润，偷逃国家税款，又套取资金形成"小金库"。因此，该企业不仅应原数交回套取的资金，冲回虚增的固定资产，同时还要补缴所欠的企业所得税，接受必要的罚款。

第四节　长期负债涉及的主要审计问题

一、融资租入固定资产不计提折旧问题

例 10-5

2019 年审计人员对某酒店账务进行审计时,发现该企业长期应付款账户有大量融资租入固定资产,再检查有关折旧账户,并未有相应的折旧计提。该企业未计提折旧,实质上是虚减成本,虚增利润,经询问该企业经理得知,该企业是某酒店集团的挂靠企业,虽然自负盈亏,但每年都要完成一定的利润考核指标,否则会因达不到加盟条件而退出。因此,该企业为了少计费用,对融资租入固定资产从不计提折旧,从而达到人为调节利润的目的。

分析：根据《小企业会计制度》规定,融资租入的固定资产,按照租赁协议或者合同确定的价款,加上运输费、保险费、安装调试费以及融资租入固定资产达到预定可使用状态前发生的利息支出和汇兑损益后的金额作为其成本。融资租入的固定资产,应当采用与自有应计折旧固定资产相一致的折旧政策。在审计时,应通过查找相关融资租赁合同,计算融资固定资产应入账的金额,对比固定资产及长期应付款等账户,将企业融资租赁资产的金额全部进行核实,同时对累计折旧科目涉及融资租赁的固定资产应提及已提折旧进行分析归类,查找融资租赁固定资产的入账及折旧计提是否准确。

二、混淆资本化利息问题

例 10-6

审计人员在对某酒店进行审计时发现,该酒店 2019 年 1 月 1 日向银行借入款项 60 万元,年利率 10%,期限 2 年,用于建造酒楼。酒楼于 2019 年 3 月 1 日动工,2020 年 8 月 31 日完工。审计人员还发现,该酒店 2019 年将当年所发生的利息全部计入财务费用,2020 年为了体现利润,又将当年所发生的利息全部计入固定资产,在固定资产支付使用后做"借：固定资产,贷：长期

借款"的会计分录,不将利息计入期间费用。审计人员经计算,确定2019年和2020年应计入财务费用的利息各为1万元和2万元。

分析:根据我国《小企业会计制度》的规定,小企业长期借款在固定资产建造期间的利息费用应予以资本化,不能计入期间损益;在固定资产支付使用后发生的利息支出,可直接计入当期损益。在审计中,应注意对企业固定资产资本化利息的核查,可通过以下审计程序来完成:

(1) 获取或编制长期借款分类明细账。

(2) 对长期借款明细余额进行分析。

(3) 向银行函证借款及应付利息,尤其注意借款本金是否归还和利率是否有调整。

(4) 查找未入账的借款。

(5) 检查长期借款是否已在财务报表及附注中得到恰当披露。

第十一章 小微酒店餐饮企业所有者权益的会计核算

所有者权益是指小微企业所有者在企业资产中享有的经济利益。所有者权益在数量上等于全部资产减去全部负债后的余额。从其形成来源看,所有者权益主要来源于企业投资者的初始投资、按合同章程追加的投资以及企业在生产经营期间实现的留存收益。

《小企业会计准则》依据各类所有者权益性质,将小微企业的所有者权益划分为实收资本、资本公积、盈余公积和未分配利润,其中,盈余公积和未分配利润又统称为留存收益。

第一节 所有者投入的第一桶金——实收资本

一、实收资本概述

实收资本是指投资者按照企业章程或者合同、协议的约定,作为资本投入企业的各种财产,是企业注册登记的法定资本总额的来源,它表明所有者对企业的基本产权关系。我国法律规定,企业申请设立必须具备一定的资本金,这种由法律规定的企业资本金的最低数额,称为法定资本金。企业实际收到的,并且作为投资人投入资本金的资金,就是实收资本金。

二、我国《公司法》关于注册资本的规定

(一)关于最低注册资本的规定

有限责任公司的注册资本为在公司登记机关登记的全体股东认缴的出资额。新《公司法》规定:"有符合公司章程规定的全体股东认缴的出资额",

取消了之前对具体出资额的明确限定,包括一人有限责任公司。

(二) 关于出资限额的规定

新《公司法》规定:有限责任公司的注册资本为在公司登记机关登记的全体股东认缴的出资额。

"法律、行政法规以及国务院决定对有限责任公司进行实缴、注册资本最低限额另有规定的,从其规定。"

(三) 关于出资期限的规定

《公司法》规定:"股份有限公司采取发起设立方式设立的,注册资本为在公司登记机关登记的全体发起人认购的股本总额。在发起人认购的股份缴足前,不得向他人募集股份。"

三、小微企业实收资本的会计核算

根据我国有关法律的规定,投资者投入资本的方式可以有多种,如投资者可以用现金资产投资,也可以非现金资产投资。在国家规定比例范围内,还可以用无形资产投资。

(一) 小微企业接受现金资产投资

投资者以现金投入的资本,应以实际收到或者存入小微企业开户银行的金额,借记"银行存款"科目,按投资者应享有小微企业注册资本的份额计算的金额,贷记"实收资本"科目,按其差额,贷记"资本公积——资本溢价"科目。

例 11-1

某酒店属于小微企业,2019 年注册资本为 150 万元。根据合同约定,该企业收到 E 投资者投入的资本 100 万元,F 投资者投入的资本 50 万元,款项已全部存入企业的开户银行。会计分录如下:

借:银行存款　　　　　　　　　　　　　　　1500000
　贷:实收资本——E 投资者　　　　　　　　　1000000
　　　　　　——F 投资者　　　　　　　　　　 500000

（二）小微企业接受非现金资产投资

投资者以非现金资产投入的资本，应按投资各方确认的价值，或合同协议约定的价值，借记有关资产科目，贷记"实收资本"和"资本公积——资本溢价"科目。

例 11-2

某酒店属于小微企业，2019 年收到某企业作为资本投入的不需要安装的机器一台，双方确认的价值为 200 万元，暂不考虑相关税费影响。做会计分录如下：

借：固定资产　　　　　　　　　　　　　　2000000
　　贷：实收资本——某企业　　　　　　　　　　　2000000

四、小微企业资本变动的会计核算

我国有关法律和《小企业会计准则》规定，小微企业可以根据有关规定增加或减少注册资本。相应的会计处理如图 11-1 所示。

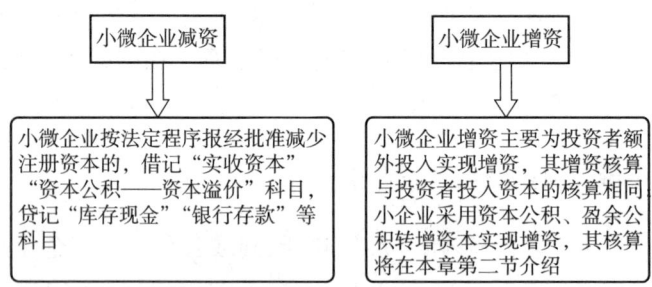

图 11-1　小微企业资本变动的会计核算

第二节　资本的增值——资本公积

一、资本公积概述

资本公积是企业从筹资过程中形成的资本增值，将资本公积与实收资本相区分，有利于维护投资人按出资比例分享权益；将资本公积与经营损益相区分，则可以有效地避免将筹资过程中的资本增值当作经营利润分配，有利于资本保全。

资本公积应设置"资本公积"账户进行核算,凡是引起资本公积增加的项目计入贷方,引起资本公积减少的项目计入借方,期末余额在贷方,表示资本公积的结存数。

二、资本公积的核算

收到投资者投入的资产,应按实际收到的金额或确定的价值,借记"银行存款""固定资产"等科目,按其应享有小微企业注册资本的份额计算的金额,贷记"实收资本"科目,按其差额,贷记"资本公积——资本溢价"科目。

例 11-3

某酒店属于小微企业,原来由四个所有者投资组成,每一所有者各投资 25 万元,经营若干年后,有另一投资者加入该企业,经协商,企业将注册资本增加到 125 万元,该投资者缴入 35 万元拥有该企业 20% 的份额。会计分录如下:

借:银行存款　　　　　　　　　　　　　　350000
　贷:实收资本　　　　　　　　　　　　　　250000
　　　资本公积——资本溢价　　　　　　　　100000

第三节　留存收益

一、留存收益概述

留存收益是指小微企业从历年实现的利润中提取或形成的留存于小微企业的内部积累,它来源小微企业生产经营活动中所实现的净利润,包括盈余公积和未分配利润两部分。

利润分配是指企业根据国家有关规定和投资者的决议,对企业当年可供分配的利润所进行的分配。可供分配的利润,按下列顺序分配:①弥补以前年度亏损;②提取法定盈余公积(如图 11-2 所示)。

可供分配的利润减去弥补以前年度亏损的金额和提取的法定盈余公积后,为可供投资者分配的利润。可供投资者分配的利润,按下列顺序分配:①提取

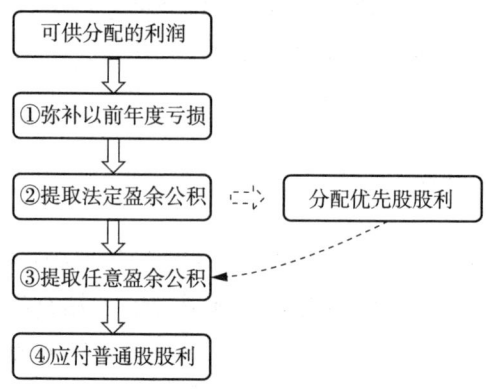

图 11-2 可供分配的利润的分配顺序

任意盈余公积。②应付普通股股利。如有应付优先股股利，应在提取任意盈余公积前分配。

（一）盈余公积的组成及用途

小微企业盈余公积包括法定盈余公积和任意盈余公积（如图 11-3 所示）。

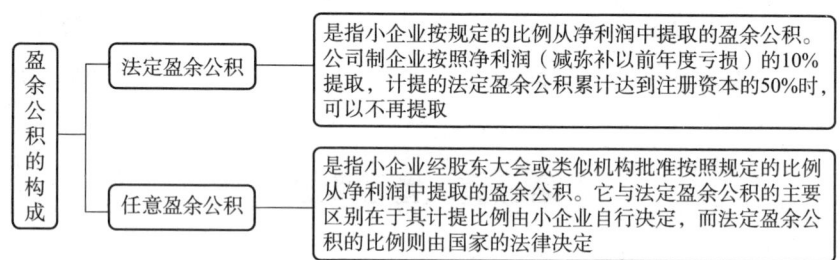

图 11-3 盈余公积的构成

小微企业提取的盈余公积可用于弥补亏损、转增资本（或股本），在符合规定的条件下也可用于扩大生产经营。

（二）未分配利润的形成和用途

未分配利润是小微企业实现的净利润经过弥补亏损、提取盈余公积和向投资者分配利润后留存在企业的、历年结存的利润，通常用于留待以后年度向投资者进行分配。

二、留存收益的核算

（一）提取盈余公积

小微企业按规定提取盈余公积时，借记"利润分配——提取法定盈余公积、提取任意盈余公积"科目，贷记"盈余公积——法定盈余公积、任意盈余公积"科目。

例 11-4

某酒店属于小微企业，2019 年按税后盈利 1000000 元提取盈余公积 10%。

借：利润分配——提取盈余公积　　　　　　　100000
　　贷：盈余公积——法定盈余公积　　　　　　　　100000

（二）盈余公积弥补亏损

小微企业经董事会或类似机构决议批准，用盈余公积弥补亏损时，借记"盈余公积"科目，贷记"利润分配——盈余公积补亏"科目。

例 11-5

某酒店属于小微企业，2018 年亏损 150000 元，从 2019 年盈余公积中弥补。

借：盈余公积　　　　　　　　　　　　　　　150000
　　贷：利润分配——盈余公积补亏　　　　　　　　150000

（三）盈余公积转增资本

小微企业经批准用盈余公积转增资本时，应当于实际转增资本时，借记"盈余公积"科目，贷记"实收资本"等科目。

例 11-6

某酒店属于小微企业，2019 年以盈余公积 200000 元转作增资，增资后企业盈余公积仍不少于注册资本的 25%。

借：盈余公积　　　　　　　　　　　　　　　200000
　　贷：实收资本　　　　　　　　　　　　　　　　200000

（四）未分配利润

未分配利润是指"利润分配——未分配利润"科目的期末余额。小微企业为了核算利润的分配（或亏损的弥补）和历年分配（或弥补）后的余额，应设置"利润分配"科目，同时按照"应付利润""未分配利润"等进行明细核算。

年度终了，企业将全年实现的净利润，自"本年利润"科目转入"利润分配——未分配利润"科目贷方，如为净亏损，则做相反的会计分录，同时将"利润分配"内的其他明细科目转入"利润分配——未分配利润"科目的借方，结转后"未分配利润"明细科目的借方余额即为未弥补的亏损；贷方余额为未分配的利润。

例 11-7

某酒店属于小微企业，2019 年初未分配利润为 20 万元，2018 年度实现净利润 600 万元，当年提取法定盈余公积 60 万元，应付利润 170 万元。会计分录如下：

借：本年利润　　　　　　　　　　　　　　　　6000000
　　贷：利润分配——未分配利润　　　　　　　　6000000
借：利润分配——未分配利润　　　　　　　　　　2300000
　　贷：利润分配——提取法定盈余公积　　　　　600000
　　　　　　——应付利润　　　　　　　　　　　1700000

通过上述会计处理可以得到"利润分配——未分配利润"科目的年末贷方余额为 3900000（200000+6000000-2300000）元，即为该公司 20×2 年年末的未分配利润数额。

第四节　所有者权益涉及的主要税务问题

一、盈余公积虚列费用

例 11-8

A 酒店 2019 年税前利润 230 万元，据此申报缴纳所得税 57.5 万元，利润表显示计提法定盈余公积 15 万元，未分配利润为 135 万元。税务人员随后检查发现，该公司直接在成本费用中提取的法定盈余公积，计提盈余公积的账务处理为：借记"管理费用"科目，贷记"盈余公积——法定盈余公积"科目。

分析：以上案例中，A 酒店的账务处理存在问题，直接影响了利润和企业所得税。法定盈余公积应在税后利润中进行提取，通过"利润分配""盈余公积"科目进行处理，借记"利润分配——提取法定盈余公积"，贷记"盈余公积——法定盈余公积"。因此，该公司应调整相关账务，补缴欠缴的所得税。

二、盘盈资产未计收入

例 11-9

2019 年，A 酒店在对自身资产进行盘查时，发现未入账加工机器设备一台，价值 50000 元。该公司将未入账固定资产进行了账务处理，借记"固定资产"科目，贷记"资本公积"科目。但税务机关认为其账务处理错误，少缴所得税。

分析：税务机关的认定是有理由的。在上述案例中，企业盘盈资产已经入账，但账务处理存在问题，少计了营业外收入，以至于少缴企业所得税。根据《中华人民共和国企业所得税法实施条例》规定，盘盈的固定资产，以同类固定资产的重置完全价值为计税基础入账，并入其他收入（包括企业资产溢余收入、逾期未退包装物押金收入等），也就是会计上的营业外收入征收所得税。因此，该公司应调整相关账务，补缴欠缴的所得税。

第五节　所有者权益涉及的主要审计问题

一、利用盈余公积隐瞒收入的问题

例 11-10

2019 年，审计人员对 A 酒店进行例行检查，在履行了常规的发票核对、账实、账账、账表核实等程序后，没有发现异常情况。但审计人员发现，该酒店生意很好，据推算，每年不应该只有几万元的收入。审计人员初步判断有隐瞒收入的可能，但在往来科目并未发现有价值的线索。审计人员又了解到该公司现金结算的客户比较少，通过银行存款隐瞒收入的可能性应该比较大。在调阅了银行对账单与银行存款日记账进行核对后，并未发现账单不符和等额资金进出的情况，但审计人员在银行日记账上发现有多笔冲销错账的记录。抽查部分记账凭证发现，贷方科目全部是盈余公积，而所附原始凭证竟然是现金支票。原来该公司为了隐瞒收入，想到通过盈余公积这个平时很少被关注的科目进行转账，而且对入账的银行存款采取了化整为零的做法，以冲销错账的方式分批取出。

分析：该企业的做法比较隐蔽，与通过往来款隐瞒收入的方式实质上是一致的。上述案例告诉我们，在进行相关性审计时，绝不可遗漏任何应关注的线索，除必要的常规审计外，关注可能隐藏收入的各类往来款项，如应收应付款项、预收预付款项、长期应付款、其他应收款等，当然更不能忽视平时很少被用作隐藏收入的资本公积、盈余公积等科目。因此，当这些科目的金额发生异常变化时，一定要进行仔细核查，尤其像本例中进行错账冲销，而且不能只关注发生额的变化，因为如果是"红字"冲销，发生额也为零。

二、违规虚假注册资本的问题

在审计类似问题时，要重点关注企业在成立后，主要是在验资，办理工商营业执照、机构代码证、税务登记证，开设银行基本账户等必经过程后，是否有将注册资金转出的现象。

例 11-11

审计人员在对 A 酒店 2019 年账务进行审计时发现，该企业"其他应收款——张某"的账户年初与年末的金额都为 30 万元，经追溯以前年度该账户情况，审计人员又发现这笔资金于 2017 年 2 月开始就一直挂账，原始凭证为张某的一张借条。是什么钱要挂这么长时间？企业财务人员解释是借给了老板张某的，一直没有归还就挂在账上。但是，细心的审计人员发现，该公司 2017 年 1 月才成立，注册资本正是 30 万元。由此，该企业虚假注资的事实被发现。

分析：《公司法》中要求注册资本与实缴资本必须一致，这样，公司在成立之初就必须一次性缴清注册资本金，因而许多想开公司而资金不足的，都会想方设法虚假注资，待注册成功后再把资金抽走，钻法律的空隙。因为企业只有在银行基本账户批下来后才能将投资款转到基本账户，这时候钱才可以动用。上述流程中缺少任何环节，投资人的款一般是不能转走的。一些企业投资者投入的货币资金待验资后，反而以借款等名义达到变相抽走资本的目的。

第十二章 小微酒店餐饮企业收入、费用、利润的核算

第一节 收入的概念及分类

一、收入的概念

收入是指小微企业在销售商品、提供劳务等日常活动中形成的经济利益的总流入。收入的基本特征如图12-1所示。

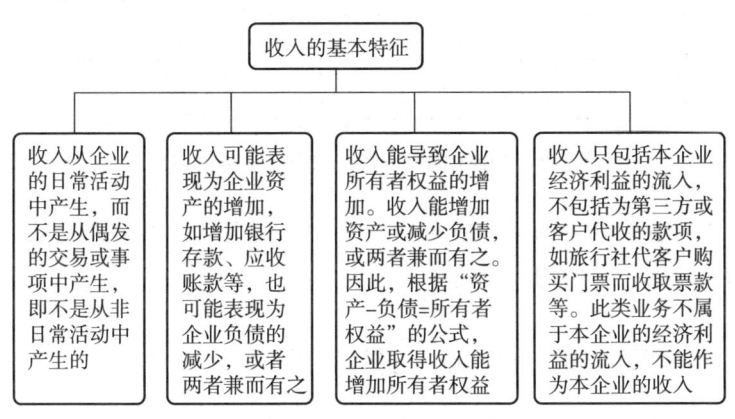

图12-1 收入的基本特征

二、收入的分类

由于小微酒店餐饮企业是以提供劳务为主的综合性服务企业，因此，其收入范围非常广泛。小微酒店餐饮企业可按不同的分类标准，对收入进行不同的分类，以便加强管理和核算。

收入的分类见表12-1。

表 12-1　收入的分类

按收入的经济内容分类	提供劳务收入
	商品销售收入
按收入在企业生产经营活动中的主次程度分类	主营业务收入。主营业务收入一般占企业收入的比重比较大，相应地对企业经济利益产生的影响也较大
	其他业务收入。其他业务收入一般占企业收入的比重比较小，对企业经济利益产生的影响也较小

小微酒店餐饮企业因其经营的业务范围不同，主营业务收入的内容也不同，其主营业务的分类如图 12-2 所示。

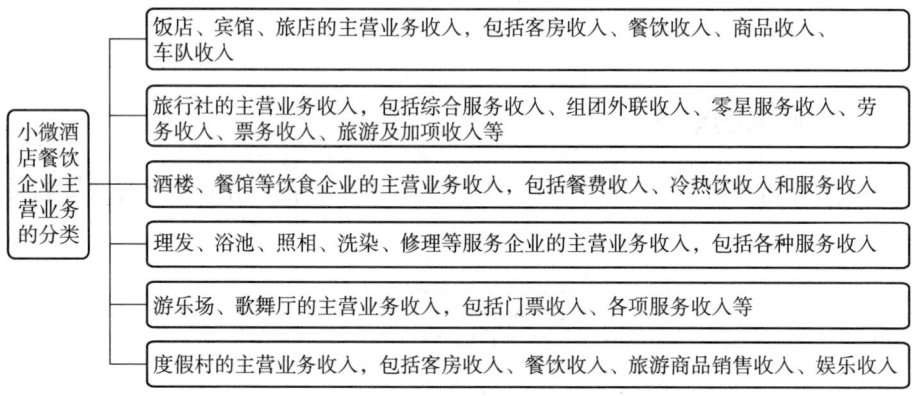

图 12-2　小微酒店餐饮企业主营业务的分类

小微酒店餐饮企业的其他业务收入主要包括转让技术取得的收入、销售材料取得的收入、包装物的出租收入等。

三、小微酒店餐饮企业收入的确认原则

收入的确认是一个非常重要的问题，它不仅关系到流转税纳税时间的确定，还会影响成本、费用的正确结转，以至于影响利润和应纳税所得额及应纳所得税额计算的正确性。同时还应注意区分会计核算上的收入确认与税法上作为纳税依据的收入确认，二者不能混为一谈。

收入的确认实际上是指收入在什么时候入账，并在利润表上反映。《小企业会计准则》根据销售商品、提供劳务分别规定了收入的确认原则。

（一）销售商品收入的确认

1. 销售商品收入的确认条件

小微企业应当在发出商品且收到货款或取得收款权利时，确认销售商品收入。具体如图 12-3 所示。

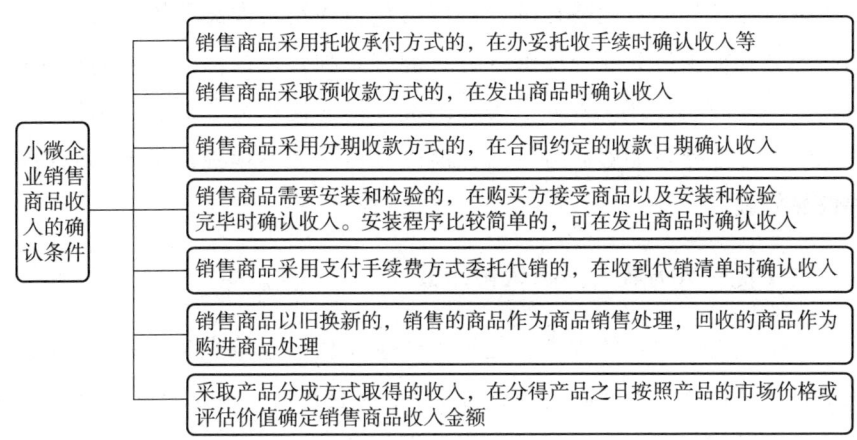

图 12-3　小微企业销售商品收入的确认条件

2. 销售商品收入的金额

小微企业应当按照从购买方已收或应收的合同或协议价款，确定销售商品收入金额。在商品销售的过程中还会涉及现金折扣与商业折扣。

（1）现金折扣。现金折扣是指债权人为鼓励债务人在规定的期限内付款而向债务人提供的债务扣除。销售商品涉及现金折扣的，应当按照扣除现金折扣前的金额确定销售商品收入金额。现金折扣应当在实际发生时，计入当期损益。

（2）商业折扣。商业折扣是指小微企业为促进商品销售而在商品标价上给予的价格扣除。销售商品涉及商业折扣的，应当按照扣除商业折扣后的金额确定销售商品收入金额。

3. 销售退回与销售折让

（1）销售退回。销售退回是指小微企业售出的商品由于质量、品种不符合要求等原因发生的退货。小微企业已经确认销售商品收入的售出商品发生的销售退回（不论属于本年度还是属于以前年度的销售），应当在发生时冲减当期销售商品收入。

（2）销售折让。销售折让是指小微企业因售出商品的质量不合格等原因而在售价上给予的减让。小微企业已经确认销售商品收入的售出商品发生的销售折让，应当在发生时冲减当期销售商品收入。

4. 同时包含销售商品和提供劳务

小微企业与其他企业签订的合同或协议包含销售商品和提供劳务时，销售商品部分和提供劳务部分能够区分且能够单独计量的，应当将销售商品的部分作为销售商品处理，将提供劳务的部分作为提供劳务处理。销售商品部分和提供劳务部分不能够区分，或虽能区分但不能够单独计量的，应当作为销售商品处理。

（二）提供劳务收入的确认和计量

小微企业提供劳务的收入，是指小微企业从事建筑安装、修理修配、交通运输、仓储租赁、邮电通信、咨询经纪、文化体育、科学研究、技术服务、教育培训、餐饮住宿、中介代理、卫生保健、社区服务、旅游、娱乐、加工以及其他劳务服务活动取得的收入。

小微企业对外提供劳务，如属于企业的主营业务，所实现的收入应作为主营业务收入处理，结转的相关成本应作为主营业务成本处理；如属于主营业务以外的其他经营活动，所实现的收入应作为其他业务收入处理，结转的相关成本应作为其他业务成本处理。

小微企业在对提供劳务收入进行会计核算时，如果提供劳务的时间较长的，小微企业在进行收入的确认时应区分劳务的提供是否跨年度：

（1）在同一会计年度开始并完成的劳务，应当在提供劳务交易完成且收到款项或取得收款权利时，确认提供劳务收入。提供劳务收入的金额为从接受劳务方已收或应收的合同或协议价款。

（2）如果劳务的开始和完成分属不同的会计年度，应当按照完工进度确认提供劳务收入。年度资产负债表日，按照提供劳务收入总额乘以完工进度扣除以前会计年度累计已确认提供劳务收入后的金额，确认本年度的提供劳务收入；同时，按照估计的提供劳务成本总额乘以完工进度扣除以前会计年度累计已确认营业成本后的金额，结转本年度营业成本。

在第（2）种情况下，收入确认一般采用完工百分比法，包括两个步骤：

首先是确定劳务的完成程度。一般可以采用以下方法确定：

（1）已完工作的测量。这是一种比较专业的测量法，由专业测量师对已经完成的工作或工程进行测量，并按一定方法计算劳务的完成程度。

（2）已经提供的劳务占应提供劳务总量的比例。这种方法主要以劳务量为标准，确定劳务的完成程度。

（3）已经发生的成本占估计总成本的比例。

其次是计算。本年应确认的劳务收入和劳务成本应按以下公式计算：

本期确认的收入＝劳务总收入×本期末止劳务的完成程度－以前期间已确认的收入

本期确认的成本＝劳务总成本×本期末止劳务的完成程度－以前期间已确认的成本

其中，劳务总收入是指劳务关系双方签订的劳务合同中注明的交易总金额或协议约定的交易总金额。劳务总成本是指至资产负债表日已发生的成本和完成整个劳务还需发生的成本之和。

四、小微酒店餐饮企业收入核算的账户设置

（一）主营业务收入

小微酒店餐饮企业应设置"主营业务收入"科目核算主营业务收入的增减变动情况。"主营业务收入"科目的贷方登记小微酒店餐饮企业取得的各项主营业务收入；借方登记期末结转"本年利润"科目的数额，期末结转后，该科目应无余额。其明细账应按主营业务的种类设置。

小微企业销售商品或提供劳务实现的收入，应当按照实际收到或应收的金额，借记"银行存款""应收账款"等科目，按照税法规定应缴纳的增值税额，贷记"应交税费——应交增值税（销项税额）"科目，按照确认的销售商品收入，贷记"主营业务收入"科目。

发生销货退回（不论属于本年度还是属于以前年度的销售），按照应冲减销售商品收入的金额，借记"主营业务收入"科目，按照实际支付或应退还的金额，贷记"银行存款""应收账款"等科目。涉及增值税销项税额的，还应进行相应的账务处理。

（二）其他业务收入

小微酒店餐饮企业应设置"其他业务收入"科目核算除主营业务活动以外的其他日常生产经营活动实现的收入。包括：出租固定资产、出租无形资产、销售材料等实现的收入。"其他业务收入"科目的结构与"主营业务收入"科目相同，贷方登记各项其他业务收入的发生数，借方登记期末结转"本年利润"科目的数额，期末结转后，该科目亦无余额。该科目应按其他业务的种类设置明细账，进行明细核算。

小微企业确认的其他业务收入，借记"银行存款""其他应收款"等科目，贷记"其他业务收入"。涉及增值税销项税额的，还应进行相应的账务处理。

第二节 期间费用的核算

期间费用，亦称期间成本，与一定期间相联系，是指直接从企业当期销售收入中扣除的费用。从企业的损益确定来看，期间费用与产品销售成本、产品销售税金及附加一起从产品销售收入中扣除后作为企业当期的营业利润。当期的期间费用是全额从当期损益中扣除的，其发生额不影响下一个会计期间。期间费用包括管理费用、销售费用和财务费用等。

一、管理费用的核算

（一）管理费用

管理费用是指小微企业为组织和管理企业生产经营所发生的费用，管理费用包括的内容较多，以小微酒店餐饮企业为例具体说明包括的内容见表12-2。

表12-2 小微酒店餐饮企业管理费用包括的具体内容

公司经费	即企业管理人员工资、福利费、差旅费、办公费、折旧费、修理费、物料消耗、周转材料摊销和其他经费
劳动补偿费	因解除与职工的劳动关系给予的补偿
董事会费	即企业董事会或最高权力机构及其成员为执行职能而发生的差旅费、会议费等

续表

审计费	即企业聘请注册会计师进行查账、验资、资产评估等发生的费用
诉讼费	即企业因起诉或应诉而支付的各项费用
长期待摊费用摊销	即企业对已提足折旧的固定资产的改建支出、经营租入固定资产的改建支出、固定资产的大修理支出和其他长期待摊费用等按月进行摊销的费用
财产保险费	即企业参加商业保险时缴纳的保险费
业务招待费	即企业为业务经营的合理需要在年销售净额一定比例之内支付的费用
咨询费	即企业向有关咨询机构进行科学技术经营管理咨询所支付的费用
筹建期间发生的开办费	即企业在筹办期间发生的相关人员的职工薪酬、办公费、培训费、差旅费、印刷费、注册登记费以及不计入固定资产成本的借款费用等费用

（二）"管理费用"科目

企业应设置"管理费用"科目，反映管理费用的发生及结转。发生管理费用时，应分情况处理：

（1）小微企业在筹建期间内发生的开办费在实际发生时，借记"管理费用"科目，贷记"银行存款"等科目。

（2）行政管理部门人员的职工薪酬，借记"管理费用"科目，贷记"应付职工薪酬"科目。

（3）行政管理部门计提的固定资产折旧费和发生的修理费，借记"管理费用"科目，贷记"累计折旧""银行存款"等科目。

（4）行政管理部门发生的办公费、水电费、差旅费，借记"管理费用"科目，贷记"银行存款"等科目。

（5）小微企业发生的业务招待费、相关长期待摊费用摊销、技术转让费、财产保险费、聘请中介机构费、咨询费（含顾问费）、诉讼费等，借记"管理费用"科目，贷记"银行存款""长期待摊费用"等科目。

（6）小微企业自行研究无形资产发生的研究费用，借记"管理费用"科目，贷记"研发支出"科目。

例 12−1

某小微酒店餐饮企业，2019 年 6 月发生的管理费用及会计分录如下：

（1）开出支票，支付本月业务招待费等费用 6900 元。

借：管理费用　　　　　　　　　　　　　　　　　　　　6900
　　贷：银行存款　　　　　　　　　　　　　　　　　　6900

（2）按规定计提行政管理部门固定资产折旧费2500元，结算行政管理部门人员工资8000元，结转领用周转材料实际成本300元。

　　借：管理费用　　　　　　　　　　　　　　　　10800
　　　贷：累计折旧　　　　　　　　　　　　　　　　2500
　　　　　应付职工薪酬　　　　　　　　　　　　　　8000
　　　　　周转材料　　　　　　　　　　　　　　　　300

（3）期末结转管理费用17700元。

　　借：本年利润　　　　　　　　　　　　　　　　17700
　　　贷：管理费用　　　　　　　　　　　　　　　　17700

二、销售费用的核算

（一）销售费用

销售费用是指小微企业销售商品或提供劳务过程中发生的费用，包括销售人员的职工薪酬、商品维修费、运输费、装卸费、包装费、保险费、广告费、业务宣传费、展览费等费用。

（二）"销售费用"科目

小微企业应设置"销售费用"科目，核算企业发生的各项销售费用。该科目的借方登记发生的销售费用；贷方登记期末转入"本年利润"科目的销售费用；"销售费用"科目结转"本年利润"后无余额。企业发生各项销售费用时，借记"销售费用"科目，贷记"库存现金""银行存款""应付职工薪酬"等科目；期末，将归集的销售费用全部转入本年利润时，借记"本年利润"科目，贷记"销售费用"科目。"销售费用"科目应按费用项目设置明细科目，进行明细分类核算。

例12-2

某小微酒店餐饮企业2019年5月发生的销售费用及会计分录如下：

（1）开出转账支票，支付运输费、装卸费、广告费等8760元。

　　借：销售费用　　　　　　　　　　　　　　　　8760
　　　贷：银行存款　　　　　　　　　　　　　　　　8760

(2) 根据发料凭证汇总表,登记产品销售领用包装材料 5830 元。

借:销售费用　　　　　　　　　　　　　　　5830
　　贷:原材料　　　　　　　　　　　　　　　　　　5830

(3) 结转本月专设销售机构职工工资及福利费 11200 元,其中:工资 8000 元,福利费 3200 元。

借:销售费用　　　　　　　　　　　　　　　11200
　　贷:应付职工薪酬　　　　　　　　　　　　　　　11200

(4) 期末结转销售费用。

借:本年利润　　　　　　　　　　　　　　　25790
　　贷:销售费用　　　　　　　　　　　　　　　　25790

三、财务费用的核算

(一) 财务费用

财务费用指企业筹集生产经营所需资金而发生的费用,包括利息支出(减利息收入)、汇兑损失、银行相关手续费、小微企业给予的现金折扣(减享受的现金折扣)等费用。应注意的是,小微企业为购建固定资产、无形资产和经过 1 年期以上的制造才能达到预定可销售状态的存货发生的借款费用,在"在建工程""研发支出""制造费用"等科目核算,不在本科目核算。

(二) "财务费用"科目

小微企业应设置"财务费用"科目核算企业发生的各项财务费用。该科目的借方登记发生的财务费用;贷方登记期末转入"本年利润"科目的财务费用;"财务费用"科目结转"本年利润"后无余额。

(1) 小微企业发生的利息费用、汇兑损失、银行相关手续费、给予的现金折扣等,借记"财务费用"科目,贷记"应付利息""银行存款"等科目。

(2) 持未到期的商业汇票向银行贴现,应当按照实际收到的金额(即减去贴现利息后的净额),借记"银行存款"科目,按照贴现利息,借记"财务费用"科目,按照商业汇票的票面金额,贷记"应收票据"科目(银行无追索权情况下)或"短期借款"科目(银行有追索权情况下)。

(3) 发生的应冲减财务费用的利息收入、享受的现金折扣等,借记"银行存款"等科目,贷记"财务费用"科目。

例 12-3

某小微酒店餐饮企业 2019 年 6 月发生的财务费用及会计分录如下:

(1) 用银行存款支付短期借款利息支出 2530 元。

借:财务费用　　　　　　　　　　　　　　　　2530
　贷:银行存款　　　　　　　　　　　　　　　　　　2530

(2) 用银行存款支付银行手续费 360 元。

借:财务费用　　　　　　　　　　　　　　　　360
　贷:银行存款　　　　　　　　　　　　　　　　　　360

(3) 银行通知,第四季度银行存款利息收入 530 元。

借:银行存款　　　　　　　　　　　　　　　　530
　贷:财务费用　　　　　　　　　　　　　　　　　　530

(4) 期末结转财务费用 2360 元。

借:本年利润　　　　　　　　　　　　　　　　2360
　贷:财务费用　　　　　　　　　　　　　　　　　　2360

第三节　利润与利润分配

利润是企业在一定会计期间的经营成果,表现为企业净资产的增加,是反映企业经济效益的一个重要指标。

一、利润的构成

利润是由一定会计期间内生产经营活动所获得的各项收入抵减各项支出后形成的。相抵后若为正数,表示盈利;若为负数,表示亏损。按其来源及构成的不同层次,可以将其分为营业利润、利润总额和净利润。

营业利润是指营业收入减去营业成本、税金及附加、销售费用、管理费用、财务费用,加上投资收益(或减去投资损失)后的金额。其中,投资收益由小微企业股权投资取得的现金股利(或利润)、债券投资取得的利息收入及处置股权投资和债券投资取得的处置价款扣除成本或账面余额、相关税费后的净额三部分构成。利润总额是指营业利润加上营业外收入,减去营业外支出后的金额。净利润是指利润总额减去所得税费用后的净额。

企业的上述利润构成可用公式表示如下:

营业利润＝主营业务收入－主营业务成本＋其他业务收入－其他业务成本－销售费用－管理费用－财务费用－税金及附加＋投资收益（或减投资损失）

利润总额＝营业利润＋营业外收入－营业外支出

净利润＝利润总额－所得税费用

二、本年利润的核算

上述利润构成中的主营业务收入、主营业务成本、税金及附加、其他业务收入、其他业务成本、投资收益等内容，其核算方法大多已在前面有关章节中做过介绍，这里主要介绍营业外收入、营业外支出、所得税费用和本年利润等的核算。

（一）营业外收入的核算

营业外收入是指与企业生产经营活动无直接关系的各项非经常性收入，包括非流动资产处置净收益、政府补助、捐赠收益、盘盈收益、汇兑收益、出租包装物和商品的租金收入、逾期未退包装物押金收益、确实无法偿付的应付款项、已做坏账损失处理后又收回的应收款项、违约金收益等。

企业应设置"营业外收入"科目，核算企业发生的与其生产经营无直接关系的各项收入，期末，应将该科目的余额转入"本年利润"科目，结转后该科目应无余额。该科目应按收入种类设置三栏式明细账，若企业营业外收入种类不多也可设置多栏式明细账，并按业务种类设置专栏进行明细分类核算。

根据《小企业会计准则》的规定，营业外收入的核算应按照如下几项处理：

（1）企业在生产经营期间，报废、转让固定资产所取得的收益，应借记"固定资产清理"科目，贷记"营业外收入"科目。

例 12-4

某酒店属于小微企业，2019 年 4 月，某项固定资产进行报废清理，固定资产原价 50000 元，累计折旧 48000 元，发生清理费用 1500 元，残余材料变价收入 4000 元。则结转固定资产清理收益的会计分录如下：

借：固定资产清理		2000
累计折旧		48000
贷：固定资产		50000

借：固定资产清理	1500	
贷：银行存款		1500
借：银行存款	4000	
贷：固定资产清理		4000
借：固定资产清理	500	
贷：营业外收入		500

例 12-5

某酒店属于小微企业，2019 年 4 月转让一项固定资产，其原价为 40000 元，已提折旧为 28000 元，取得转让收入为 18000 元，发生清理费用和上交税金共 2500 元。则结转转让净收益的会计分录如下：

借：固定资产清理	12000	
累计折旧	28000	
贷：固定资产		40000
借：银行存款	18000	
贷：固定资产清理		18000
借：固定资产清理	2500	
贷：银行存款		2500
借：固定资产清理	3500	
贷：营业外收入		3500

（2）确认的政府补助收入，借记"银行存款"或"递延收益"科目，贷记"营业外收入"科目。

政府补助是指小微企业从政府无偿取得货币性资产或非货币性资产，但不含政府作为小微企业所有者投入的资本。

①政府补助的分类。

政府补助包括与资产相关的政府补助和与收益相关的政府补助。

与资产相关的政府补助是指企业取得的、用于构建或以其他方式形成长期资产的政府补助。小微企业收到与资产相关的政府补助，应当确认为递延收益，并在相关资产的使用寿命内平均分配，计入营业外收入。

与收益相关的政府补助是指除与资产相关的政府补助之外的政府补助。小微企业收到与收益相关的政府补助，用于补偿本企业以后期间的相关费用或亏损的，确认为递延收益，并在确认相关费用或发生亏损的期间，计入营业外收入；用于补偿本企业已发生的相关费用或亏损的，直接计入营业外收入。

②政府补助的计量。

政府补助为货币性资产的，应当按照收到的金额计量。政府补助为非货币性资产的，政府提供了有关凭据的，应当按照凭据上标明的金额计量；政府没有提供有关凭据的，应当按照同类或类似资产的市场价格或评估价值计量。

（3）小微企业按照规定实行企业所得税、增值税（不含出口退税）、消费税等先征后返的，应当在实际收到返还的企业所得税、增值税、消费税等时，借记"银行存款"科目，贷记"营业外收入"科目。

（4）确认的捐赠收益，借记"银行存款""固定资产"等科目，贷记"营业外收入"科目。

（5）确认的盘盈收益，借记"待处理财产损溢——待处理流动资产损溢、待处理非流动资产损溢"科目，贷记"营业外收入"科目。

例 12-6

某酒店属于小微企业，2019 年 4 月盘盈一项固定资产，同类固定资产的市场价格为 50000 元，按新旧程度估计其价值损耗为 27000 元。会计分录如下：

借：固定资产　　　　　　　　　　　　　　　　23000
　　贷：待处理财产损溢——待处理非流动资产损溢　　23000
借：待处理财产损溢——待处理非流动资产损溢　　23000
　　贷：营业外收入　　　　　　　　　　　　　　23000

（6）出售无形资产净收益。企业出售无形资产，按实际取得的转让收入，借记"银行存款"等科目，按无形资产的账面余额，贷记"无形资产"科目，按应支付的相关税费，贷记"应交税费"等科目，按实际取得的转让收入大于无形资产账面余额与相关税费之和的差额，贷记"营业外收入"科目。

例 12-7

某酒店属于小微企业，2019 年 4 月转让一项无形资产，其账面余额为 120000 元，取得转让收入为 160000 元，按规定应交增值税 9600 元。会计分录如下：

借：银行存款	160000
贷：无形资产	120000
应交税费——应交增值税	9600
营业外收入	30400

(7) 确认的出租包装物和商品的租金收入、逾期未退包装物押金收益、确实无法偿付的应付款项、违约金收益等，借记"其他应收款""应付账款""其他应付款"等科目，贷记"营业外收入"科目。

(8) 确认的已作坏账损失处理后又收回的应收款项，借记"银行存款"等科目，贷记"营业外收入"科目。

（二）营业外支出的核算

营业外支出是与企业正常经营活动无直接关系的各项非经常性支出。包括存货的盘亏、毁损、报废损失，非流动资产处置净损失，坏账损失，无法收回的长期债券投资损失，无法收回的长期股权投资损失，自然灾害等不可抗力因素造成的损失，税收滞纳金，罚金，罚款，被没收财物的损失，捐赠支出，赞助支出等。

小微企业应设置"营业外支出"科目，核算所发生的营业外支出，并在发生该类支出时借记本科目，期末，应将该科目的余额转入"本年利润"科目，结转后该科目应无余额。该科目应按具体的支出项目设置明细账，进行明细核算。

（1）小微企业确认存货的盘亏、毁损、报废损失，非流动资产处置净损失，自然灾害等不可抗力因素造成的损失，借记"营业外支出""生产性生物资产""累计折旧""累计摊销"等科目，贷记"待处理财产损溢——待处理流动资产损溢、待处理非流动资产损溢""固定资产清理""生产性生物资产""无形资产"等科目。

例 12-8

某酒店属于小微企业（一般纳税人），2019 年 3 月 5 日，一批正在运输途中的材料发生非常损失，其实际成本为 50000 元，增值税进项税额为 6500 元。

会计分录如下：

借：营业外支出	56500
贷：在途物资	50000

应交税费——应交增值税（进项税额转出）　　　　　6500

例 12-9

某酒店属于小微企业，2019 年 12 月进行财产清理，查明盘亏机器设备一台，原价 22000 元，已提折旧 15000 元。会计分录如下：

借：待处理财产损溢——待处理非流动资产损溢　　22000
　　贷：固定资产　　　　　　　　　　　　　　　　22000
借：营业外支出　　　　　　　　　　　　　　　　　7000
　　累计折旧　　　　　　　　　　　　　　　　　　15000
　　贷：待处理财产损溢——待处理非流动资产损溢　22000

（2）根据《小微企业会计准则》规定确认实际发生的坏账损失、长期债券投资损失，应当按照可收回的金额，借记"银行存款"等科目，按照应收账款、预付账款、其他应收款、长期债券投资的账面余额，贷记"应收账款""预付账款""其他应收款""长期债券投资"等科目，按照其差额，借记"营业外支出"科目。

（3）根据《小微企业会计准则》规定确认实际发生的长期股权投资损失，按照可收回的金额，借记"银行存款"等科目，按照长期股权投资的账面余额，贷记"长期股权投资"科目，按照其差额，借记"营业外支出"科目。

（4）支付的税收滞纳金、罚金、罚款，借记"营业外支出"科目，贷记"银行存款"等科目。

例 12-10

某酒店属于小微企业，2019 年 4 月因排污不达标，被有关部门处以 3500 元罚款，以银行存款支付。会计分录如下：

借：营业外支出　　　　　　　　　　　　　　　　　3500
　　贷：银行存款　　　　　　　　　　　　　　　　3500

（5）确认被没收财物的损失、捐赠支出、赞助支出，借记"营业外支出"科目，贷记"银行存款"等科目。

（三）本年利润的核算和结转

企业本年利润的计算和结转方法有表结法和账结法两种，小微企业的本年利润一般采用账结法。

账结法的具体做法是：每期期末结出损益类科目的本月发生额和余额，然后编制记账凭证，将损益类科目的余额结转到"本年利润"科目，结转后损益类科目均无余额，最后利用"本年利润"科目计算确定本期利润和本年利润。目前小微企业的本年利润一般采用账结法。

在期末结转利润时，应将"主营业务收入""其他业务收入""营业外收入"等科目的期末余额，分别转入"本年利润"科目，借记"主营业务收入""其他业务收入""营业外收入"等科目，贷记"本年利润"科目。将"主营业务成本""税金及附加""其他业务成本""销售费用""管理费用""财务费用""营业外支出""所得税费用"等科目的期末余额，分别转入"本年利润"科目，借记"本年利润"科目，贷记"主营业务成本""税金及附加""其他业务成本""销售费用""管理费用""财务费用""营业外支出""所得税费用"等科目。将"投资收益"科目的净收益，转入"本年利润"科目，借记"投资收益"科目，贷记"本年利润"科目；如为净亏损，做相反的会计分录。

年度终了，企业应将本年收入和支出相抵后结出的本年实现的净利润，转入"利润分配"科目，借记"本年利润"科目，贷记"利润分配——未分配利润"科目；如为净亏损，做相反的会计分录。结转后"本年利润"科目应无余额。

例 12-11

某酒店属于小微企业，2019 年年末，各损益类科目的期末余额见表12-3。

表 12-3　损益类科目期末余额表　　　　　　　单位：元

科目名额	借方	贷方
主营业务收入		300000
主营业务成本	150000	
税金及附加	9700	
其他业务收入		17500
其他业务成本	9800	
销售费用	8600	
管理费用	9300	
财务费用	6700	
投资收益		13500
营业外收入		5000

续表

科目名额	借方	贷方
营业外支出	2300	
所得税费用（税率25%）	34900	

（1）结转各项收入和利得：

借：主营业务收入　　　　　　　　　　　　　　　300000

　　其他业务收入　　　　　　　　　　　　　　　17500

　　投资收益　　　　　　　　　　　　　　　　　13500

　　营业外收入　　　　　　　　　　　　　　　　5000

　贷：本年利润　　　　　　　　　　　　　　　　336000

（2）结转各项费用和损失：

借：本年利润　　　　　　　　　　　　　　　　　231300

　贷：主营业务成本　　　　　　　　　　　　　　150000

　　　税金及附加　　　　　　　　　　　　　　　9700

　　　其他业务成本　　　　　　　　　　　　　　9800

　　　销售费用　　　　　　　　　　　　　　　　8600

　　　管理费用　　　　　　　　　　　　　　　　9300

　　　财务费用　　　　　　　　　　　　　　　　6700

　　　营业外支出　　　　　　　　　　　　　　　2300

　　　所得税费用　　　　　　　　　　　　　　　34900

（3）结转本年利润至利润分配：

借：本年利润　　　　　　　　　　　　　　　　　104700

　贷：利润分配——未分配利润　　　　　　　　　104700

三、利润分配的一般顺序

对于所取得的利润，企业均需按一定的程序进行分配。企业当年实现的净利润，加上年初未分配利润（或减去年初未弥补亏损）和其他转入后的余额，为可供分配的利润。利润分配的一般顺序如图12-4所示。

可供分配的利润减去弥补的亏损、提取的法定盈余公积和任意盈余公积后，为可供投资者分配的利润。可供投资者分配的利润一般有以下几种分配方式：一是向投资者分配利润；二是将利润转作资本；三是向投资者分配利

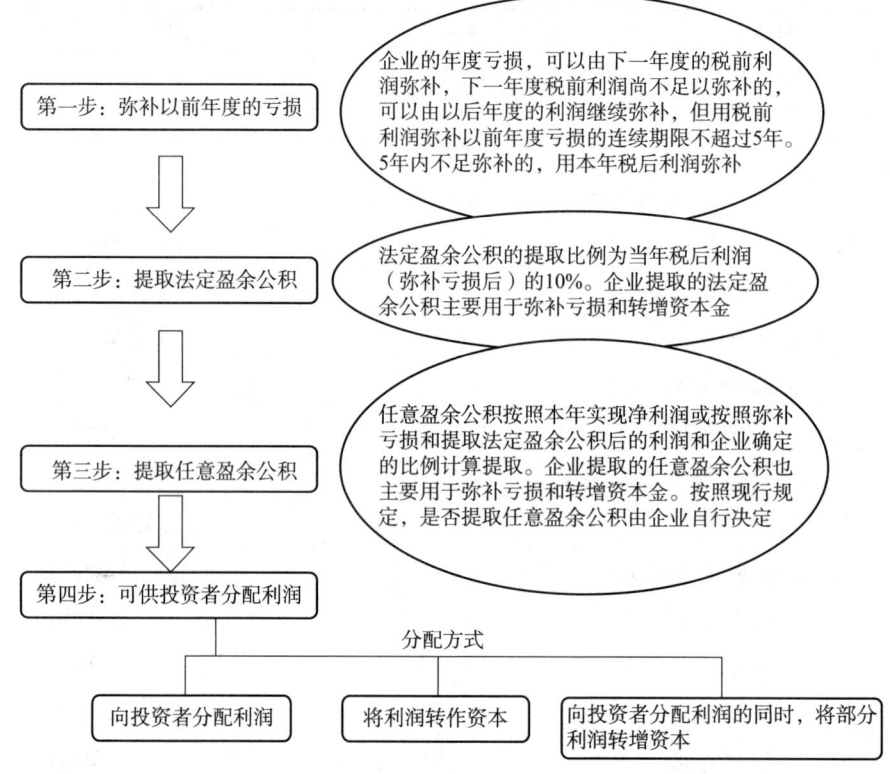

图 12-4 利润分配的一般顺序

润的同时，将部分利润转增资本。

可供投资者分配的利润减去应付利润和转增资本的利润后，为未分配利润。

未分配利润可留待以后年度进行分配。企业如发生亏损，可以按规定由以后年度利润进行弥补。按现行税收政策规定，企业发生经营亏损，可以在以后的五年内，用实现的利润在交纳所得税前进行弥补，在五年内弥补不完的部分应用交纳所得税后的利润再行弥补，或者用提取的盈余公积进行弥补。

四、利润分配的核算

小微企业应当按照利润分配的去向设置明细科目，进行明细核算。具体见表 12-4。

表 12-4 "利润分配"科目的明细科目

明细科目名称	核算内容及方法
盈余公积补亏	用盈余公积弥补亏损时,借记"盈余公积",贷记本科目
提取法定盈余公积和任意盈余公积	按规定从净利润中提取盈余公积时,借记本科目(提取法定盈余公积、提取任意盈余公积),贷记"盈余公积——法定盈余公积、任意盈余公积"科目
应付利润	应当分配给投资者的利润,借记本科目,贷记"应付利润"
转作资本的利润	按董事会或类似机构批准的应转增的金额,在办理增资手续后,借记本科目,贷记"实收资本"等科目
未分配利润	年度终了,将"本年利润"科目转入本科目,借记"本年利润"科目,贷记本科目,如为净亏损,做相反会计分录;同时,将"利润分配"科目下的其他明细科目的余额转入本科目

例 12-12

某酒店属于小微企业,2019 年实现净利润为 600000 元,根据国家有关规定首先按净利润提取 10%的法定盈余公积,再根据董事会决定,按提取法定盈余公积后的利润提取 10%的任意盈余公积,最后确定应分配给投资者利润 100000 元,转作资本的利润 200000 元。有关会计分录如下:

(1) 结转本年净利润:

借:本年利润 600000
　　贷:利润分配——未分配利润 600000

(2) 提取法定盈余公积:

借:利润分配——提取法定盈余公积 60000
　　贷:盈余公积——法定盈余公积 60000

(3) 提取任意盈余公积:

借:利润分配——提取任意盈余公积 54000
　　贷:盈余公积——任意盈余公积 54000

(4) 应分配给投资者的利润:

借:利润分配——应付利润 100000
　　贷:应付利润 100000

(5) 利润转增资本:

借:利润分配——转作资本的利润 200000
　　贷:实收资本 200000

(6) 结转"利润分配"中除"未分配利润"明细科目外的其他明细科目的余额:

借：利润分配——未分配利润　　　　　　　　　　　　414000
　　贷：利润分配——提取法定盈余公积　　　　　　　60000
　　　　　　　　——提取任意盈余公积　　　　　　　54000
　　　　　　　　——应付利润　　　　　　　　　　100000
　　　　　　　　——转作资本的利润　　　　　　　200000

经上述结转后，"利润分配——未分配利润"科目的贷方余额为186000（600000-414000）元，为年末未分配利润。

例12-13

某酒店属于小微企业，2019年发生经营净亏损160000元，经董事会批准，用提取的法定盈余公积100000元弥补部分亏损。有关会计分录如下：

（1）结转本年净亏损：

借：利润分配——未分配利润　　　　　　　　　　　　160000
　　贷：本年利润　　　　　　　　　　　　　　　　　160000

（2）用法定盈余公积弥补亏损：

借：盈余公积　　　　　　　　　　　　　　　　　　　100000
　　贷：利润分配——盈余公积补亏　　　　　　　　　100000

（3）将"利润分配"科目中的"盈余公积补亏"明细科目余额转入"未分配利润"明细科目：

借：利润分配——盈余公积补亏　　　　　　　　　　　100000
　　贷：利润分配——未分配利润　　　　　　　　　　100000

结转后，"利润分配——未分配利润"科目的借方余额为60000（160000-100000）元，为年末未弥补亏损。

第四节　收入、费用、利润涉及的主要税务问题

一、推迟确认收入偷逃税款

例12-14

某酒店为了达到少缴税款的目的，2019年12月一笔500万元的收入并未入账，而是在2020年年初确认收入。这样在2019年就达到了少缴税款的目的。

二、不得扣除支出未进行纳税调整的问题

例 12-15

A 工业公司 2019 年 1 月由于使用假发票被当地税务机关查出，被罚款 20000 元；8 月因为非法经营，被工商机关没收价值 20000 元的物品；由于出纳失误，将本应在 10 月缴纳的增值税拖至 11 月才缴纳，同时补交滞纳金 12000 元。该公司将上述资金全部记入"营业外支出"科目，年终则按实现的利润总额进行纳税申报并计缴所得税。

分析：在这个案例中，公司为了少缴所得税，将罚款、滞纳金及被没收的财物损失直接记入了"营业外支出"，而申报所得税也未做纳税调整。公司盘盈资产已经入账，但账务处理存在问题，少计了营业外收入，以至于少缴企业所得税。根据《中华人民共和国企业所得税法实施条例》第十条规定，在计算应纳税所得额时，下列支出不得扣除：

（1）向投资者支付的股息、红利等权益性投资收益款项。
（2）企业所得税税款。
（3）税收滞纳金。
（4）罚金、罚款和被没收财物的损失。
（5）本法规定以外的捐赠支出。
（6）赞助支出；
（7）未经核定的准备金支出。
（8）与取得收入无关的其他支出。

因此，该公司应调增应纳税所得额，补缴欠缴的所得税。

三、跨年度费用支出的纳税调整

例 12-16

某工业公司在 12 月发生费用支出，由于发票和出差等特殊情况不能在 12 月 31 日前取得并报销入账，对于这部分费用该如何进行会计处理和所得税处理呢？

分析：税法对费用列支期间的要求跨越年度取得发票入账，在税收方面主要影响企业所得税。由于企业所得税按年计算，分期预缴，在纳税年度内

发票跨月入账，并不影响当年度所得税的计算。对跨越年度取得发票入账，虽然不过是时间性差异，但影响不同纳税年度的配比和应缴纳所得税额的计算，有关税法的要求：

（1）费用税前列支的一般原则：

①权责发生制原则。即纳税人应在费用发生时而不是实际支付时确认扣除。

②配比原则。即纳税人发生的费用应配比或应分配的当期申报扣除。纳税人某一纳税年度应申报的可扣除费用不得提前或滞后申报扣除。

（2）以前年度应计未计费用的处理：企业纳税年度内应计未计扣除项目，包括各类应计未计费用、应提未提折旧等，不得移转以后年度补扣，是指年度终了，纳税人在规定的申报期申报后，发现的应计未计、应提未提的税前扣除项目。

（3）所得税汇算清缴期间发现漏计费用的处理：企业在所得税汇算清缴期限内，发现当年度所得税申报有误的，可在所得税汇算清缴期限内向主管税务机关重新办理年度所得税申报和汇算清缴。

（4）对广告费扣除的限制：内资企业申报扣除的广告费支出，必须符合的条件包括：已实际支付费用，并已取得相应发票。即广告费支出没有取得发票一律不允许在所得税前列支。

从以上规定可以看出：

（1）按税法的要求，费用只能在所属年度扣除，不能提前或结转到以后年度扣除。

（2）当年的费用当年没有取得发票，并不意味着这笔费用就不能在当年的所得税前列支。

第五节　收入、费用、利润涉及的主要审计问题

一、隐匿收入

在实务中，往往有很多企业为了各种各样的目的少计收入，为企业或者个人牟取私人利益。

例 12-17

2019 年，A 公司被举报隐瞒收入，偷逃税款。税务机关根据举报，立即对问题进行了调查核实。税务人员发现，该公司费用水平比较均衡，都是每月 10 万元左右，而收入却呈现出前高后低的走势，即上半年和下半年收入差距比较明显，下半年根本没有收入。税务人员开始怀疑是隐瞒收入，但经询问公司财务人员，得知公司下半年厂房在装修，又核对了相关票据和账务后，排除了判断。税务人员要求公司提供装修合同，合同显示工期为 6 月 25 日至 1 月 25 日，整整 7 个月，装修款分 3 笔支付，最后一笔应在工程验收完后 10 天支付。但税务人员核对了付款依据，发现其中最晚一笔在 10 月 5 日支付。装修没有完成，为什么要提前付款？税务人员又在公司每月的工资清单上发现，10 月的人员与 9 月的相比，发生了很大变化，超过 2 万名是新名字。面对种种疑问，该公司不得不承认，装修实际早在 9 月 20 日就已经完工，人员也是全部重新招聘的，10 月 1 日正式生产，但是销售货物并未给客户提供发票，只提供收据。该公司提供的真正合同显示，工期为 6 月 25 日至 9 月 25 日，整整 3 个月。针对发现的问题，税务机关下达了处罚决定，要求企业补缴税款，并给予罚款。

分析：从该案件可以看出，该公司采取真装修、假工期的方式，利用假合同隐瞒真正工期，偷逃收入。采用这种方式的企业虽然不多，但是很有典型性。由于审计人员都是事后审计，企业完全有作弊的时间和空间，这就对审计人员提出了比较高的要求。在类似以人为延长工期隐瞒收入的审计中，应重点关注小型企业在此期间相关费用的支出情况，尤其要仔细核对货币资金的变动，有无在工期内支付所有款项的依据。同时，要重视对人员薪酬的核实，尤其是采取提成工资的企业，一般工期内不可能有效益，如果在工期内发放高额的工资就要引起足够的怀疑。

二、销售收入记入"应付账款"

企业将正常的销售收入反映在应付账款中作为其他企业暂存款处理，将记账联单独存放，达成收入减少进而少交税的目的。

例 12-18

审计人员对 A 酒店 2019 年的销售收入进行符合性分析发现本年度的销售收入比上年明显减少，对照在前期调查中的了解，A 公司本年度生产销售情况是历史上最好的，审计人员感到销售收入的真实性值得怀疑，于是抽查了 8 月、10 月的会计凭证，发现其原始凭证中有发票的记账联反映的"应付账款"，共计 120 万元。审计人员针对这种情况，询问了当事人，并向应付账款的对方企业函证，结果发现 A 公司是将企业正常的销售收入反映在"应付款项"中，作为其他的暂存款处理。

分析：被审计单位的做法是错误的。审计人员应当要求被审计单位及时进行改正。

三、期间费用核算不正确

期间费用包括管理费用、财务费用和销售费用。企业应当将发生的每笔与期间费用相关的事项及时计入当期的期间费用。

例 12-19

审计人员审计某工业公司 2019 年 2 月向银行借款 500 万元建设办公楼时发现，应当资本化的借款费用计入了"财务费用"科目，导致当年的费用增加、利润减少。

分析：该公司向银行的借款 500 万元的利息费用应当予以资本化计入固定资产的成本。

4. 成本核算问题

企业生产产品的成本要及时、正确地分配入账。

例 12-20

2019 年，审计人员在审计某工业公司的产品成本时发现该企业产品成本核算有问题，把生产车间应当费用化的费用计入成本中，导致成本升高。

分析：企业应当正确归集产品成本。

审计小贴士　虚增收入舞弊的审计

一、虚增收入的几种表现形式

虚增收入是指被审计单位为了"实现"或"超额"完成既定的经济效益指标，有意违反企业会计准则、制度所规定的收入确认原则，虚拟经济业务以多记收入、虚增利润、粉饰财务状况的一种舞弊行为。

小微企业虚增收入进行舞弊的主要表现形式如图12-5所示。

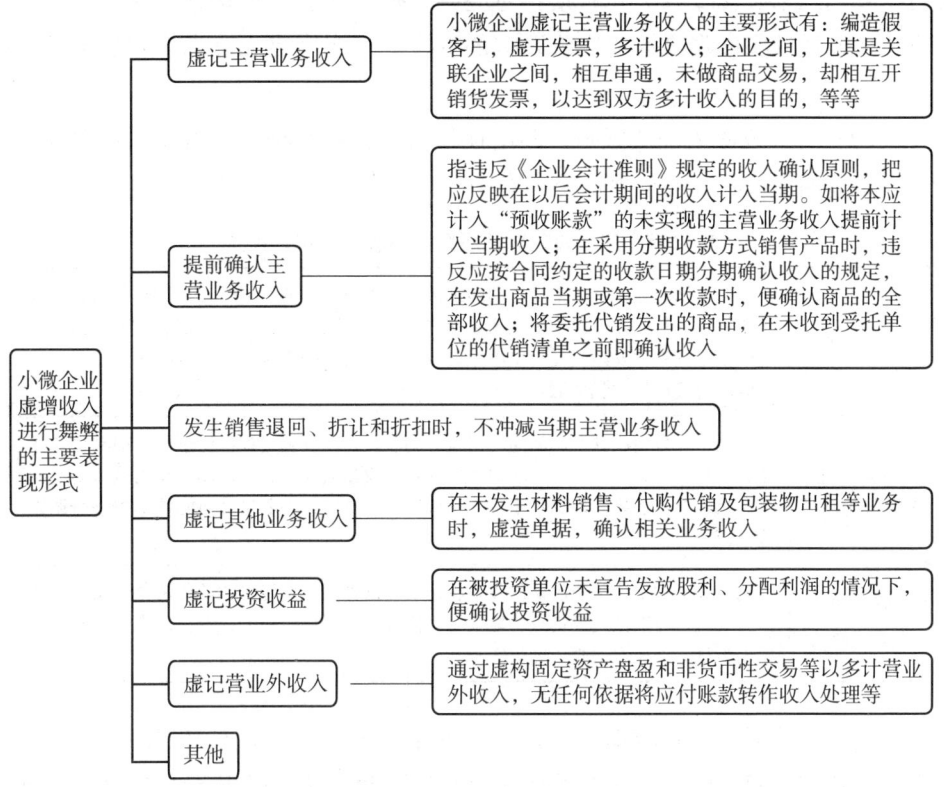

图 12-5　小微企业虚增收入进行舞弊的主要表现形式

二、虚增收入审计的技术与方法

一般来说,被审计单位虚增收入都会有明显的动机,且会在账内留有线索。审计过程中,如果发现被审计单位有虚增收入、虚报利润的动机,审计人员即可在简单了解和评价被审计单位相关内部控制之后,直接从相关账面记录入手,采用分析性复核、审阅和函证等方法查找账内的不实收入。

审计人员获得了一定的线索之后,实施详细测试,以收集充分、确凿的审计证据。一般来说可采用以下审计技术与方法:

(1)对于编造假客户,虚开发票,以及企业间没有交易的发生却相互开发票的舞弊行为,可通过主营业务收入明细账追查至原始凭证,将销售发票与库存商品或产成品的发货记录相核对,检查其有无未销售商品或产品而虚开发票、多计收入的问题。必要时，也可通过向有关业务员和库房保管员进行调查询问来发现线索。同时结合对应收票据和应收账款审计，采用函证等方法，通过证实应收票据和应收账款的真实性来查明有无虚拟客户、虚计收入的情况。

（2）对违反收入确认原则，利用预收账款、分期收款发出商品和委托代销发出商品虚增收入的舞弊行为，审计人员应当进行表12-5所示检查。

表12-5　违反收入确认原则虚增收入的审计检查

检查预收账款	首先应根据企业签订的销货合同确定被审计单位收取的款项是否为预收货款，将合同中规定的预收款金额与预收账款账户记账金额相核对，如果发现金额不相符，应进一步审查有关发票、提货单等原始凭证，查明是否将应计入"预收账款"科目的预收款直接计入"销售收入"科目中
检查分期收款发出商品	首先应审查分期收款发出商品的销售合同、协议，以确定被审计单位此项销售业务是否真实存在；其次，将合同中规定的各期收款额与产品（商品）销售收入明细账记录相核对，如果发现金额不符，则应进一步查证，必要时可向购货单位进行调查或函证
检查委托代销发出商品	首先应查明被审计单位确认的代销收入是否以受托单位转来的销售清单为依据；如果有疑问，应直接到代销点实地察看和检查受托单位的相关记录，确定是否有虚增的销售量，进而虚增收入的情况

（3）审查发生的销售退货、折让和折扣。通过审阅双方签订的合同及出入库记录、询问当事人、审查产品（商品）销售收入账户及有关的会计凭证等，查明是否有发生销货退回、折让和折扣等不冲减销售收入的问题，应注意审查年初或年末结账时的退货记录，查看其是否存在年终虚列销售，次年初作假退货用"红字"发票冲回的舞弊行为。

（4）审查来料加工业务。根据其他业务收入明细账记录，追查至来料加工业务的合同、协议、收料单及有关的原始凭证，查明来料加工业务的真实性。必要时，可以到生产车间调查询问来料加工业务的情况，以验证来料加工业务是否确实存在。

（5）检查投资收益。通过向被投资方函证或查阅相关资料，以及检查被投资方会计报表等，查明被审计单位对投资收益的确认是否正确。

（6）检查营业外收入。取得固定资产盘盈清单以及有关非货币性交易的协议和合同等，从账面记录追查至原始凭证，查明被审计单位对营业外收入的确认是否正确。

审计小贴士　隐瞒收入的舞弊审计

一、隐瞒收入的主要表现形式

隐瞒收入是指企业违反有关收入确认、计量的规定，采用违纪手法故意将本期已实现的各种收入隐匿起来，逃避财政、银行等部门的监督，致使国家资产、税收流失，企业财务状况失真的舞弊行为。

隐瞒收入因手法和隐蔽程度不同，有两种不同的表现形式：一种是取得收入不入账，如将取得的各种收入不记账而采取公款私存或另外开设银行存款账单独存放；另一种是取得收入虽然不入收入账，但计入往来等其他科目，或直接冲减成本费用。

（一）取得各种收入不入账的情况（如图12-6所示）

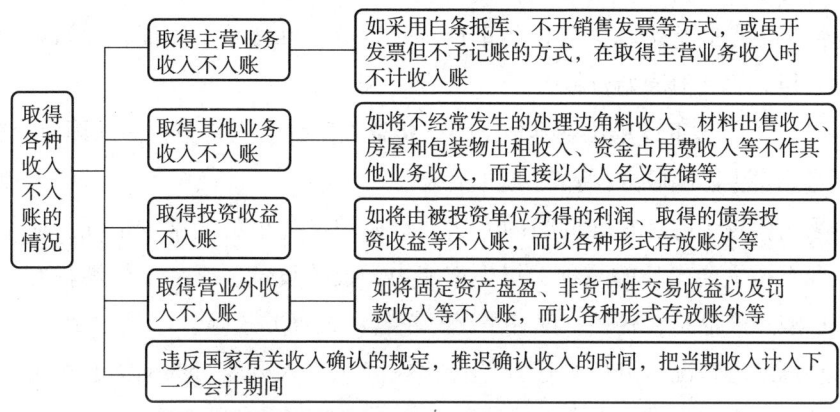

图12-6　取得各种收入不入账的情况

（二）将收入挂在其他账户上，不作为企业的收入进行记录的情况（如图12-7所示）

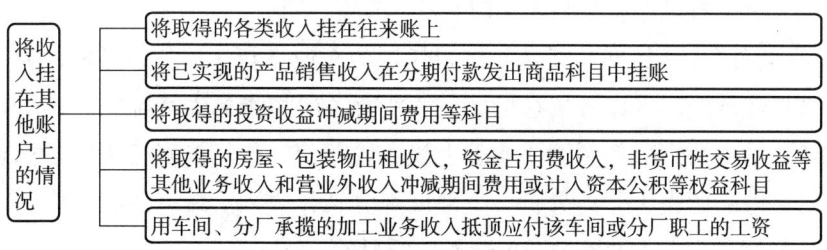

图12-7　将收入挂在其他账户上的情况

二、隐瞒收入的审计方法

被审计单位隐瞒收入的动机主要有：收入不入账，将收入款项存放账外，逃避财务监督，为个别人或少数人牟取利益，或列支不便在财务账中列支的支出；将收入挂在往来科目或计入"资本公积"等科目，或干脆推迟记账时间，把当期收入计入下一个会计期间，以调节利润水平，少交税金等。审计人员应加强对被审计单位高层领导的观察和了解，分析被审计单位的利润水平，从中发现审计线索。

隐瞒收入有不入账和计入其他账户两种表现形式，审计人员应区别对待，采用不同的审计方法。对于不入账的情况，更多地应采用从明细账之外的其他资料入手的方法，如外围调查、分析性复核、观察、询问和检查与收入相关的其他原始资料（如销售发票存根、货物发出记录）等。对于计入其他账户的情况，则应结合相关账户的审计，采用分析性复核、函证、询问和检查与收入相关的其他原始资料等。

（1）了解被审计单位基本情况，分析存在隐瞒收入舞弊行为的固有风险，判断有无发生隐瞒收入舞弊的动机。

采用调查了解、观察询问的方法，掌握被审计单位的基本情况。应了解的情况有：主要产品的品种、年生产能力、技术设备、产品主要销售对象及分布区域；产品是否畅销；库存情况；销售的结算方式等。

根据掌握情况，分析被审计单位存在隐瞒收入舞弊行为的固有风险。一般而言，以下类型的企业存在隐瞒收入舞弊行为的固有风险较高：

①实行计税工资的企业。实行计税工资的企业，工资总额不与实现利税、实现利润、上交利税等经济指标挂钩。只要企业有钱，对超额发放的工资性支出进行纳税调整，就可以发放。这些企业负责人，为了满足自己或极少部分人的私欲，有可能隐瞒收入，用于乱分乱发。

②实行厂长（经理）任期经济责任制的企业。新任厂长、经理，为了降低任期内年度经济责任考核指标，往往在有关考核指标尚待确定的年份采取隐瞒收入的方法，降低利润，欺骗上级主管部门。待经济责任考核指标确定后，再将隐瞒的收入分期分批，全部或部分转作收入。最终达到完成任期经济责任指标，为个人职务升迁创造条件的目的。

③已完成上级下达利润指标的企业。这些企业已完成上级下达的利润指

标，如果近期新开发产品的销路好、附加值高、供不应求。企业负责人就有可能指使财会、销售及有关人员采用销售收入不及时入账的手法，将当期实现的销售收入在下期入账，或采用另开银行账户单独存储或存放在关联企业等多种手段，收入不入账，以将企业资金据为己有，随意支配。

④母公司下属的独立核算子公司是享受税收优惠政策的企业。这类母公司有可能为了偷逃税金，将自己的收入转移到子公司以享受税收优惠政策。

⑤销售额大，但税负高、资金紧张的企业。

⑥享受国家政策性亏损补贴的企业。

（2）了解被审计单位相关内部控制情况，必要时进行符合性测试，分析和评价内部控制的弱点。

（3）进行分析性复核，了解被审计单位各类收入及其他相关账户有无异常变动情况。

①运用对比、分析、复核的方法，对主营业务收入、其他业务收入、营业外收入等金额及相关往来账与资本公积账目的增减变动幅度、变动趋势进行分析，判断企业是否存在隐瞒收入舞弊行为。

②若企业出现主营业务收入逐年降低的情况，则应查看企业主要产品的年生产量、销售量、销售价格是否同比降低，如果企业的年生产量与前期持平或变化不大，库存量又无显著增长，企业则有可能存在隐瞒收入的舞弊问题。

③分析被审计单位其他业务收入、营业外收入列示的内容、范围、金额的变动情况，找出增加、减少的原因，结合观察、了解、掌握的资料，对出现的异常情况做进一步审查。

④如果资本公积、往来账等的年初、年末增减变动异常，应逐笔查明原因。

（4）根据了解情况和所做分析，估计可能发生的隐瞒收入领域和期间，确定审计方式。

（5）根据分析所获得的审计线索，实施实质性测试，以收集充分、确凿的审计证据。

一般来说，可采用图12-8所示审计技术与方法。

（6）对审计工作底稿进行综合分析与评价，形成初步审计结论。

（7）与被审计单位有关人员进行沟通，征求他们对初步审计结论的意见。

(8) 做出审计结论与审计决定。

隐瞒收入舞弊的审计技术与方法
- 与销售人员、库房管理人员、设备负责人员、工程项目负责人员座谈，分析座谈结果，以确定审计重点
- 利用审阅、核对、盘点方法，从货物发运凭证、销售合同、销售发票入手，对照检查被审计单位收入明细账，检查相关收入明细账记录是否完整，同时注意检查是否有价格奇低的情况以及不按照销售合同规定的品种、单价、数量进行销售的业务，确定是否存在转移收入或企业基建、福利部门等领用产品不计收入的舞弊行为
- 对主营业务收入实施截止测试。取得各银行账户期末的余额调节表，查明银行已收、企业未收的未达账项中是否有应计收入的项目；取得被审计单位次年的若干月份的收入账，追查至原始凭证，查明是否有应计入被审计期间而计入次年的收入
- 审查发票号是否连续，各联是否一次书写完成，字迹是否为同一人书写，有无涂改痕迹，查明被审计单位是否存在少开发票、隐藏发票，从而隐瞒收入的问题
- 通过计算、复核企业单位产品所需原材料、辅助材料的品种、数量。如存在单位产品材料消耗量过高、消耗材料品种异常的情况，则应结合存货盘点结果，追查是否存在出售材料不计收入的问题
- 盘点固定资产，检查闲置资产、报废资产的处置情况，对照营业外收入账，核实企业出租、出售报废资产的各项收入入账情况
- 结合往来账款、资本公积和期间费用等科目的审计，采用函证、检查原始凭证等方法，查明是否存在将收入挂入往来账、计入资本公积和冲减期间费用的情况

图 12-8 隐瞒收入舞弊的审计技术与方法

▎审计小贴士▎ 少列成本费用舞弊的审计

一、少列成本费用的主要表现形式

少列成本费用是被审计单位为了夸大成绩、窃取荣誉、骗取信赖、粉饰财务状况，少计当期生产成本、财务费用、管理费用，少结转主营业务成本的舞弊行为。

少列成本费用舞弊的表现形式见表 12-6。

表 12-6 少列成本费用舞弊的表现形式

少列生产成本	如将应列入生产成本的项目计入"待摊费用""固定资产成本"及"在建工程"等科目，或直接挂往来账
少转完工产品成本	如产品完工入库后，采用改变产品成本计算方法等方式，少转完工产品成本
少转主营业务成本	如不与主营业务收入配比，少转或不转主营业务成本

续表

少列其他业务成本	如在发生材料销售或提供劳务时,不与其他业务收入相配比,少转或不转相关的成本与费用
少列销售费用	如将销售商品过程中发生的费用,计入长期待摊费用、冲减权益类项目或直接挂在往来账中
少列管理费用	如将管理费用资本化,计入"固定资产""在建工程""长期待摊费用"等科目,或在"应付职工薪酬"及权益类项目中列支,有的还直接挂在往来项目
少列财务费用	如将财务费用资本化,计入"固定资产""在建工程""长期待摊费用"等科目,或冲减资本公积等权益类项目
其他	如将已交付使用的固定资产仍挂在在建工程上而不予结转,从而达到少提固定资产折旧,少列生产成本、销售费用和管理费用的目的等

二、少列成本费用舞弊的审计的方法

一般来说,被审计单位少列成本费用都有很明确的动机,且会在账内留有线索。审计过程中,如果发现被审计单位有少列成本费用、虚报利润的动机,审计人员即可在简单了解和评价被审计单位相关内部控制之后,直接从相关账面记录入手,采用分析性复核、审阅和盘点等方法来查找账内少列的成本费用。

(1)了解被审计单位基本情况,分析与成本费用相关的固有风险,判断有无少列成本费用的动机。

审计人员应了解被审计单位所处环境和经营状况,对以下几类企业予以重点关注:

①实行经营承包责任制的企业。这类企业易发生少列成本费用舞弊的原因有两个:一是有些承包人在人、财、物、产、供、销上大权独揽,企业内部缺乏必要的约束机制,凡事一个人说了算;二是一些承包人为了自己的名誉、地位、兑现承包奖金等个人实惠,不惜弄虚作假,掩盖企业经济效益的真实情况,欺骗国家和企业职工。

②实行厂长(经理)任期责任制的企业。这类企业的厂长或经理为了完成自己任期内的各项经济考核指标,往往在账面上有意造假,少列成本费用,夸大任期内的业绩,欺骗有关部门,以达到窃取荣誉、骗取职务或地位的目的。

③有减亏或盈利压力的其他企业。如有些企业迫于上级主管部门下达利润指标或减亏指标,不得不虚增收入;有些企业实行工资与效益挂钩,为使工资上浮或不下浮,只得多报利润或少报亏损;有些企业为获得贷款,骗取金融机构的信赖,少列成本费用,虚报利润;有些企业为了骗取上市资格,

少列成本费用，以满足连续三年以上盈利的要求；上市公司怕因效益不好影响企业形象，少列成本费用，虚报利润；等等。

（2）了解被审计单位有关成本核算和成本费用管理方面的内部控制制度及成本核算方法，必要时进行符合性测试，分析和评价内部控制的弱点及其可能存在的少列成本费用的环节。

为了查明被审计单位是否存在少列成本费用问题，不管是否依赖其内部控制，审计人员都应采用调查询问和观察等方法，熟悉被审计单位产品的生产过程和费用的归集分配、成本计算、完工产品成本结转等业务及与之相关的内部控制，了解被审计单位产品生产过程中，原材料、半成品每经过一个工序后，其实物形态的变化，产品生产过程需要的时间以及每个工序所需要的时间等。这不仅是舞弊审计所需要的，也是常规的财务审计所必要的。

（3）进行分析性复核，确认成本费用的异常变动。

审计人员可结合对收入的审计，判断被审计单位是否存在少列费用问题，一个单位如果存在虚增收入舞弊，往往可能同时存在少列成本费用问题。在进行分析性复核时，可采用将各类成本费用水平与上年度计划、历史平均水平相比较，以判断有无异常变动；将年度内各月份的成本费用水平进行比较，检查有无某些月份突增或突减的现象，以缩小审计范围；将各批或不同时期各品种产品成本的构成进行对比，分析某成本项目占全部成本的比重有无不正常降低的情况。

①分析被审计单位的各期产品销售利润率，分析销售利润率有无突增现象。如果本期销售利润率突增，而价格没有明显变化，则可能存在少计成本费用舞弊问题。此方法是根据会计资料中的记录，计算某种产品的销售利润与销售收入之比。如果计算结果是销售利润率突增，则可能存在少计产品的销售成本、少结转完工产品成本以至于少计产品原材料成本等问题，可以进一步分析产品成本构成的变化情况。

②分析产品成本构成的变化情况。某种产品成本的组成，一般地说有原材料、燃料、自制半成品、制造费用等。引起产品销售利润增加的原因，可能是组成产品成本的某一部分减少造成的，如果产品成本构成中的某一项或多项变化异常，而且是减少的，则应当作为少计成本的线索。如果某成本项目占全部成本的比重有不正常的降低，应当进一步检查是否是由于少计成本费用造成的。

（4）根据了解的情况和所做分析，确认可能发生少列成本费用的领域和期间，确定审计方式。

（5）根据所获审计线索，实施详细测试，以收集充分、确凿的审计证据。一般来说，可采用的审计技术与方法见表12-7。

表12-7　少列成本费用可采用的审计技术与方法

审查生产成本和完工产品成本结转	利用审阅法检查被审计单位的成本计算资料，检查在产品的数量、完工程度与其发生的成本的配比情况。重点是： （1）观察每期投入的产品数量与其发生的成本是否配比，注意有无投入产品数量很多，相应的原材料、自制半成品、制造费用却很少的现象。如果有，则可能存在少计原材料、自制半成品领用，少计制造费用问题 （2）检查在产品结存数量与其成本是否配比，如果在产品结存的数量很少，结存的在产品成本却很多，则可能存在少计完工产品成本问题 （3）检查完工产品转出的数量与其成本是否配比，如果完工产品转出的数量很多，而转出的成本却很少，则会造成少计完工产品成本，在销售产品时少计销售成本 （4）检查在产品中有成本而无实物对应问题，长时间少计完工产品成本，往往导致在产品有成本而无实物与之对应
审查主营业务成本的结转	对照主营业务收入明细账，检查主营业务成本的结转是否与之配比，查明有无已计收入而没有结转成本的情况；对照产成品明细账，根据被审计单位确定的成本结转方法，复算其成本的结转，查明是否有少结转主营业务成本的情况；检查成本结转方法是否一贯，查明是否存在故意改变成本结转方法以少转主营业务成本的情况
审查其他业务成本	对照其他业务收入，检查其他业务成本是否与其收入相配比，查明是否存在少转或不转相关成本与费用的情况
结合科目审计	结合长期待摊费用、固定资产、在建工程、应付职工薪酬、往来款项和权益内科目的审计，检查是否存在把应在销售费用、管理费用、财务费用和营业外支出等列支的成本费用及其他支出列入这些科目
检查长期挂账的待处理财产损溢和待摊费用	查明是否有该处理不处理、该摊销而不摊销，从而少计成本费用的情况
结合固定资产、无形资产和在建工程的审计	检查相关减值准备的计提是否充足；是否存在应转固定资产而不转，从而计提折旧的情况
审核年底的会计事项（异常、大额）	因少列成本费用的舞弊行为往往较多发生在年底，审计人员应关注对被审计单位年底的会计事项，特别是一些异常的和大额的会计处理。如： 借：材料成本差异 　贷：本年利润 或者 借：生产成本——基本生产成本 　贷：本年利润

（6）对所获取的审计证据进行综合分析与评价，形成初步审计结论，并记录在审计工作底稿中。

（7）与被审计单位有关人员进行沟通，征求他们对初步审计结论的意见。

（8）做出审计结论与审计决定。

> **审计小贴士**　虚列成本费用舞弊的审计

一、虚列成本费用的主要表现形式

费用是指企业为销售商品、提供劳务等日常活动所发生的经济利益流出；成本是指企业为生产产品、提供劳务而发生的各种耗费。

虚列成本费用是指企业违反国家有关规定，故意混淆成本费用核算的界限，虚增成本费用的舞弊行为。

二、虚列成本费用的表现形式

虚列成本费用主要有以下表现形式。

（一）虚列直接材料费用（如图12-9所示）

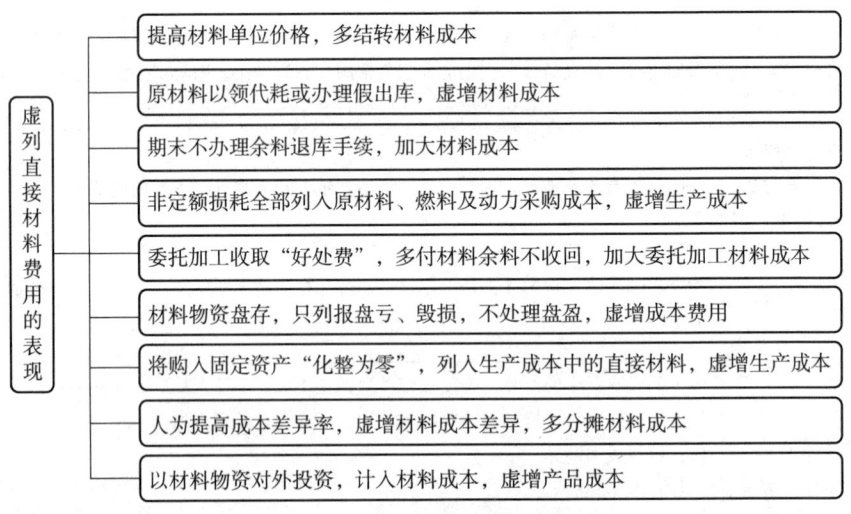

图12-9　虚列直接材料费用的表现

（二）虚列直接人工费用（如图 12-10 所示）

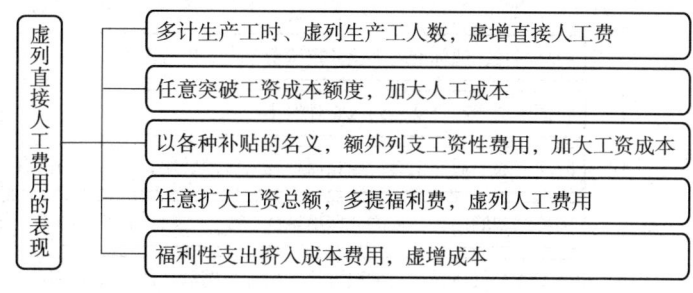

图 12-10　虚列直接人工费用的表现

（三）虚增制造费用（如图 12-11 所示）

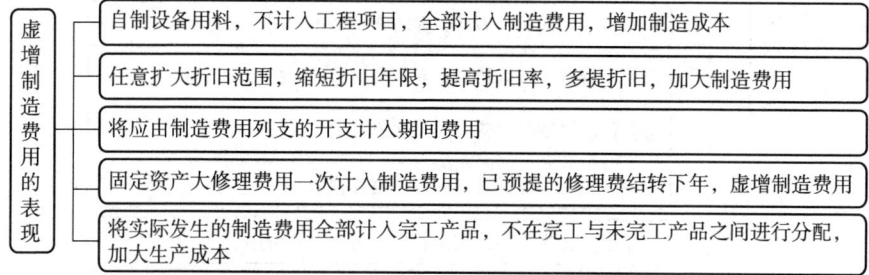

图 12-11　虚增制造费用的表现

（四）虚转完工产品成本、销售成本（如图 12-12 所示）

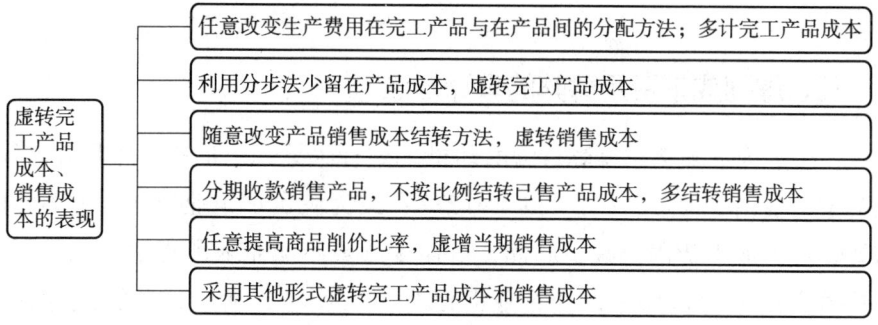

图 12-12　虚转完工产品成本、销售成本的表现

（五）虚计期间费用（如图12-13所示）

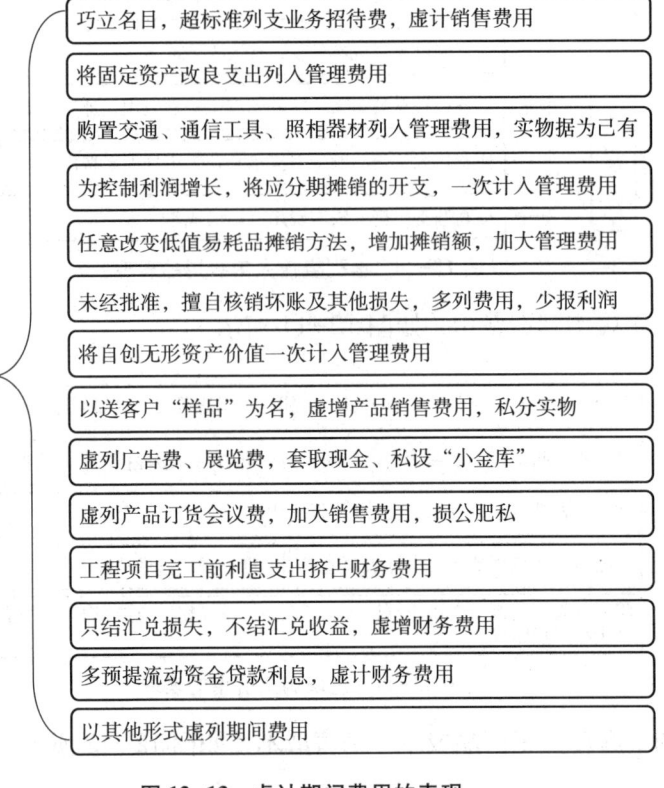

图12-13　虚计期间费用的表现

三、虚列成本费用舞弊的审计方法

产生虚列成本费用舞弊行为的动机主要有两类：一是从局部利益出发，虚列成本费用，少报利润，"以丰补歉"；或为满足本企业流动资金周转的需要，虚列成本费用，减少利润，从而少缴或不缴企业所得税。二是在虚列成本费用行为掩盖下，变企业财产为个人所有，利用经营管理存在的"漏洞"，吞噬企业财产，中饱私囊，从而加大成本费用。审计人员应加强对被审计单位高层领导的观察和了解，分析被审计单位的利润水平，从中发现审计线索。

虚列成本费用主要集中在生产成本和期间费用核算中，手法较多，隐蔽性强，但在账务上都会留有痕迹，审计人员应从账面记录入手，采用分析性复核、审阅、询问等多种审计方法查找账内虚列的成本费用。

（1）了解被审计单位基本情况，分析形成虚列成本费用的固有风险，判断有无形成虚列成本费用的动机。

了解被审计单位所处环境和经营状况，分析被审计单位存在虚列成本费用舞弊行为的固有风险。一般而言，以下类型的企业存在虚列成本费用舞弊行为的固有风险较高：

①实行厂长（经理）任期经济责任制的企业。新任厂长、经理，为了降低任期内年度经济责任考核指标，往往在有关考核指标尚待确定的年份采取虚列成本费用的方法，降低利润，欺骗上级主管部门。

②已完成上级下达利润指标的企业。这些企业已完成上级下达的利润指标，如果近期新开发产品的销路好、附加值高、供不应求。企业负责人就有可能指使财会、销售及有关人员采用虚列成本费用的手法，将虚列成本费用而形成的资金作为单位或个人的"小金库"，随意支配。

③享受国家政策性亏损补贴的企业。

（2）了解被审计单位相关内部控制情况，必要时进行符合性测试，分析和评价内部控制的弱点。

（3）进行分析性复核，了解被审计单位的异常变动情况。

审计人员可从图 12-14 所示方面分析被审计单位有无异常变动情况。

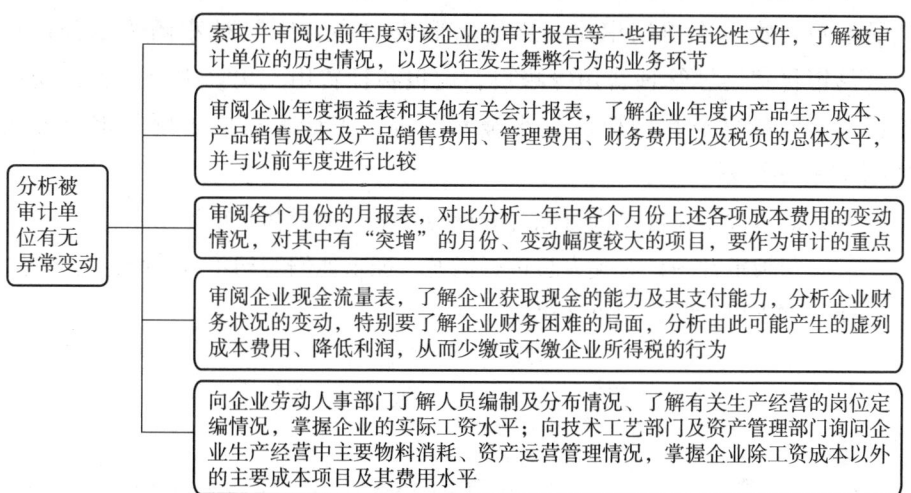

图 12-14 分析被审计单位有无异常变动

(4) 根据了解的情况和所做分析,估计可能产生虚列成本费用的领域和期间,确定审计方式。

(5) 根据所获审计线索,实施详细测试,以收集充分、确凿的审计证据。

①运用询问、复核等方法检查被审计单位成本结转、费用摊销方法是否符合财务会计制度,执行中是否前后一致。具体审核项目有:材料成本的核算、低值易耗品及包装物的摊销、工资费用的分摊、固定资产折旧的提取、产品生产成本的结转、产品销售成本的结转等。检查中,对企业无原因的任意变更成本核算办法的行为,比如将材料成本、主营业务成本结转由先进先出法变为加权平均法、将固定资产折旧计提由直线法变为加速折旧法、将低值易耗品和包装物摊销方法由分次摊销变为一次摊销、将在产品计价方法由"在产品成本按完工产品成本计算"变为"不计算在产品成本"等要作为复算核实的重点,以查找虚列成本费用的舞弊行为。

②对核算中发现的非正常现象,比如无原始凭证或原始凭证短缺和伪造的核算行为、费用报销凭据无审批或"白条"报销行为及同一成本项目一年内忽高忽低、费用发生额忽多忽少等,应根据审计人员所掌握的企业有关成本费用水平,并结合对内部控制系统中无效、失控环节的检查结果,针对具体项目进行对比、复核、分析,寻找线索和疑点,查证舞弊行为。

③对虚列成本费用将财产物资转到账外或据为己有的,如将应属于固定资产范围的交通、通信工具,摄影、音像器材等通过"解体"发票进入成本费用核算,实物转到账外,或据为己有;原材料以领代耗,低值易耗品及包装物一次摊销出账,出售后形成"小金库"被小团体私分;利用产品销售费用、管理费用等账户,虚报各种费用支出,损公肥私;变卖追回或罚没的财产物资形成"小金库"等,审计人员应采用的审计方法如图12-15所示。

(6) 对审计工作底稿进行综合分析与评价,形成初步审计结论。

(7) 与被审计单位有关人员进行沟通,征求他们对初步审计结论的意见。

(8) 做出审计结论与审计决定。

```
                    ┌─────────────────────────────────────────────────────────────────────┐
                    │ 根据审计人员所掌握的企业生产经营及物料消耗的主要项目，对列入物资采购核 │
                    │ 算的陌生项目、奇异项目，应审阅记账凭证及原始凭证；对照有关采购合同，查 │
                    │ 看是否属于生产经营所耗用的物资                                       │
                    └─────────────────────────────────────────────────────────────────────┘
                    ┌─────────────────────────────────────────────────────────────────────┐
                    │ 对非企业生产经营所耗用物资，并已列入采购核算的项目，应追踪检查其是否进 │
                    │ 入成本费用核算及实物的去向，查找是否被少数人据为己有                   │
                    └─────────────────────────────────────────────────────────────────────┘
  虚列               ┌─────────────────────────────────────────────────────────────────────┐
  成本               │ 审阅领料单和相关会计处理，特别是生产车间的领料单。查找是否存在以领代耗 │
  费用               │ 情况，如果发现有以领代耗情况，应追查相关材料物资的去向                 │
  采用               └─────────────────────────────────────────────────────────────────────┘
  的审               ┌─────────────────────────────────────────────────────────────────────┐
  计方               │ 追踪检查一次摊入成本费用的低值易耗品，包装物及工装模具的会计处理、实际 │
  法                 │ 耗用及相关管理程序，重点了解已出账物资的去向                           │
                    └─────────────────────────────────────────────────────────────────────┘
                    ┌─────────────────────────────────────────────────────────────────────┐
                    │ 逐项检查管理费中核销损失的内容，向被审计单位索取核销损失的审批文件，查 │
                    │ 找擅自核销损失、加大费用的行为，并追踪检查已核销的损失是否有诸如继续追 │
                    │ 索债权等后续行为                                                     │
                    └─────────────────────────────────────────────────────────────────────┘
                    ┌─────────────────────────────────────────────────────────────────────┐
                    │ 对产品销售费用及管理费用中列支的会议费、展销会费及展销品等核算内容，应 │
                    │ 逐项审阅记账凭证及原始凭证，必要时应向有关主办单位调查了解会议收费标准， │
                    │ 向企业参加会议人员了解展销品的处理情况，查找虚列会议费和私分展销品或变 │
                    │ 卖后形成"小金库"行为的线索和疑点                                     │
                    └─────────────────────────────────────────────────────────────────────┘
```

图 12-15　虚列成本费用采用的审计方法

第十三章 小微酒店餐饮企业客房业务的核算

第一节 客房业务收入的确认

一、客房业务收入时间的确认

客房业务就其实质而言，就是出售客房及其附属生活设施在一定期间的使用权。客房业务收入是通过出租客房而取得的收入，因此，客房一经出租，不论房租收到与否，都作为已销售处理，确认相应的客房业务收入，也就是客房销售收入的入账时间以客房实际出租的时间为准。

二、客房业务收入金额的确认

尽管客房的价格都有挂牌价，但在确认收入时，应该以实际收取的客房价格作为收入的入账金额。由于旅店业务有淡旺季之分，往来的客人也有团队和个人之分，因此，实际收取的客房价格都是在挂牌价的基础上减去一定的折扣，按照客房实际出租的价格作为客房出租收入的入账金额。

客房租金收入通常按天数分时段计算，自旅客入住客房之日起，至次日中午12时止，收取一天租金；至次日中午12时以后，傍晚6时以前止，加收1/2天租金；至次日傍晚6时以后，则加收一天租金。

三、客房业务收入的收款形式

旅店的客房业务是由总台办理的，消费的款项也一般在总台进行计算和结清。总台通常设在旅店的大堂内，负责办理客房的预订、接待、入住登记、查询、退房、结账及营业日记簿的登记等工作。

旅店的收款方式有先收款后住店以及先住店定期或离店时结算收款两种方式，无论采用哪种方式收款，旅客住店，首先在总台登记"旅客住宿登记表"，第一联留存总台，第二联交服务员安排客房及床位。

第二节　不同收费模式中客房收入的会计核算

一、先收款后住店结算方式下客房收入的会计核算

这种收款方式是指旅店在为客人提供服务前，根据其准备住店的天数，预收部分或全部房费。采用预收款方式，财务部门根据结账组报来的客房营业日报表及相关凭证，按预收数，借记"库存现金"或"银行存款"科目，贷记"预收账款"或"应收账款"科目；按客房营业日报表中客人每日应付的房费数确认主营业务收入时，借记"预收账款"或"应收账款"科目，贷记"主营业务收入"科目。营业日记簿和营业收入日报表的格式见表13-1。

表13-1　营业日记簿

2019年6月7日

房号	房客姓名	入住日期		已住天数	本日营业收入（元）					预收房金（元）				备注
		月	日		房金	加床	饮料	食品	合计	上日结存	本日应收	本日交付	本日结存	
101	王清	6	5	2	200	100	10	10	320	500	320		180	
102	周强	6	6	1	200		5		205	500	205		295	
201	吴俊	6	4	3	250				250	300	250		50	
205	李华	6	7						—		—	500	500	
206	朱明	6	5	2	150		5		155	200	155		45	
301	黄晴	6	6	1	150			12	162	200	162		38	
	合计				950	100	20	22	1092	1700	1092	500	1108	

在"营业日记簿"中，存在以下关联关系，"上日结存"栏中的数额为上一日"营业日记簿"中的本日结存数；"本日结存"＝"上日结存"＋"本日交付"－"本日应收"；本日营业收入"合计"栏中的数额，应与"本日应收"房金栏中的数额相等。

总台应在每日业务终了时，将"营业日记簿"各栏加计本日"合计"

数。将收进现金和房金收据的存根与"本日交付"栏内数额相核对,并编制"营业收入日报表",连同现金送交财务部门入账。

例 13-1

舒尔洁旅店采用先收款后住店的核算方式,2019 年 6 月 7 日,财务部门收到服务总台交来现金等有关结算单据及当日"营业收入日报表",见表 13-2。

表 13-2　营业收入日报表

2019 年 6 月 7 日

营业收入（元）					预收房金（元）		备注
项目	单人间	标准间	套房	合计			
房金	1800	6200	3000	11000	上日结存	26000	
加床				0	本日应收	11250	
饮料	36	92	22	150	本日实收	8000	
食品	24	58	18	100	其中：现金	5800	
其他				0	支票		
				0	银行卡	2200	
合计	1860	6350	3040	11250			
出租客房间数：58 间					本日结存	22750	
空置客房间数：23 间					长款：	短款：	

(1) 根据"营业收入日报表"预收房金栏"本日实收"中各科目的数额,对当日收取的房款进行记账。会计分录如下:

借：库存现金　　　　　　　　　　　　　5800

　　银行存款　　　　　　　　　　　　　2178

　　财务费用　　　　　　　　　　　　　　22

　　贷：预收账款——预收房金　　　　　　　　8000

因为,使用银行卡结算,银行要扣除 1% 的手续费,银行在将上述款项打入企业的账户时,已扣除了上述费用。

(2) 根据"营业收入日报表"中"营业收入"栏的"合计"数额,这个数额和"本日应收"栏的金额应该是一致的,进行会计分录如下:

借：预收账款　　　　　　　　　　　　　11250

　　贷：主营业务收入　　　　　　　　　　　10613.21

　　　　应交税费——应交增值税（销项税额）　　636.79

二、先住店后结算方式的核算

先住店后结算方式的核算是指客人进住饭店时，先不支付房费，定期或离店时再结算房款。采用这种收款方式，财务部门每日根据总服务台结账组编制的"客房营业日报表"，按实际应收的房款借记"应收账款——客房欠款"科目，贷记"主营业务收入——客房收入"科目；实际结算房款时，借记"库存现金"或"银行存款"科目，贷记"应收账款——客房欠款"科目。

采用先住店后结算的方式核算客房收入，可采用相应的"营业日记簿"，其格式见表 13-3。

表 13-3　营业日记簿
2019 年 6 月 7 日

房号	房客姓名	入住日期		已住天数	本日营业收入（元）					预收房金（元）				备注
		月	日		房金	加床	饮料	食品	合计	上日结欠	本日应收	本日交付	本日结欠	
101	王清	6	5	2	200	120			320	500	320		820	
102	周强	6	6	1	200		5		205	500	205		705	
201	吴俊	6	4	3	250				250	300	250	550		
205	李华	6	7						—		—		—	
206	朱明	6	5	2	150		5		155	200	155		355	
301	黄晴	6	6	1	150			12	162	200	162		362	
													—	
	合计				950	100	20	22	1092	1700	1092	550	2242	

在表 13-3 中，存在以下关系，"上日结欠"表示截止到上日房客累计拖欠房款的数额；"本日应收"表示当日实际实现的客房收入、零售用品等收入；"本日交付"表示于当日结算的客户实际缴纳的资金；"本日结欠"表示截止到当天（含当日）客户所欠的房款等的总额。

以上几个数据之间存在以下数量关系：

"本日结欠"="上日结欠"+"本日应收"-"本日交付"。当天总台根据"营业日记簿"填列"营业收入日报表"与现金一并送交财务部门入账。

例 13-2

舒尔洁旅店采用先住店后结算的核算方式，2019 年 6 月 7 日，财务部门收到服务总台交来现金等有关结算单据及当日"营业收入日报表",见表13-4。

表13-4 营业收入日报表

2019年6月7日

项目	营业收入（元）				预收房金（元）		备注
	单人间	标准间	套房	合计			
房金	2700	12000	3600	18300	上日结欠	43220	
加床				0	本日应收	18845	
饮料	20	300	30	350	本日实收	18810	
食品	25	120	50	195	其中：现金	12310	
其他				0	支票	3000	
				0	银行卡	3500	
合计	2745	12420	3680	18845			
出租客房间数：58间					本日结欠	43255	
空置客房间数：23间					长款：	短款：	

（1）根据"营业收入日报表"中"营业收入"栏的数额，进行会计分录如下：

借：应收账款——房客　　　　　　　　　　　　　　18845

贷：主营业务收入　　　　　　　　　　　　　　　17778.30

应交税费——应交增值税（销项税额）　　　　1066.70

（2）根据"营业收入日报表"中预收房金栏的"本日实收"各项目中的数额和进账单回单，银行对以银行卡进行结算要收取1%的手续费，进行会计分录如下：

借：库存现金　　　　　　　　　　　　　　　　　　12310

银行存款　　　　　　　　　　　　　　　　　　6465

财务费用　　　　　　　　　　　　　　　　　　　35

贷：应收账款　　　　　　　　　　　　　　　　　18810

大家应该注意到，在先住店后收款的结算方式下，"应收账款"科目替代了原来的"预收账款"科目，该科目是资产类科目，用以核算企业销售商品、提供劳务等业务应向消费者收取的款项。企业经营收入发生应收款项时，记入借方；企业收回应收账项及发生坏账损失时，记入贷方；余额在借方，表示企业尚未收回款项的数额。

三、提供服务的当时收取房费

提供服务的当时收取房费是指旅店在向客人提供服务的当时收取房费,也可以理解为一天一结,采用这种收款方式,财务部门根据总服务台结账组转来的客房"营业收入日报表",按实际收款数,借记"库存现金"或"银行存款"科目,贷记"主营业务收入"科目。

第十四章 小微酒店餐饮企业餐饮业务的会计核算

第一节 餐饮业务概述

一、从生产加工的过程看,餐饮企业类似于工业企业

从饮食制品要经过生产阶段看,一般要经过原材料的采购、生产加工,制成品等环节,这个程序和工业企业基本类似,但餐饮业又不同于工业企业:首先,工业企业生产的产品一般不直接与消费者见面,而是出售给批发商,再通过零售商出售给消费者,而饮食制品则是产销直接见面;其次,工业企业的产品是成批生产的,其机械化、电气化、自动化程度高,而餐饮业的产品是单件、小批生产的,且大多是手工操作,对制作者的技艺要求高。

二、从餐饮企业营销的特点看,餐饮企业类似于零售企业

对餐饮企业而言,它不像专门的食品加工企业(像方便面厂等,属于工业企业),它直接把产品销售给前来就餐的消费者,这一点,和零售类企业是一样的,但又不同于零售商业企业。餐饮企业的特点如图14-1所示。

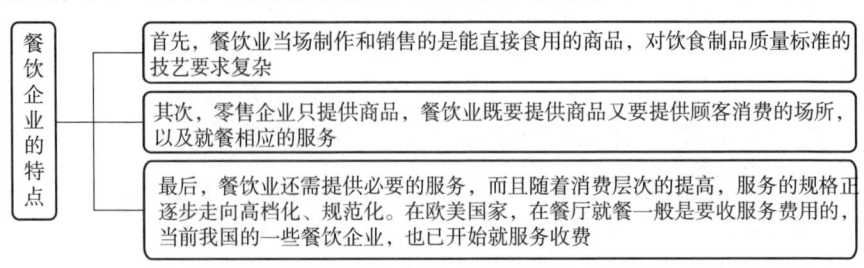

图14-1 餐饮企业的特点

显然，餐饮业具有生产、零售和服务三种职能，但又明显区别于与工业、零售业和服务业。

由于餐饮业具有它独自的经营特点，相应地，在会计核算上也具有与生产、零售、服务业不同的特点。餐饮业饮食制品，一般要求根据配料定额成本和规定的毛利率，自行制定价格，并且，随着季节的变化、采购成本的不同，同一品种不同时令价格变化也较大；饮食制品质量、规格复杂，技艺要求不一，不能像工业企业那样，按产品逐次逐件进行完整的成本计算。另外，由于产销直接见面，饮食制品生产周期短，其生产成本与销售费用划分不清，因此不要求掌握每种产品成本，一般只要求核算经营单位或经营类别耗用的原材料成本以及营业收入和各项费用支出；餐饮业经营过程短，投入产出快，产品一般不需要入库管理，因此，资金周转也快。餐饮业的营业收入大多是一手钱、一手货的现金收入，这样就形成了对餐饮业核算上的特殊要求。

第二节 饮食制品原材料的核算

一、原材料的分类和计价

（一）原材料的分类

餐饮业的原材料可以按在餐饮产品中所起的作用分类，又可以按其存放地点分类，以下将分别予以阐述。

（1）原材料按其在餐饮产品中所起的作用可分为四类，如图14-2所示。

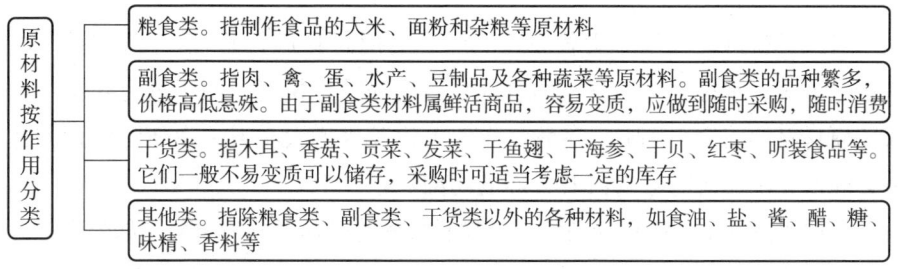

图 14-2 原材料按作用分类

（2）原材料按其存放地点可分为两类，如图 14-3 所示。

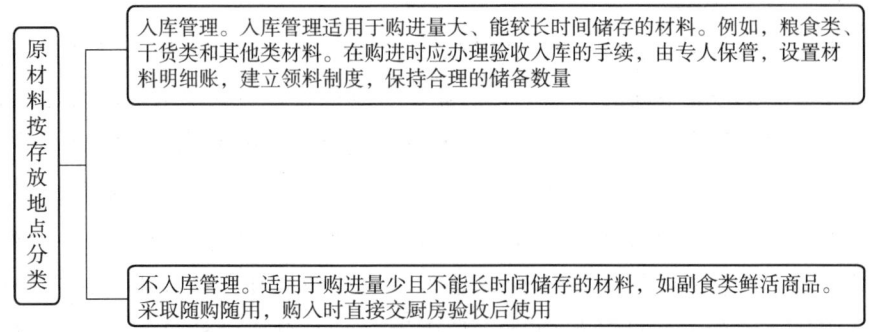

图 14-3　原材料按存放地点分类

（二）原材料的计价

为了正确计算原材料的成本，必须对原材料进行合理的计价，原材料的计价分外购原材料的计价和自制原材料的计价两种（如图 14-4 所示）。

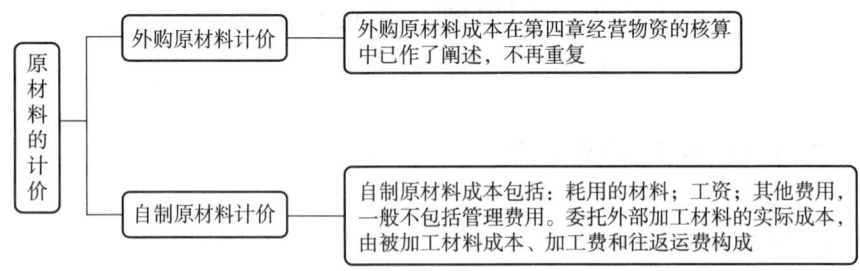

图 14-4　原材料的计价

二、原材料的明细分类核算

对原材料进行明细分类核算，有利于对原材料进行管理，可以使管理者清楚地了解、掌握各种原材料的收入、发出和结存情况，便于进行账实核对，保证原材料的安全。因此，各餐饮企业无论其规模大小或采取何种管理方式，都必须设置一套既有数量又有金额的明细账。

根据各餐饮企业的自身条件，材料明细账的设置可分为两种（如图 14-5 所示）。

```
                    ┌─────────────────┐
                    │ 材料明细账的设置 │
                    └─────────────────┘
                      │              │
┌─────────────────────┴──┐  ┌────────┴──────────────────┐
│ 一种是将整套明细账设置在仓库， │  │ 另一种是因条件限制，仓库仅设置原材料数量 │
│ 由仓库保管员根据材料出入库单 │  │ 明细账，而不设原材料金额明细账。采用这种 │
│ 登记材料收发的数量和金额，并 │  │ 方法同样由保管员登记材料收发数量账，并结 │
│ 负责在月底结出各种材料的余额。 │  │ 出库存数量，同时由财会部门平行地设置一套 │
│ 财会部门则可按仓库设立的原材 │  │ 原材料数量、金额明细账。但因为是两个部门 │
│ 料二级明细账，对仓库的数量、 │  │ 共同完成材料明细账，故而账簿重叠，手续烦 │
│ 金额明细账起到控制和监督的作用 │  │ 琐，一般不宜采用 │
└────────────────────────┘  └──────────────────────────┘
```

图 14-5　材料明细账的设置

三、原材料内部调拨和委托加工的核算

（一）原材料内部调拨的核算

企业内部不独立核算的单位之间原材料的调拨是原材料的内部移库，在核算上原材料总账的金额不发生增减变动，仅在明细账上反映为此增彼减的会计分录。

（1）内部仓库之间的调拨，只需要对原材料的二级科目进行调整即可。

例 14-1

北京京味馆餐厅拥有快餐厅仓库和大堂餐厅仓库两个库房，2019 年 6 月 10 日，将大堂餐厅仓库的 10 袋大米转往快餐厅仓库，账面成本为 600 元，供快餐厨房使用，待填写了出入库单，并把大米运到快餐厅仓库之后，根据内部调拨单，应该进行如下会计分录：

借：原材料——快餐厅（大米）　　　　　　　　　600
　　贷：原材料——大堂餐厅（大米）　　　　　　　　600

（2）由于餐饮业原材料进入厨房操作间之后，很快就能制成产品销售给消费者，因此对于原材料由库房进入厨房之后，就将其确认为成本。对于独立核算成本的内部厨房之间的调拨原材料，因为厨房的原材料已从"原材料"科目转入"主营业务成本"科目，因此对"原材料"科目所属明细科目不作调整，仅调整"主营业务成本"科目所属明细账。

例 14-2

由快餐厅厨房操作间拨给大堂餐厅厨房已水发好的一批海参，计 700 元。

根据内部调拨单，应该进行如下会计分录：

借：主营业务成本——快餐厅厨房　　　　　　　　　　700

　　贷：主营业务成本——大堂餐厅厨房　　　　　　　　　　700

（二）委托加工材料的核算

在餐饮类企业中，对于大宗的食品，出于降低成本的需要，常常以提供原材料，并支付加工费用的形式，委托专业厂家进行加工，委托加工材料的所有权仍属企业所有，加工时暂时由加工单位负责保管，加工完毕后再运回本企业验收入库，因而健全委托加工材料的交接手续，是保证委托加工材料安全完整的重要步骤。

委托外单位加工材料时，要由业务部门与加工单位签订合同，填制委托加工发料单。委托加工发料单一式数联，一联交仓库据以发料和登记保管账，其余各联随加工材料送交委托单位签收，签收后退回两联：一联由业务部门留存据以对委托加工材料进行管理；另一联交财务部门进行核算。

例 14-3

北京京味馆餐厅由于对宽粉的需求量很大，委托华龙淀粉制品厂为其加工宽粉，共发出马铃薯 1000 千克，每千克 2 元，开出委托加工发料单见表 14-1。

表 14-1　委托加工发料单

发料单位：甲库

接受加工单位：华龙淀粉制品厂　　　2019 年 6 月 10 日　　　发料编号：304

材料编号	材料名称及规格	单位	数量	单价（元）	金额	加工后产品		
						名称	单位	数量
304	马铃薯	千克	1000	2	2000.00	宽粉	千克	300
合计					2000.00			50

（1）根据委托加工发料单，进行会计分录如下：

借：委托加工物资——宽粉　　　　　　　　　　　　　2000

　　贷：原材料——蔬菜类（马铃薯）　　　　　　　　　　　2000

（2）以现金 100 元支付运费时，进行会计分录如下：

借：委托加工物资——宽粉　　　　　　　　　　　　　100

　　贷：库存现金　　　　　　　　　　　　　　　　　　　　100

（3）以转账支票支付宽粉加工费用 600 元，进行会计分录如下：

借：委托加工物资——宽粉　　　　　　　　　　　600

贷：银行存款　　　　　　　　　　　　　　　　600

委托加工材料收回时，由业务部门填制"委托加工材料入库单"一式两联，一联由仓库验收后留存；另一联交由财务部门入账。

（4）宽粉 300 千克已加工完成并已验收入库，收到委托加工材料入库单（见表 14-2），宽粉的加工总成本为 2700 元，进行会计分录如下：

借：原材料——干货类（宽粉）　　　　　　　　　2700

贷：委托加工物资——宽粉　　　　　　　　　　2700

表 14-2　委托加工材料入库单

收料部门：第二仓库　　　　2019 年 6 月 20 日

收回原材料名称	单位	数量	耗用原材料				加工费用（元）	往返用费（元）	总成本（元）
			名称	单位	数量	金额			
宽粉	千克	300	马铃薯	千克	1000	2000	600	100	2700
合计									2700

四、原材料发出的核算

就餐饮企业实际情况而言，一般原材料由库房进入操作间后，很快就能加工成食品，并出售给销售者，因此一般不需要通过"生产成本"等科目进行产品成本的归集，餐饮企业发出原材料时，借记"主营业务成本"科目；贷记"原材料"科目。由于各种材料一般都是多批购进，每批购进的单价常会因季节、调价等原因而不同，因此，在发出原材料时应先确定其单价。通常发出材料的计价方法有个别计价法、加权平均法、先进先出法等。这些方法已经在"经营物资"一章中进行了详细的讲解，本处不再重复。

第三节　饮食制品成本的核算

一、饮食制品成本的核算方法

从理论上讲，餐饮产品的成本应是餐饮产品制作过程中人力成本、各种原材料,以及水、电、燃气费用的总和,但由于餐饮产品的种类多,数量零星,生产、销售和服务功能通常融为一体,因此在实务中,很难将所发生的成本费用严格地"对象化",而是将餐饮产品加工制作过程中耗费的人工费、固定资产折旧费、企业管理费用等作为期间费用分别计入销售费用或管理费用中。因而餐饮产品的成本仅指饭店一定时期内耗用的原材料、调料和配料的总成本。

由于餐饮产品具有种类多和数量零星的特点,因此在实际工作中,如果按每一菜(或主食品)核算其单位成本,成本计算的工作将十分繁重。为了减轻成本计算的工作量,餐饮产品的成本通常按总成本或大类成本计算。其总成本的计算与结转可分别采用"永续盘存法"和"实地盘存法"。

(一)永续盘存法

永续盘存法是指按厨房实际领用的原材料数额计算与结转已销餐饮产品总成本的一种方法。采用这种方法,计算出已销产品成本时,应借记"主营业务成本"科目,贷记"原材料"科目。

需要注意的是,若当月领用的原材料厨房全部耗用,产品也全部售出,则领用原材料的合计金额(即"主营业务成本"科目的借方发生额)即为本月已销餐饮产品的总成本;若当月领用的原材料在月份内未用完,那么在计算已销餐饮产品的总成本时,必须将未用完的材料成本扣除。在这种情况下,已销餐饮产品的总成本可采用下列公式计算:

已销餐饮产品的总成本=月初"主营业务成本"+本月"主营业务成本"账户的发生额-月末厨房剩余原材料的盘存额

按规定,厨房对于当月已领未用的原材料成本可保留在"主营业务成本"科目;对于材料应办理退库手续,但如果下月继续耗用,为了简便起见,可办理"假退料"手续。

例 14-4

新城快餐厅厨房 6 月 30 日编制"月末剩余原材料、半成品和待售产成品盘存表",见表 14-3。

表 14-3 月末剩余原材料、半成品和待售产成品盘存表

编制部门：厨房　　　　　　2019 年 6 月 30 日　　　　　　　　　　　单位：元

原料名称	单位	单价	剩余数量	半成品及未出售的制成品						合计	
				甲制成品			乙制成品			材料数量	金额
				数量	单位消耗定额	定额消耗量	数量	单位消耗定额	定额消耗量		
1	2	3	4	3×4	5	6	5×6	7	7×1		
猪肉	千克	18.00	50			0			0	50	900.00
面粉	千克	3.00		32	6	192			0	192	576.00
鸡蛋	千克	5.20				0	120	3	360	360	1872.00
合计											3348.00

根据"月末剩余原材料、半成品和待售产成品盘存表"进行会计分录如下：

　　借：主营业务成本　　　　　　　　　　　　　3348.00
　　　　贷：原材料　　　　　　　　　　　　　　　　　3348.00

下月初根据"月末剩余原材料、半成品和待售产成品盘存表"再填制领料单，进行会计分录如下：

　　借：主营业务成本　　　　　　　　　　　　　3348.00
　　　　贷：原材料　　　　　　　　　　　　　　　　　3348.00

（二）实地盘存法

实地盘存法是按照实际盘存原材料的数额，累计本期已销餐饮产品所消耗原材料成本的一种方法。这种方法只适用于小微餐饮企业。

采用这种方法，平时领用原材料时，不办理领料的核算手续，也不做领料的账务处理。月终，通过盘点库存原材料和厨房已领未用的原材料，计算出月末原材料的实际结存额，然后"以存计销"。计算公式为：

本期已销餐饮产品的总成本＝期初原材料的结存金额＋本期原材料的购进金额－期末原材料的盘存金额

财务部门根据计算出的本期已销餐饮产品所耗用的原材料成本后，应借记"主营业务成本"科目，贷记"原材料"科目。

例 14-5

京味馆餐厅"材料"科目的 2019 年 8 月初余额为 3800 元,本月购进原材料总额为 24000 元,月末根据盘存表计算仓库和厨房结存总额为 4000 元。采用盘存计耗法计算耗用的原材料成本。

耗用材料成本＝3800+24000-4000＝23800(元)

根据计算结果,进行会计分录如下:

借:主营业务成本　　　　　　　　　　　　　　　23800
　　贷:原材料　　　　　　　　　　　　　　　　　　　23800

采用实地盘存方法,虽手续简便,但因平时材料出库无据可查,会将一些材料的丢失、浪费、贪污计入主营业务成本,不利于加强企业管理、降低成本和维护消费者利益。相对而言,采用"永续盘存制"计算产品成本,虽然手续烦琐,但因材料出库有据可查,对耗费材料的成本计算比较准确,从而有利于加强企业管理、降低产品成本和维护消费者的利益。

二、主配料的成本计算

在餐饮类企业中,经常有对一些生鲜食品买回来进行加工后,作为多种食品的主配料,所谓主配料。是指在加工完成的食品中所占成本比例较高,一般构成食品的主要成分。

原材料经初加工后,如果只形成一种半成品,如将大蒜挑选、剥皮之后形成做菜用的蒜米,就属于一料一档;原材料经初加工后,按照品质、用途等产生几种半成品的,即称为一料多档,如一整块猪肉,可以加工成肥、瘦两种肉馅。

(一)一料一档的计算方法

一料一档的下脚料分为两种:一种是不可作价利用的;另一种是可作价利用的。

1. 下脚料不可作价利用的半成品

下脚料不可作价利用的半成品单位成本等于购进原材料的总成本除以加工后半成品的总重量,其计算公式如下:

单位半成品成本＝购进原材料总成本/加工后半成品总重量

例 14-6

京味馆餐厅 2019 年 7 月购进核桃 200 千克，每千克 18 元，加工成了核桃仁，共得到核桃仁 120 千克，核桃壳等下脚料由于没什么用处，作为厨房垃圾处理。

核桃仁单位成本 =（200×18）/120 = 30（元）

2. 下脚料可作价利用的半成品

若有可作价利用的下脚料，则其半成品的单位成本计算公式如下：

单位半成品成本 =（购进原材料总成本 - 下脚料金额）/加工后半成品重量

例 14-7

京味馆餐厅 2019 年 7 月购进新鲜海虾 60 千克，每千克购进价为 20 元，总计 1200 元，经加工后得净虾仁 30 千克。剥虾仁过程中产生的虾头、虾皮等下脚料出售给虾酱制作厂，得款 150 元。求净虾仁的单位成本。

净虾仁单位成本 =（60×20-150）/30 = 35（元）

（二）一料多档的计算方法

原材料经初加工后，产生几种半成品，即称为一料多档，需分别计算各半成品的价格。各半成品价格的总和应等于加工前原材料购进的总价。其中质量好的成本较高，质量较差的成本略低。其计算公式如下：

某未定价半成品单位成本 =［原材料购进总值 - 其他半成品价值之和（包括下脚料价款）］/该项半成品重量

例 14-8

火腿一只重 5 千克，每千克 40 元，经处理得：脚爪和脚圈 0.8 千克，每千克 8 元；下方 1.4 千克，每千克 16 元；中方 1.6 千克，每千克 52 元，求上方的单位成本。

上方单位成本 = 5×40 - 0.8×8 - 1.4×16 - 1.6×52/（5 - 0.8 - 1.4 - 1.6）= 73.33（元）

三、饮食制品的定价方法

对于餐饮企业而言，每推出一道菜品，首先要为其制定合理的价格，常见的定价方法主要有成本毛利率法和销售毛利率法两种。

（一）成本毛利率法

成本毛利率法亦称外加毛利率法，这种定价方法首先需要计算这种食品的成本价格，然后按确定的成本毛利率，在成本价的基础上加成计算出销售价格。其计算公式如下：

饮食制品单价=成本价×（1+成本毛利率）

成本毛利率=（食品单价-成本价）/成本价×100%

例 14-9

京味馆餐厅 2019 年推出一款清蒸鲈鱼的菜品，其成本价为 30 元，按照行业经验，需要定价达到 50% 的成本毛利率，请计算清蒸鲈鱼的单价。

每盆清蒸鲈鱼的单价=30×（1+50%）=45（元）

（二）销售毛利率法

销售毛利率法又称内扣毛利率法，它是以零售价为基数，先确定每种饮食制品的毛利率，也就是零售价减去成本之后的毛利润额占零售价的百分比，再用内扣方式确定饮食制品的售价。其计算公式如下：

售价=原材料成本/（1-销售毛利率）

例 14-10

北京京味馆餐厅 2019 年推出一款清蒸鲈鱼的菜品，其成本价为 30 元，按照行业经验，需要定价达到 40% 的销售毛利率，请计算清蒸鲈鱼的单价。

每盆清蒸鲈鱼的单价=30×（1-40%）=18（元）

第四节　饮食制品销售的核算

一、餐饮企业销售货款结算方式

（一）柜台统一售票

顾客在用餐前先到账台购买专用的定额小票，其格式见表 14-4。或者购买固定品名的筹码，然后凭筹码或专用定额小票领取食品，也可由服务员根据小票的编号和顾客手中的副联票签对号后送至桌上。定额小票系一次性使用，而筹码可循环使用，因此，要加强回收和领用手续的完善。营业结束后，账台收款员要填制售货日报表，经服务员核对签章后，连同营业款一齐交财务部门。

表 14-4　主副食小票

2019 年 6 月 20 日

桌号：18 号			单号：000158
品名	单价（元）	数量	金额（元）
蘑菇肉片	18.00	1	18.00
酸辣汤	8.00	1	8.00
米饭	1.00	2	2.00
合计			28.00
实收现金：50.00		找零：22.00 元	
收款人：李平			

（二）服务员开票收款

服务员到桌边，先由顾客点菜，再开票、收款，然后由服务员负责到账台结算，收款员在小票上签章后，一联由服务员送至厨房领菜，另一联留存。待营业结束后，服务员与收款员分别统计所收的金额，核对无误后，由服务员在收款员的"收款核对表"上签字证明。收款核对表的格式如表 14-5 所示。

表 14-5　收款核对表

2019 年 6 月

工号	服务员姓名	收到金额（元）	服务员签字	备注
1	李雅	1100.00		
2	张强	2000.00		
3	王娟	870.00		
合计		3970.00		
实收金额（大写）：叁仟玖佰柒拾元整			长/短款：　　元	收款人：李娜

（三）先就餐后结算

顾客入座点菜后，由服务员填写小票一式两联，顾客不立即付款。小票的第一联交厨房作为取菜凭证留存，顾客进餐后，服务员按小票算账，然后凭第二联向顾客收款。营业结束后，收款台、厨房、服务员分别结算销售额和发菜额，三方核对相符后共同在汇总表上签字证明。

（四）一手钱一手货

顾客直接以货币到柜台购买饮食制品，此法适用于经营品种简单且规格化的产品。这种方式手续简便，但必须进行数量登记，食品交服务员销售时，由产销双方登记数量；业务终了时，由服务员进行盘存核对，其计算公式如下：

销售数量＝上班结存＋本班生产/或提货－班末结存

应收回的销售金额＝销售数量×单价

应收回的销售金额应与实收金额进行对比，确定盈亏，编制产销核对表，其格式如表14-6所示。

表14-6 产销核对表

2019年6月25日

品名	应收钱款（元）	实收钱款（元）	盈+亏-（元）	备注
桃酥	1800	1820	20	
蛋挞	2000	1980	-20	

生产人员：李元　　　　　　　　　　　　　　　　　　　　销售人员：张林

二、餐饮收入的主要类别

餐饮收入是指饭店为宾客提供餐饮、酒席、宴会等而取得的收入。餐饮收入的主要类别如图14-6所示。

三、餐饮企业销售收入的核算

（一）餐饮企业一般销售收入的核算

餐饮企业在当天营业结束后，由收款员根据"收款核对表""收款登记

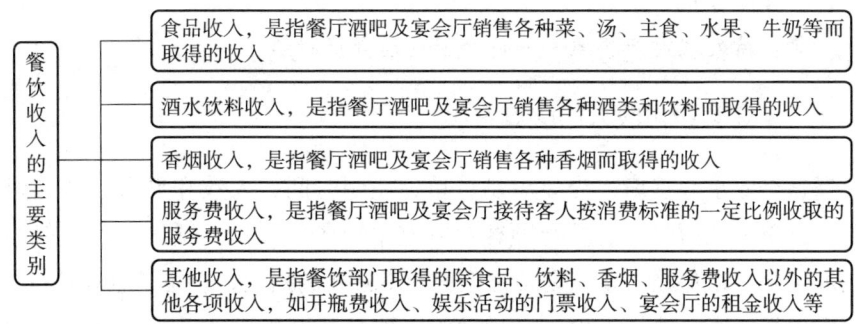

图 14-6 餐饮收入的主要类别

表"和"产销核对表"等凭证，汇总编制"营业收入日报表"（见表 14-7），与所收现金一并交财务部门。或由收款人自行填写现金解款单存至银行，凭银行解款单回单向财务部门报账，销售收入的现金不得用于坐支及其他开支，如有长短款，应在"营业收入日报表"中分别填列，不得以长补短。

例 14-11

营业部门转来"营业收入日报表"，列明应收金额 3752 元，实收现金 3751 元，现金已解存银行，短缺现金 1 元，原因待查。

表 14-7 营业收入日报表

2019 年 6 月 28 日

项目	应收金额	实收金额	溢款+缺款-	备注
1. 门市收入	3180	3180	—	
2. 外卖收入	572	571	-1	
合计	3752	3751	-1	—

（1）根据营业收入日报表，进行会计分录如下：

借：库存现金　　　　　　　　　　　　　　　　　　　3751

　　待处理财产损溢——待处理流动资产损溢　　　　　1

　　　贷：主营业务收入　　　　　　　　　　　　　　3752

（2）根据解款单回单联，进行会计分录如下：

借：银行存款　　　　　　　　　　　　　　　　　　　3751

　　　贷：库存现金　　　　　　　　　　　　　　　　3751

（3）查明短缺 1 元，系工作中差错，经批准由企业列支，进行会计分录如下：

借：管理费用　　　　　　　　　　　　　　　　　　　　1
　　贷：待处理财产损溢——待处理流动资产损溢　　　　　1

（二）宴会销售收入的核算

餐饮企业承办宴席，先要填制订单，注明时间、人数和桌数，并应附上菜单。订单一式两份，餐厅与顾客双方签字后各执一份。预订宴席一般要预先收取定金，以免顾客取消宴席时，遭受不必要的损失，以维护企业的权益。

由于烟、酒、饮料等价格差异较大，而且顾客需求的差异较大，有时候在订餐时并不预订，而是就餐时单点，这种情况下就需要按实用数量另行收费。

例 14-12

京味馆饭庄 2019 年 7 月接受李先生预订了 4 桌生日宴席，每桌价款 1200 元（不含酒水饮料），预订时先交 20% 的定金，余款待消费之后再结清。

（1）预收定金 960 元，收到现金后，进行会计分录如下：

借：库存现金　　　　　　　　　　　　　　　　　　　960
　　贷：预收账款——宴席定金（李先生）　　　　　　　　960

（2）宴席结束，4 桌宴席共计 4800 元，外加烟、酒、饮料款 500 元，共计 5300 元，扣除定金后，补交现金 4340 元，进行会计分录如下：

借：库存现金　　　　　　　　　　　　　　　　　　　4340
　　预收账款——宴席定金　　　　　　　　　　　　　　960
　　贷：主营业务收入——宴席收入　　　　　　　　　　4528.30
　　　　　　　　　　——酒水收入　　　　　　　　　　471.70
　　　　应交税费——应交增值税（销项税额）　　　　　300

第十五章 小微酒店餐饮企业多种服务业务的会计核算

第一节 美容美发业务的会计核算

一、美容经营业务概述

随着人民生活水平的不断提高和科学技术水平的进步,美容消费正成为人们普遍的消费。美容经营业务是指通过服务人员使用美容设备工具,为满足消费者美容需要而收取一定费用的服务业务。其服务项目主要有脸部护理、文眼线、文眉、修指甲、剪发、修面、吹风、烫发、焗油、按摩等。随着科技水平的进一步提高,美容的服务项目正在不断扩展。

美容的核算与前述旅店业务核算一样,不核算成本,只核算期间费用。本节只介绍其营业收入的核算,期间费用的核算在后续章节阐述。

二、美发业主营业务收入的内容

美发业是为顾客进行修剪、烫发、磨修和制作各式新颖发型等的行业。其主营业务收入的内容见表15-1。

表15-1 美发业主营业务收入的内容

男发收入	是指美容美发店为男顾客提供洗、剪、吹、烫等所取得的服务收入
女发收入	是指美容美发店为女顾客提供洗、剪、吹、烫等所取得的服务收入
美容收入	是指美容美发店为顾客提供的洗面、护肤等所取的服务收入
按摩收入	是指美容美发店为顾客提供按摩、推拿等服务所取得的收入
其他收入	是指美容美发店为顾客提供上述以外的服务所取得的收入。如代售产品收入等

三、美容美发经营业务的核算

美容美发业一般有三种收费方式：

（一）先收款后服务

一般大、中型的美容厅均设有统一收款台，由收款员专门负责收款。顾客来美容时，先到收款台按自己要求服务的项目交款，收款员收款后，发给小票（小牌），顾客凭小票（小牌）顺序美容，也可按顾客意愿挑选服务人员进行美容。营业终了，收款员收到的现金与各个服务人员收到的小票（小牌）核对无误后，填制"营业收入日报表"。营业收入日报表一般一式两份，一份留底，一份连同现金送交财务部门记账。

在这种收费模式下，财务部门按照"营业收入日报表"中记录的"当日营业收入合计"确认当天的主营业务收入。

（二）先预缴费用，消费时扣减余额

很多美容美发企业，为了及时收回投资，均发行了消费卡，持卡的客户先预缴一定款项，每次消费时，从其消费卡中减去相应的消费金额即可。由于持有消费卡的客户一般可以享受较大幅度的折扣，发卡的单位又可以及时收回投资，因此，这种结算方式发展很迅速。

在实行这种收款模式的情况下，售出消费卡时，借记"库存现金"，贷记"预收账款——消费卡"；当顾客消费之后，按照实际应该收取的款项，借记"预收账款——消费卡"，贷记"主营业务收入"。

（三）先服务后收款

有的中小微美容企业不专设收款台，而由美容服务人员先为顾客服务，服务完毕后再根据服务项目按标准收费。

采用这种收款方式的企业，服务人员收费后应及时登记"营业收入台账"，分别登记每一服务人员服务项目的收费数。每日营业终了，有专人负责根据台账统计每一服务人员服务的人次及收入金额，经与现金核对无误后，填制"营业收入日报表"。

不论采用哪种收款方式，财务部门根据营业部门交来的"营业收入日报

表"入账。

例 15-1

2019 年 6 月 25 日,俏佳人美容美发公司前台向公司财务部交来现金和"营业收入日报表"(见表 15-2),当天的营业收入中,收取现金 7200 元,消费卡刷卡 1880 元,应该进行以下账务处理:

表 15-2 营业收入日报表

2019 年 6 月 25 日

项目	服务人次	单价（元）	金额（元）	备注
一、美容部收入			5380	
其中：面部护理	42	100	4200	
文眼线	3	160	480	
修指甲	10	40	400	
按摩	1	300	300	
二、理发部收入			5870	
其中：剪发	100	22	2200	
吹风	28	10	280	
染发	16	100	1600	
焗油	9	110	990	
其他	10	80	800	
当日营业收入合计：11250 元；收取现金：7200 元；消费卡：4050 元				

根据"营业收入日报表",进行会计分录如下:

借：库存现金　　　　　　　　　　　　　　　　　　　7200
　　预收账款——消费卡　　　　　　　　　　　　　　4050
　贷：主营业务收入——美容部收入　　　　　　　　 5075.47
　　　　　　　　　　——理发部收入　　　　　　　　5537.74
　　应交税费——应交增值税（销项税额）　　　　　　 636.79

第二节　洗浴业的会计核算

洗浴业是服务行业的重要组成部分,它是以服务人员的辛勤劳动、特种技艺,应用各种服务设备,为人们提供洁身、健身、治病等综合服务的行业。洗浴业经营的服务项目有蒸汽浴、热水澡、助浴、修脚、捏脚、头部护理等。

为满足社会的需要,有的浴池企业还兼营住宿、美容、洗衣等业务,有的还附设小卖部销售食品、水果、香烟、火柴、肥皂等物品。

一、洗浴业的服务收款

洗浴业的服务收款方式一般是先收款后服务的方式。在浴室入门处设立售票间(台),由专人负责售票。顾客根据自己需要服务的项目,付清浴资;收款员根据不同的服务项目、服务等级给顾客以不同的浴筹。

营业部门根据售筹和收款情况,在营业终了时与回收的浴资核对无误后填写"营业收入日报表"。

二、洗浴业的收入类别

洗浴业是向顾客提供洗浴设备以及进行服务性劳务的行业。其主营业务收入类别如图15-1所示。

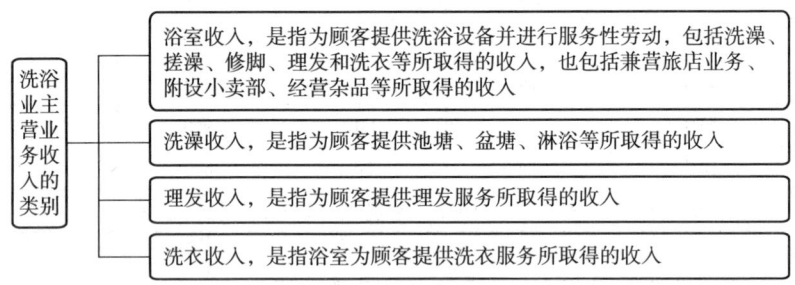

图15-1　洗浴业主营业务收入的类别

三、浴室经营业务的核算

洗浴业的服务收入主要是指浴室的浴费收入,财务部门以业务部门交来的"营业收入日报表"为核算依据,分服务项目核算服务收入。洗浴业的业务收入核算与美容美发业相似,在此不再赘述。

例15-2

2019年6月10日,东海水晶洗浴中心前台向公司财务部交来现金和"营业收入日报表"(见表15-3)。

表 15-3 营业收入日报表

2019 年 6 月 10 日

项目	服务人次	单价（元）	金额（元）	备注
一、洗浴收入			4500.00	
（一）男部			2300.00	
洗浴	100	15	1500.00	
搓澡	40	20	800.00	
（二）女部			2200.00	
洗浴	75	20	1500.00	
搓澡	35	20	700.00	
二、大厅收入			3060.00	
其中：休息	156	10	1560.00	
香烟			650.00	
饮料			550.00	
茶水			300.00	
三、按摩收入			8120.00	
其中：足部按摩	73	40	2920.00	
全身按摩	65	80	5200.00	
当日营业收入合计			15680.00	

假设当日全部为现金结算，根据当日的营业状况，应进行以下会计分录：

借：库存现金　　　　　　　　　　　　　　　　　　15680

　贷：主营业务收入——洗浴收入　　　　　　　　　4245.28

　　　　　　　　——大厅收入　　　　　　　　　　2886.79

　　　　　　　　——按摩收入　　　　　　　　　　7660.38

　　应交税费——应交增值税（销项税额）　　　　　887.55

第三节　洗染经营业务的会计核算

　　洗染业是从事服装、被褥及纺织品的洗烫、染色、织补、干洗、印字、去渍等业务的服务行业。由于服务项目种类繁杂，数量又多，为完善管理，防止差错，应建立严格的收发、核对制度。

　　洗染业的营业收款办法一般是先服务、后收款。营业员在接收来件时，填写一式三联的"取衣凭单"，凭单上注明衣物的品名、颜色、质地、数量，送件人的姓名、地址，送取件日期等。该凭单一联交顾客作取件凭证，另一联由业务部门保存并据以登记"营业日记簿"（见表15-4）。"营业日记簿"是由营业员根据"取衣凭单"存根逐笔序时登记，计算出逐日营业额和累计营业额的簿籍。根据它可以检查到期衣服是否完工，记载取件及收款日期，并作为月终盘点衣物的主要依据。每日营业终了，营业员根据营业日记簿和取衣凭单存根编制"营业收入日报表"，一式两联，一联留底，一联连同现金送财务部门。

洗染业有时由于管理上和技术操作上的缺点，发生衣物损坏或差错，需要作减免收费的或作价赔偿的，应在收衣凭单上注明原因，请顾客签字证明。需要减免收费的由负责人审批签字后在当日"营业收入日报表"抵减当天收入数，需要作价赔偿的，应由负责人签字后列入"营业外支出"科目。

表15-4　营业日记簿

单位：元

月	日	顾客	单号	品名	数量	加工种类					金额	取衣时间
						干洗	水洗	织补	上光	其他		
3	3	王金	200703001	皮夹克	1	30			50		80	3月10日
3	3	李明	200703001	毛毯	1	120					120	3月8日
3	3	张水	200703001	毛呢大衣	1	60					60	3月13日
3	3	李强	200703001	毛料西装	2	30		10			40	3月7日
		当日营业收入合计				240	0	10	50	0	300	

例 15-3

2019年6月27日，大华洗衣店第一分店向公司财务部交来现金和"营业收入日报表"（见表15-5）。

表15-5　营业收入日报表

2019年6月27日

项目	本日发生		本月累计		备注
	件数（件）	金额（元）	件数（件）	金额（元）	
营业收入合计	235	6076	654	18100	
其中：干洗	130	2560	269	9720	
水洗	140	2870	320	6260	
熨烫	35	356	60	1250	
皮衣保养	2	290	5	870	
其他					
收回金额（元）		6076			

假设当日全部为现金结算,根据当日的营业状况,应进行以下会计分录:

  借:库存现金   6076
    贷:主营业务收入——干洗收入   2415.09
          ——水洗收入   2707.55
          ——熨烫收入   335.85
          ——皮衣保养   273.58
    应交税费——应交增值税(销项税额) 343.93

第四节 照相经营业务的会计核算

照相业是利用摄影艺术和造型艺术,为顾客提供人物和实物影像的经营服务型行业。照相业服务的项目有照相、扩印、代客冲洗和出售胶卷,出租礼服、首饰业务;有的照相企业还经营照相器材和相册的零售、照相机出租和修理、代客邮寄的业务。

照相经营业务的核算除包括照相收入、零售业务收入、出租业务收入的核算外,还包括原材料、成本的核算。

一、照相行业各种收入的核算

(一)照相业务收入核算

照相企业一般是根据拍摄要求先收款、后交件的。顾客照相、添印放大时,先到营业柜组开票交款,营业柜组收妥现款和来件时填制一式三联"工作单",一联交顾客凭单取件,一联是工作凭证,一联留作存根。每日营业终了,将存根汇总金额与收到的现金核对无误后,填制"营业收入日报表"。该表一式两联,一联留存,一联连同现金送交财务部门入账。

例 15-4

2019 年 6 月 27 日,鸿运照相馆收到业务部门交来的现金及"营业日报表"(见表 15-6)。

表 15-6 营业收入日报表

2019 年 6 月 27 日

项目	数量	单价（元）	金额（元）	备注
一、照相收入			2386.00	
其中：1 寸	88	12	1056.00	
2 寸	26	15	390.00	
8 寸	12	40	480.00	
10 寸	5	60	300.00	
12 寸	2	80	160.00	
二、彩扩收入			264.00	
其中：整卷 5 寸	120	0.6	72.00	
整卷 6 寸	12	1	12.00	
散片加印 5 寸（张）	120	0.8	96.00	
散片加印 6 寸（张）	70	1.2	84.00	
三、冲洗收入			300.00	
冲卷费（卷）	75	4	300.00	
四、其他收入			200.00	
彩色胶卷	10	20	200.00	
黑白胶卷			—	
电池			—	
当日营业收入合计			3150.00	

进行会计分录如下：

借：库存现金　　　　　　　　　　　　　　　　　　3150

　　贷：主营业务收入——照相收入　　　　　　　　2250.94

　　　　　　　　——彩扩收入　　　　　　　　　　249.06

　　　　　　　　——冲洗收入　　　　　　　　　　283.02

　　　　　　　　——其他收入　　　　　　　　　　188.68

　　　　应交税费——应交增值税（销项税额）　　　178.30

照相业的各种产品，由于质量问题或顾客提出异议，可以补照。如果顾客因时间不允许不能补照时，在征得企业负责人同意后，视情况可以部分退款或全部退款；退款时需填写"退款单"。大多数照相企业是利用原工作单用红字填写，由顾客签字，再经领导签字后，退付现金，而且随同营业收入日报表送财务部门作冲减主营业务收入处理。进行账务处理时，财务人员可根据退款单，借记"主营业务收入——原照收入"科目；贷记"库存现金"

科目。

（二）出租业务收入的核算

照相企业出租业务一般有两类：一类是出租礼服、首饰；另一类是出租照相机。

出租的礼服、首饰是顾客用来拍摄照片的，一般拍摄前由服务人员为其穿戴，然后在本企业拍摄，因此不收押金，其租费已计入拍摄费内。

出租照相工具一般需要收取押金，顾客能当天归还的不予入账，如当天不能归还的，收取的押金在"其他应付款"科目核算。收取时，借记"库存现金"科目，贷记"其他应付款"科目。顾客在归还照相工具时，应先扣除其租金后再退还其押金。届时，根据原收押金数额借记"其他应付款"科目；根据应收租金数额贷记"主营业务收入"科目；两者之间的差额，则是应退给顾客的现金，应贷记"库存现金"科目。

（三）代办照片邮寄的核算

为满足外地顾客的需要，一些照相企业还专设代办邮寄照片的业务。在接受外地游客的邮寄时，除拍摄费用外，另外收取一定的代办费用。代办费用收入一般在"其他应付款"总账科目下设"暂收邮资"明细分类科目进行核算。收取代办费的同时，借记"库存现金"科目，贷记"其他应付款——暂收邮资"科目；在购买邮票、办理邮寄时，借记"其他应付款——暂收邮资"科目，贷记"库存现金"科目。

二、照相业的成本核算

照相业的成本核算，只核算耗用原材料总成本，不计算每种产品的单位成本。除耗用的原材料外，发生的其他各项费用，都不计入成本，而作为销售费用处理。照相企业因加工生产的需要耗用一定数量的原材料，而原材料一般都有一定的储存期限，过期失效，其中有一些原材料或易感光，或易燃。因此，必须建立健全原材料保管制度，为及时反映原材料收发、领用、储存的数量和有效期，因此，应设置"原材料"科目进行分别核算。

（一）照相业原材料购进的核算

照相企业购进的胶片、相纸、显影药水的价格一般包括买价和采购费用。买价即指供货单位发票上的价格，采购费用是指能够认定的购进材料时由本企业支付的包装费、搬运费及运输费。

购入时，财务部门根据发票、运单及付款凭证，借记"原材料"科目，贷记"银行存款"科目。

例 15-5

风光照相馆 2019 年 5 月 25 日向东方商厦购入一批相纸，价款 2000 元，向永新公司购入显影药水 1500 元，定影药水 400 元，暂不考虑相关税费的影响。上列货到，经验收入库，货款当即以银行存款支付。进行会计分录如下：

借：材料——相纸　　　　　　　　　　　　　　2000
　　　　——药水　　　　　　　　　　　　　　1900
　　贷：银行存款　　　　　　　　　　　　　　3900

（二）照相业原材料领用的核算

照相业的生产部门因生产、加工照片需要的相纸、药水等原材料，可由加工人员到库房去领用；领用时填写领料单，财务部门根据领料单上领用材料的金额，借记"主营业务成本"科目，贷记"原材料"科目。

为正确核算当月的实际总成本，月末生产车间要对原材料进行盘点，对当月领而未用的原材料实行假退料，财务部门根据盘存表用"红字"借记"主营业务成本"科目，贷记"原材料"科目。下月初，再按原数字用"蓝字"冲回。

（三）照相业主营业务成本核算

照相业主营业务成本的核算，主要是对加工业务领用原材料核算，其耗用量可按领料单扣除领而未用数量计算；其单价可按先进先出法或加权平均法计算，按照耗用量乘以平均单价即可算出主营业务成本，在月末将"主营业务成本"科目的借方本月发生额合计数借记"本年利润"科目，贷记"主营业务成本"科目。

第十六章 小微酒店餐饮企业的财务会计报告

第一节 财务会计报告概述

一、财务会计报告的意义

财务会计报告是指反映小微企业某一特定日期财务状况和某一会计期间经营成果及资金变动情况的总结性书面文件。它以账簿记录为依据，利用统一的货币计量单位，按照统一规定的格式、内容和编制方法，定期编制。

财务会计报告对于企业的管理者、投资者和潜在的投资者、债权人、国家税务机关等了解企业的财务经营状况等都具有重要的意义。

二、小微企业财务会计报告的构成

（一）按时间顺序编报

企业的财务报告从编报的时间上看，包括年度、半年度、季度和月度会计报告。

月度、季度财务会计报告是指月度和季度终了提供的财务会计报告，通常仅指会计报表；半年度财务会计报告是指在每个会计年度的前六个月结束后，对外提供的财务会计报告，半年度、季度和月度财务会计报告统称为中期财务会计报告。年度财务会计报告是指年度终了对外提供的财务会计报告。

（二）按内容编报

企业财务会计报告从内容上看是由会计报表和会计报表附注组成（如图16-1所示）。

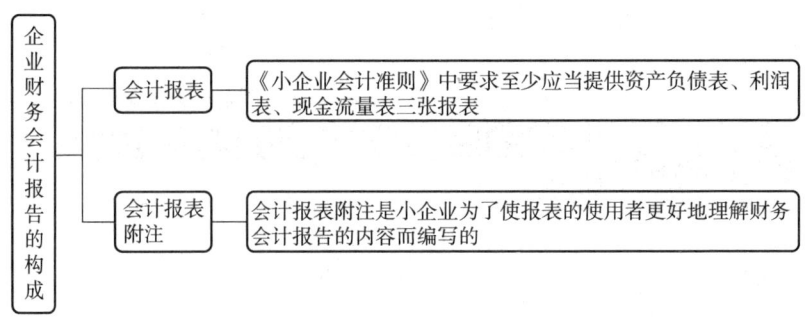

图 16-1　企业财务会计报告的构成

鉴于小微企业自身的特点,对于其提供的财务会计报告有特殊的规定,主要体现了务实、从简的原则。根据我国《小企业会计准则》的规定,小微企业的财务报表至少应当包括资产负债表、利润表、现金流量表和附注。而且按照编报的不同,小微企业只需编制年度和月度财务会计报告,对半年度和季度财务会计报告没有硬性要求。具体的小微企业财务会计报表体系见表16-1。

表 16-1　小微企业财务会计报表体系

编号	会计报表名称	编报期
会小企 01 表	资产负债表	月度报告、年度报告
会小企 02 表	利润表	月度报告、年度报告
会小企 03 表	现金流量表	月度报告、年度报告

三、财务会计报告的编制要求

为充分发挥财务会计报告的作用,达到利用会计报告有效地管理经济的目的,编制财务会计报告要做到"数字真实、计算准确、内容完整、报送及时"(见表 16-2)。

表 16-2　财务会计报告的编制要求

数字真实	为了保证会计报表的数字真实、准确,应做到以下几点:①报告期内所有的经济业务必须全部登记入账,应根据真实的交易事项和完整、准确的账簿记录编制会计报表,要按照规定的结账日进行结账,不得提前或者延迟。②在编制会计报表之前,应认真核对账簿记录,做到账证相符、账账相符、账实相符。发现有不符之处,应先查明原因,加以改正,再据以编制会计报表。③在编制会计报表时,要核对会计报表之间的数字。各种会计报表之间,以及同一会计报表各项目之间,凡有对应关系的数字都要核对相符;本期会计报表与上期会计报表之间有关的数字应相互衔接,本年度会计报表与上年度会计报表之间的相关指标数字应衔接一致

续表

计算准确	小微企业会计报表的指标、数字,必须按规定进行计算,做到计算准确无误
内容完整	小微企业编制的会计报表,其种类和内容必须完整。会计制度规定的报表,都应编制齐全,不得漏编;各种报表上规定填列的项目,不论是表内项目或补充资料,都应填列齐全,不得漏填;若某一项目无指标数字,应在项目内画"—"符号,以免误解。汇编部门在编制汇总报表时,对所属单位的报表,必须全部汇总,不得漏汇
报送及时	小微企业会计报表必须在规定的时间内及时上报

另外,小微企业不得违反规定,随意改变财务会计报告的编制基础、编制依据、编制原则和方法,不得随意改变《小企业会计准则》所规定的财务报告有关数据的会计口径。

第二节 资产负债表

一、资产负债表概述

(一)资产负债表的概念及内容

资产负债表是反映小微企业某一特定日期财务状况的会计报表,例如公历每年12月31日的财务状况。由于资产负债表反映的是某一时点的情况,所以,它又被称为静态报表。

通过资产负债表,可以反映某一日期资产总额及其结构,表明小微企业拥有或控制的经济资源及其分布情况;可以提供某一日期的负债总额及其结构,表明小微企业未来需要用多少资产或劳务清偿债务以及清偿时间;可以反映所有者所拥有的权益,表明投资者在企业资产中所占的份额。资产负债表是小微企业最基本的财务会计报表,其主要内容如图16-2所示。

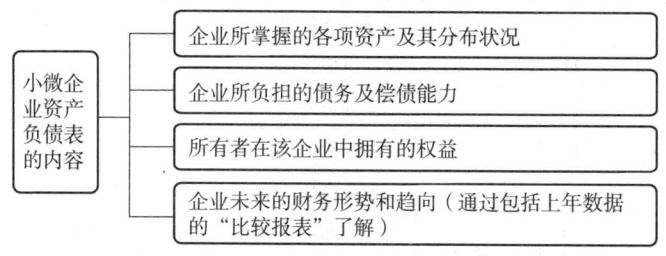

图16-2 小微企业资产负债表的内容

（二）资产负债表的格式

资产负债表采用账户式结构，报表分为左右两列，左方列示资产各项目，反映全部资产的分布及存在形态；右方列示负债和所有者权益各项目，反映全部负债和所有者权益的内容及构成情况。资产负债表左右双方平衡，资产总计等于负债和所有者权益总计，即"资产=负债+所有者权益"。此外，为了使用者通过比较不同时点资产负债表的数据，掌握小微企业财务状况的变动情况及发展趋势，小微企业需要提供比较资产负债表，资产负债表分为"年初余额"和"期末余额"两栏分别填列。

二、资产负债表的编制方法

资产负债表的编制方法见表 16-3。

表 16-3 资产负债表

编制单位：　　　　　　　　　年　月　日　　　　　　　　　单位：元

资产	行次	期末余额	年初余额	负债和所有者权益	行次	期末余额	年初余额
流动资产：				流动负债：			
货币资金	1			短期借款	31		
短期投资	2			应付票据	32		
应收票据	3			应付账款	33		
应收账款	4			预收账款	34		
预付账款	5			应付职工薪酬	35		
应收股利	6			应交税费	36		
应收利息	7			应付利息	37		
其他应收款	8			应付利润	38		
存货	9			其他应付款	39		
其中：原材料	10			其他流动负债	40		
在产品	11			流动负债合计	41		
库存商品	12			非流动负债：			
周转材料	13			长期借款	42		
其他流动资产	14			长期应付款	43		
流动资产合计	15			递延收益	44		
非流动资产：				其他非流动负债	45		

续表

资产	行次	期末余额	年初余额	负债和所有者权益	行次	期末余额	年初余额
长期债券投资	16			非流动负债合计	46		
长期股权投资	17			负债合计	47		
固定资产原价	18			所有者权益（或股东权益）：			
减：累计折旧	19			实收资本（或股本）	48		
固定资产账面价值	20			资本公积	49		
在建工程	21			盈余公积	50		
工程物资	22			未分配利润	51		
固定资产清理	23			所有者权益（或股东权益）合计	52		
生产性生物资产	24			负债和所有者权益（或股东权益）总计	53		
无形资产	25						
开发支出	26						
长期待摊费用	27						
其他非流动资产	28						
非流动资产合计	29						
资产总计	30						

小微企业（中外合作经营）根据合同规定在合作期间归还投资者的投资，应在"实收资本（或股本）"项目下增加"减：已归还投资"项目单独列示。

（1）本表反映小微企业某一特定日期全部资产、负债和所有者权益的情况。

（2）本表"年初余额"栏内各项数字，应根据上年末资产负债表"期末余额"栏内所列数字填列。

（3）本表"期末余额"各项目的内容和填列方法如下：

①"货币资金"项目，反映小微企业库存现金、银行存款、其他货币资金的合计数。本项目应根据"库存现金""银行存款"和"其他货币资金"科目的期末余额合计填列。

②"短期投资"项目，反映小微企业购入的能随时变现并且持有时间不准备超过1年的股票、债券和基金投资的余额。本项目应根据"短期投资"

科目的期末余额填列。

③"应收票据"项目，反映小微企业收到的未到期收款也未向银行贴现的应收票据（银行承兑汇票和商业承兑汇票）。本项目应根据"应收票据"科目的期末余额填列。

④"应收账款"项目，反映小微企业因销售商品、提供劳务等日常生产经营活动应收取的款项。本项目应根据"应收账款"的期末余额分析填列。如"应收账款"科目期末为贷方余额，应当在"预收账款"项目列示。

⑤"预付账款"项目，反映小微企业按照合同规定预付的款项。包括：根据合同规定预付的购货款、租金、工程款等。本项目应根据"预付账款"科目的期末借方余额填列；如"预付账款"科目期末为贷方余额，应当在"应付账款"项目列示。

属于超过1年期以上的预付账款的借方余额应当在"其他非流动资产"项目列示。

⑥"应收股利"项目，反映小微企业应收取的现金股利或利润。本项目应根据"应收股利"科目的期末余额填列。

⑦"应收利息"项目，反映小微企业债券投资应收取的利息。小微企业购入一次还本付息债券应收的利息，不包括在本项目内。本项目应根据"应收利息"科目的期末余额填列。

⑧"其他应收款"项目，反映小微企业除应收票据、应收账款、预付账款、应收股利、应收利息等以外的其他各种应收及暂付款项。包括：各种应收的赔款、应向职工收取的各种垫付款项等。本项目应根据"其他应收款"科目的期末余额填列。

⑨"存货"项目，反映小微企业期末在库、在途和在加工中的各项存货的成本。包括：各种原材料、在产品、半成品、产成品、商品、周转材料（包装物、低值易耗品等）、消耗性生物资产等。本项目应根据"材料采购""在途物资""原材料""材料成本差异""生产成本""库存商品""商品进销差价""委托加工物资""周转材料""消耗性生物资产"等科目的期末余额分析填列。

⑩"其他流动资产"项目，反映小微企业除以上流动资产项目外的其他流动资产（含1年内到期的非流动资产）。本项目应根据有关科目的期末余额分析填列。

⑪"长期债券投资"项目，反映小微企业准备长期持有的债券投资的本

息。本项目应根据"长期债券投资"科目的期末余额分析填列。

⑫"长期股权投资"项目，反映小微企业准备长期持有的权益性投资的成本。本项目应根据"长期股权投资"科目的期末余额填列。

⑬"固定资产原价"和"累计折旧"项目，反映小微企业固定资产的原价（成本）及累计折旧。这两个项目应根据"固定资产"科目和"累计折旧"科目的期末余额填列。

⑭"固定资产账面价值"项目，反映小微企业固定资产原价扣除累计折旧后的余额。本项目应根据"固定资产"科目的期末余额减去"累计折旧"科目的期末余额后的金额填列。

⑮"在建工程"项目，反映小微企业尚未完工或虽已完工，但尚未办理竣工决算的工程成本。本项目应根据"在建工程"科目的期末余额填列。

⑯"工程物资"项目，反映小微企业为在建工程准备的各种物资的成本。本项目应根据"工程物资"科目的期末余额填列。

⑰"固定资产清理"项目，反映小微企业因出售、报废、毁损、对外投资等原因处置固定资产所转出的固定资产账面价值以及在清理过程中发生的费用等。本项目应根据"固定资产清理"科目的期末借方余额填列；如"固定资产清理"科目期末为贷方余额，以"一"号填列。

⑱"生产性生物资产"项目，反映小微企业生产性生物资产的账面价值。本项目应根据"生产性生物资产"科目的期末余额减去"生产性生物资产累计折旧"科目的期末余额后的金额填列。

⑲"无形资产"项目，反映小微企业无形资产的账面价值。本项目应根据"无形资产"科目的期末余额减去"累计摊销"科目的期末余额后的金额填列。

⑳"开发支出"项目，反映小微企业正在进行的无形资产研究开发项目满足资本化条件的支出。本项目应根据"研发支出"科目的期末余额填列。

㉑"长期待摊费用"项目，反映小微企业尚未摊销完毕的已提足折旧的固定资产的改建支出、经营租入固定资产的改建支出、固定资产的大修理支出和其他长期待摊费用。本项目应根据"长期待摊费用"科目的期末余额分析填列。

㉒"其他非流动资产"项目，反映小微企业除以上非流动资产以外的其他非流动资产。本项目应根据有关科目的期末余额分析填列。

㉓"短期借款"项目，反映小微企业向银行或其他金融机构等借入的期

限在1年内的、尚未偿还的各种借款本金。本项目应根据"短期借款"科目的期末余额填列。

㉔"应付票据"项目，反映小微企业因购买材料、商品和接受劳务等日常生产经营活动开出、承兑的商业汇票（银行承兑汇票和商业承兑汇票）尚未到期的票面金额。本项目应根据"应付票据"科目的期末余额填列。

㉕"应付账款"项目，反映小微企业因购买材料、商品和接受劳务等日常生产经营活动尚未支付的款项。本项目应根据"应付账款"科目的期末余额填列。如"应付账款"科目期末为借方余额，应当在"预付账款"项目列示。

㉖"预收账款"项目，反映小微企业根据合同规定预收的款项。包括：预收的购货款、工程款等。本项目应根据"预收账款"科目的期末贷方余额填列；如"预收账款"科目期末为借方余额，应当在"应收账款"项目列示。

属于超过1年期以上的预收账款的贷方余额应当在"其他非流动负债"项目列示。

㉗"应付职工薪酬"项目，反映小微企业应付未付的职工薪酬。本项目应根据"应付职工薪酬"科目期末余额填列。

㉘"应交税费"项目，反映小微企业期末未交、多交或尚未抵扣的各种税费。本项目应根据"应交税费"科目的期末贷方余额填列；如"应交税费"科目期末为借方余额，以"—"号填列。

㉙"应付利息"项目，反映小微企业尚未支付的利息费用。本项目应根据"应付利息"科目的期末余额填列。

㉚"应付利润"项目，反映小微企业尚未向投资者支付的利润。本项目应根据"应付利润"科目的期末余额填列。

㉛"其他应付款"项目，反映小微企业除应付账款、预收账款、应付职工薪酬、应交税费、应付利息、应付利润等以外的其他各项应付、暂收的款项。包括：应付租入固定资产和包装物的租金、存入保证金等。本项目应根据"其他应付款"科目的期末余额填列。

㉜"其他流动负债"项目，反映小微企业除以上流动负债以外的其他流动负债（含1年内到期的非流动负债）。本项目应根据有关科目的期末余额填列。

㉝"长期借款"项目，反映小微企业向银行或其他金融机构借入的期限在1年以上的、尚未偿还的各项借款本金。本项目应根据"长期借款"科目

㉞"长期应付款"项目，反映小微企业除长期借款以外的其他各种应付未付的长期应付款项。包括：应付融资租入固定资产的租赁费、以分期付款方式购入固定资产发生的应付款项等。本项目应根据"长期应付款"科目的期末余额分析填列。

㉟"递延收益"项目，反映小微企业收到的、应在以后期间计入损益的政府补助。本项目应根据"递延收益"科目的期末余额分析填列。

㊱"其他非流动负债"项目，反映小微企业除以上非流动负债项目以外的其他非流动负债。本项目应根据有关科目的期末余额分析填列。

㊲"实收资本（或股本）"项目，反映小微企业收到投资者按照合同协议约定或相关规定投入的、构成小微企业注册资本的部分。本项目应根据"实收资本（或股本）"科目的期末余额分析填列。

㊳"资本公积"项目，反映小微企业收到投资者投入资本超出其在注册资本中所占份额的部分。本项目应根据"资本公积"科目的期末余额填列。

㊴"盈余公积"项目，反映小微企业（公司制）的法定公积金和任意公积金，小微企业（外商投资）的储备基金和企业发展基金。本项目应根据"盈余公积"科目的期末余额填列。

㊵"未分配利润"项目，反映小微企业尚未分配的历年结存的利润。本项目应根据"利润分配"科目的期余额填列。未弥补的亏损，在本项目内以"—"号填列。

（4）本表中各项目之间的勾稽关系为：

行 15 = 行 1+行 2+行 3+行 4+行 5+行 6+行 7+行 8+行 9+行 14；

行 9 = 行 10+行 11+行 12+行 13；

行 29 = 行 16+行 17+行 20+行 21+行 22+行 23+行 24+行 25+行 26+行 27+行 28；

行 20 = 行 18-行 19；

行 30 = 行 15+行 29；

行 41 = 行 31+行 32+行 33+行 34+行 35+行 36+行 37+行 38+行 39+行 40；

行 46 = 行 42+行 43+行 44+行 45；

行 47 = 行 41+行 46；

行 52 = 行 48+行 49+行 50+行 51；

行 53 = 行 47+行 52 = 行 30。

三、资产负债表编制实例

例 16-1

新华酒店是一家小微酒店餐饮企业，2019 年 12 月 31 日各账户期末余额表见 16-4，请根据账户余额表中的金额编制该企业的资产负债表。

表 16-4　账户余额表

2019 年 12 月 31 日　　　　　　　　　　　　　　　　　单位：元

账户名称	借方余额	账户名称	贷方余额
库存现金	1000	短期借款	50000
银行存款	210000	应付票据	50000
其他货币资金	3000	应付账款	30000
短期投资	100000	其中：应付 A 单位	20000
应收票据	100000	应付 B 单位	10000
应收账款	31000	应付职工薪酬——工资	5600
在途物资	14000	应付职工薪酬——福利费	784
原材料	43000	应交税费	15000
低值易耗品	40000	其他应付款	860
库存商品	26000	应付利润	30000
长期股权投资	68000	长期借款	120000
固定资产	800000	其中：一年内到期借款	20000
累计折旧	-260000	实收资本	600000
在建工程	21000	资本公积	150000
无形资产	80000	盈余公积	30000
长期待摊费用	14000	利润分配	208756
		其中：未分配利润	208756
合计	1291000	合计	1291000

根据上述资料，编制 2019 年 12 月 31 日资产负债表，见表 16-5。

表 16-5　资产负债表

编制单位：新华酒店　　　　2019 年 12 月 31 日　　　　　　　　　单位：元

资产	行次	期末余额	年初余额	负债和所有者权益	行次	期末余额	年初余额
流动资产：				流动负债：			
货币资金	1	214000		短期借款	31	50000	
短期投资	2	100000		应付票据	32	50000	

续表

资产	行次	期末余额	年初余额	负债和所有者权益	行次	期末余额	年初余额
应收票据	3	100000		应付账款	33	30000	
应收账款	4	31000		预收账款	34	0	
预付账款	5	0		应付职工薪酬	35	6384	
应收股利	6	0		应交税费	36	15000	
应收利息	7	0		应付利息	37	0	
其他应收款	8	0		应付利润	38	30000	
存货	9	123000		其他应付款	39	860	
其中：原材料	10	43000		其他流动负债	40	20000	
在产品	11	14000		流动负债合计	41	202244	
库存商品	12	26000		非流动负债：			
周转材料	13	40000		长期借款	42	100000	
其他流动资产	14	0		长期应付款	43	0	
流动资产合计	15	568000		递延收益	44	0	
非流动资产：				其他非流动负债	45	0	
长期债券投资	16	0		非流动负债合计	46	100000	
长期股权投资	17	68000		负债合计	47	302244	
固定资产原价	18	800000		所有者权益（或股东权益）：			
减：累计折旧	19	260000		实收资本（或股本）	48	600000	
固定资产账面价值	20	540000		资本公积	49	150000	
在建工程	21	21000		盈余公积	50	30000	
工程物资	22	0		未分配利润	51	208756	
固定资产清理	23	0		所有者权益（或股东权益）合计	52	988756	
生产性生物资产	24	0		负债和所有者权益（或股东权益）总计	53	1291000	
无形资产	25	80000					
开发支出	26	0					
长期待摊费用	27	14000					
其他非流动资产	28	0					
非流动资产合计	29	723000					
资产总计	30	1291000					

第三节 利润表

一、利润表的性质、作用及结构

（一）利润表的性质和作用

利润表是反映企业在一定会计期间经营成果的报表。例如，反映 1 月 1 日至 12 月 31 日经营成果的利润表，由于它反映的是某一期间的情况，所以，又称为动态报表。有时，利润表也称为损益表、收益表。

利润表主要提供有关企业经营成果方面的信息，它的作用如图 16-3 所示：

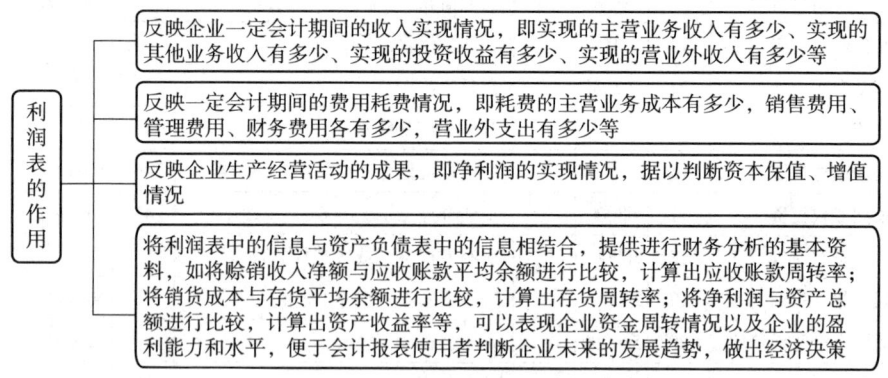

图 16-3 利润表的作用

（二）利润表的结构

利润表按其计算利润的过程不同可分为两种方式，即单步式和多步式。

1. 单步式

单步式是用小微企业一定时期的收入合计减去相关的成本费用合计，得出利润（或亏损）。其理论依据是收入与费用的配比原则，用公式表示为：

$$利润=收入-费用$$

2. 多步式

多步式是在表中经过多个步骤的不同收入与成本费用相配比计算出小微

企业的利润总额。这种方式充分反映出收入与费用配比原则，即不同性质的收入应与不同性质的成本费用相配比，分不同层次计算出小微企业的利润。《小企业会计准则》规定，利润表的标准格式为多步式。同时，为了使报表使用者通过比较不同期间利润的实现情况，判断企业经营成果的未来发展趋势，企业还需要提供比较利润表，因此利润表各项目分为"本期金额"和"上期金额"两栏分别填列。

在多步式利润表中，净利润分三个步骤计算，具体如图16-4所示。

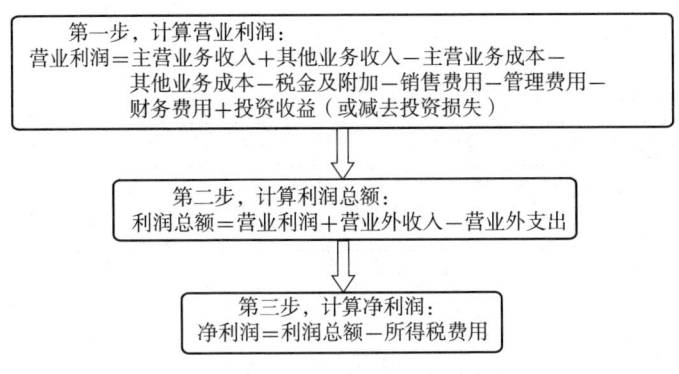

图 16-4　净利润的计算步骤

二、利润表的编制方法

利润表的编制见表 16-6。

表 16-6　利润表

编制单位：　　　　　　　　年　月　　　　　　　　单位：元

项目	行次	本年累计金额	本月金额
一、营业收入	1		
减：营业成本	2		
税金及附加	3		
其中：消费税	4		
城市维护建设税	5		
资源税	6		
土地增值税	7		
城镇土地使用税、房产税、车船税、印花税	8		
教育费附加、矿产资源补偿费、排污费	9		

续表

项目	行次	本年累计金额	本月金额
销售费用	10		
其中：商品维修费	11		
广告费和业务宣传费	12		
管理费用	13		
其中：开办费	14		
业务招待费	15		
研究费用	16		
财务费用	17		
其中：利息费用（收入以"-"号填列）	18		
加：投资收益（损失以"-"号填列）	19		
二、营业利润（亏损以"-"号填列）	20		
加：营业外收入	21		
其中：政府补助	22		
减：营业外支出	23		
其中：坏账损失	24		
无法收回的长期债券投资损失	25		
无法收回的长期股权投资损失	26		
自然灾害等不可抗力因素造成的损失	27		
税收滞纳金	28		
三、利润总额（亏损总额以"-"号填列）	29		
减：所得税费用	30		
四、净利润（净亏损以"-"号填列）	31		

（1）本表反映小微企业在一定会计期间内利润（亏损）的实现情况。

（2）本表"本年累计金额"栏反映各项目自年初起至报告期末止的累计实际发生额。

本表"本月金额"栏反映各项目的本月实际发生额；在编报年度财务报表时，应将"本月金额"栏改为"上年金额"栏，填列上年全年实际发生额。

（3）本表各项目的内容及其填列方法如下：

①"营业收入"项目，反映小微企业销售商品和提供劳务所实现的收入总额。本项目应根据"主营业务收入"科目和"其他业务收入"科目的发生

额合计填列。

②"营业成本"项目，反映小微企业所销售商品的成本和所提供劳务的成本。本项目应根据"主营业务成本"科目和"其他业务成本"科目的发生额合计填列。

③"税金及附加"项目，反映小微企业开展日常生产活动应负担的消费税、城市维护建设税、资源税、土地增值税、城镇土地使用税、房产税、车船税、印花税和教育费附加、矿产资源补偿费、排污费等。本项目应根据"税金及附加"科目的发生额填列。

④"销售费用"项目，反映小微企业销售商品或提供劳务过程中发生的费用。本项目应根据"销售费用"科目的发生额填列。

⑤"管理费用"项目，反映小微企业为组织和管理生产经营发生的其他费用。本项目应根据"管理费用"科目的发生额填列。

⑥"财务费用"项目，反映小微企业为筹集生产经营所需资金发生的筹资费用。本项目应根据"财务费用"科目的发生额填列。

⑦"投资收益"项目，反映小微企业股权投资取得的现金股利（或利润）、债券投资取得的利息收入和处置股权投资和债券投资取得的处置价款扣除成本或账面余额、相关税费后的净额。本项目应根据"投资收益"科目的发生额填列；如为投资损失，以"-"号填列。

⑧"营业利润"项目，反映小微企业当期开展日常生产经营活动实现的利润。本项目应根据营业收入扣除营业成本、税金及附加、销售费用、管理费用和财务费用，加上投资收益后的金额填列。如为亏损，以"-"号填列。

⑨"营业外收入"项目，反映小微企业实现的各项营业外收入金额。包括：非流动资产处置净收益、政府补助、捐赠收益、盘盈收益、汇兑收益、出租包装物和商品的租金收入、逾期未退包装物押金收益、确实无法偿付的应付款项、已作坏账损失处理后又收回的应收款项、违约金收益等。本项目应根据"营业外收入"科目的发生额填列。

⑩"营业外支出"项目，反映小微企业发生的各项营业外支出金额。包括：存货的盘亏、毁损、报废损失，非流动资产处置净损失，坏账损失，无法收回的长期债券投资损失，无法收回的长期股权投资损失，自然灾害等不可抗力因素造成的损失，税收滞纳金，罚金，罚款，被没收财物的损失，捐赠支出，赞助支出等。本项目应根据"营业外支出"科目的发生额填列。

⑪"利润总额"项目，反映小微企业当期实现的利润总额。本项目应根

据营业利润加上营业外收入减去营业外支出后的金额填列。如为亏损总额，以"-"号填列。

⑫"所得税费用"项目，反映小微企业根据企业所得税法确定的应从当期利润总额中扣除的所得税费用。本项目应根据"所得税费用"科目的发生额填列。

⑬"净利润"项目，反映小微企业当期实现的净利润。本项目应根据利润总额扣除所得税费用后的金额填列。如为净亏损，以"-"号填列。

(4) 本表中各项目之间的勾稽关系为：

行 20 = 行 1-行 2-行 3-行 10-行 13-行 17+行 19；

行 3 = 行 4+行 5+行 6+行 7+行 8+行 9；

行 10 = 行 11+行 12；

行 13 = 行 14+行 15+行 16；

行 17 = 行 18；

行 29 = 行 20+行 21-行 23；

行 21 = 行 22；

行 23 = 行 24+行 25+行 26+行 27+行 28；

行 31 = 行 29-行 30。

三、利润表编制实例

例 16-2

华泰酒店是一家小微酒店餐饮企业，2019 年截至 5 月的有关资料见表 16-7。

表 16-7 利润表

编制单位：华泰酒店　　　　2019 年 5 月　　　　　　　　　　　　单位：元

项目	行次	本年累计金额	本月金额
一、营业收入	1	6000000	
减：营业成本	2	2600000	
税金及附加	3	680000	
销售费用	11	900000	
管理费用	14	300000	
财务费用	18	70000	
加：投资收益（损失以"-"号填列）	20	650000	

续表

项目	行次	本年累计金额	本月金额
二、营业利润（亏损以"-"号填列）	21	2100000	
加：营业外收入	22	1890000	
减：营业外支出	24	1500000	
三、利润总额（亏损总额以"-"号填列）	30	2490000	
减：所得税费用	31	821700	
四、净利润（净亏损以"-"号填列）	32	1668300	

华泰酒店 2019 年 6 月有关账户的发生额见表 16-8。

表 16-8　华泰酒店 2019 年 6 月有关账户的发生额汇总表

账户名称	本期发生额	
	借方	贷方
主营业务收入		1200000
其他业务收入		210000
投资收益		38000
营业外收入		800000
主营业务成本	410000	
税金及附加	180000	
其他业务成本	190000	
销售费用	70000	
管理费用	120000	
财务费用	5000	
营业外支出	23000	
所得税	412500	

根据以上资料，编制华泰酒店 2019 年 6 月的利润表见表 16-9。

表 16-9　利润表

编制单位：华泰酒店　　　　　2019 年 6 月　　　　　　　　　　　　　单位：元

项目	行次	本年累计金额	本月金额
一、营业收入	1	7410000	1410000
减：营业成本	2	3200000	600000
税金及附加	3	860000	180000
销售费用	11	970000	70000
管理费用	14	420000	120000
财务费用	18	75000	5000
加：投资收益（损失以"-"号填列）	20	688000	38000
二、营业利润（亏损以"-"号填列）	21	2573000	473000
加：营业外收入	22	2690000	800000
减：营业外支出	24	1523000	23000
三、利润总额（亏损总额以"-"号填列）	30	3740000	1250000
减：所得税费用	31	1234200	412500
四、净利润（净亏损以"-"号填列）	32	2505800	837500

第四节　现金流量表

一、现金流量表的概念和内容

（一）现金

现金流量表是指反映小微企业在一定会计期间现金流入和流出的报表。现金是指小微企业库存现金以及可以随时用于支付的存款和其他货币资金。现金流量表应当分别经营活动、投资活动和筹资活动列报现金流量，每类活动又分为各具体项目。现金流量应当分别按照现金流入和现金流出总额列报。

（二）经营活动产生的现金流量

经营活动是指小微企业在正常业务范围内进行的经济活动，它包括了小微企业投资活动和筹资活动以外的所有交易和事项，就工商企业来说，经营活动主要包括销售商品、提供劳务、经营性租赁、购买商品、接受劳务、广告宣传、推销产品、交纳税款，等等。各类企业由于行业特点不同，对经营活动的认定存在一定差异，在编制现金流量表时，应根据企业的实际情况，对现金流量进行合理的归类。

经营活动产生的现金流量是一项重要的指标，它可以说明小微企业在不动用外部筹得资金的情况下，通过经营活动产生的现金流量是否足以偿还负债、支付股利和对外投资。

（三）投资活动产生的现金流量

投资活动是指小微企业固定资产、无形资产的购建和短期投资、长期债券投资、长期股权投资及其处置活动。通过投资活动产生的现金流量，可以了解小微企业为获得未来收益和现金流量而导致资源转出的程度，以及以前资源转出带来的现金流入等信息。

（四）筹资活动产生的现金流量

筹资活动是指导致小微企业资本及债务规模和构成发生变化的活动。这里所说的资本，包括实收资本（股本）、资本溢价（股本溢价）。与资本有关的现金流入和流出项目，包括吸收投资、发行股票、分配利润等。这里"债务"是指企业对外举债所借入的款项，如发行债券、向金融企业借入款项以及偿还债务等。

通过筹资活动产生的现金流量，可以分析小微企业的筹资能力，帮助投资者和债权人预计对小微企业未来现金流量的要求权，以及获得前期现金流入而付出的代价。

二、现金流量表的内容和结构

根据企业业务活动的性质和现金流量的来源，现金流量表在结构上将企业一定期间产生的现金流量分为三类：经营活动产生的现金流量、投资活动产生的现金流量和筹资活动产生的现金流量。

三、现金流量表的编制方法

现金流量表的编制见表16-10。

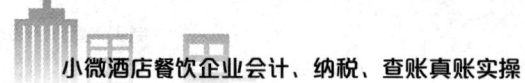

表 16-10　现金流量表

编制单位：　　　　　　　　　　　　　年　月　　　　　　　　　　　　　单位：元

项目	行次	本年累计金额	本月金额
一、经营活动产生的现金流量：			
销售产成品、商品和提供劳务收到的现金	1		
收到其他与经营活动有关的现金	2		
购买原材料、商品和接受劳务支付的现金	3		
支付的职工薪酬	4		
支付的税费	5		
支付其他与经营活动有关的现金	6		
经营活动产生的现金流量净额	7		
二、投资活动产生的现金流量：			
收回短期投资、长期债券投资和长期股权投资收到的现金	8		
取得投资收益收到的现金	9		
处置固定资产、无形资产和其他非流动资产收回的现金净额	10		
短期投资、长期债券投资和长期股权投资支付的现金	11		
购建固定资产、无形资产和其他非流动资产支付的现金	12		
投资活动产生的现金流量净额	13		
三、筹资活动产生的现金流量：			
取得借款收到的现金	14		
吸收投资者投资收到的现金	15		
偿还借款本金支付的现金	16		
偿还借款利息支付的现金	17		
分配利润支付的现金	18		
筹资活动产生的现金流量净额	19		
四、现金净增加额	20		
加：期初现金余额	21		
五、期末现金余额	22		

（1）本表反映小微企业一定会计期间内有关现金流入和流出的信息。

（2）本表"本年累计金额"栏反映各项目自年初起至报告期末止的累计实际发生额。

本表"本月金额"栏反映各项目的本月实际发生额；在编报年度财务报表时，应将"本月金额"栏改为"上年金额"栏，填列上年全年实际发生额。

（3）本表各项目的内容及填列方法如下：

①经营活动产生的现金流量。

ⓐ"销售产成品、商品和提供劳务收到的现金"项目，反映小微企业本期销售产成品、商品和提供劳务收到的现金。本项目可以根据"库存现金""银行存款"和"主营业务收入"等科目的本期发生额分析填列。

ⓑ"收到其他与经营活动有关的现金"项目，反映小微企业本期收到的其他与经营活动有关的现金。本项目可以根据"库存现金"和"银行存款"等科目的本期发生额分析填列。

ⓒ"购买原材料、商品和接受劳务支付的现金"项目，反映小微企业本期购买原材料、商品和接受劳务支付的现金。本项目可以根据"库存现金""银行存款""其他货币资金""原材料""库存商品"等科目的本期发生额分析填列。

ⓓ"支付的职工薪酬"项目，反映小微企业本期向职工支付的薪酬。本项目可以根据"库存现金""银行存款""应付职工薪酬"科目的本期发生额填列。

ⓔ"支付的税费"项目，反映小微企业本期支付的税费。本项目可以根据"库存现金""银行存款""应交税费"等科目的本期发生额填列。

ⓕ"支付其他与经营活动有关的现金"项目，反映小微企业本期支付的其他与经营活动有关的现金。本项目可以根据"库存现金""银行存款"等科目的本期发生额分析填列。

②投资活动产生的现金流量。

ⓐ"收回短期投资、长期债券投资和长期股权投资收到的现金"项目，反映小微企业出售、转让或到期收回短期投资、长期股权投资而收到的现金，以及收回长期债券投资本金而收到的现金，不包括长期债券投资收回的利息。本项目可以根据"库存现金""银行存款""短期投资""长期股权投资""长期债券投资"等科目的本期发生额分析填列。

ⓑ"取得投资收益收到的现金"项目，反映小微企业因权益性投资和债权性投资取得的现金股利或利润和利息收入。本项目可以根据"库存现金""银行存款""投资收益"等科目的本期发生额分析填列。

ⓒ"处置固定资产、无形资产和其他非流动资产收回的现金净额"项目，反映小微企业处置固定资产、无形资产和其他非流动资产取得的现金，减去

为处置这些资产而支付的有关税费等后的净额。本项目可以根据"库存现金""银行存款""固定资产清理""无形资产""生产性生物资产"等科目的本期发生额分析填列。

ⓓ"短期投资、长期债券投资和长期股权投资支付的现金"项目，反映小微企业进行权益性投资和债权性投资支付的现金。包括：企业取得短期股票投资、短期债券投资、短期基金投资、长期债券投资、长期股权投资支付的现金。本项目可以根据"库存现金""银行存款""短期投资""长期债券投资""长期股权投资"等科目的本期发生额分析填列。

ⓔ"购建固定资产、无形资产和其他非流动资产支付的现金"项目，反映小微企业购建固定资产、无形资产和其他非流动资产支付的现金。包括：购买机器设备、无形资产、生产性生物资产支付的现金及建造工程支付的现金等现金支出，不包括为购建固定资产、无形资产和其他非流动资产而发生的借款费用资本化部分和支付给在建工程和无形资产开发项目人员的薪酬。为购建固定资产、无形资产和其他非流动资产而发生借款费用资本化部分，在"偿还借款利息支付的现金"项目反映；支付给在建工程和无形资产开发项目人员的薪酬，在"支付的职工薪酬"项目反映。本项目可以根据"库存现金""银行存款""固定资产""在建工程""无形资产""研发支出""生产性生物资产""应付职工薪酬"等科目的本期发生额分析填列。

③筹资活动产生的现金流量。

ⓐ"取得借款收到的现金"项目，反映小微企业举借各种短期、长期借款收到的现金。本项目可以根据"库存现金""银行存款""短期借款""长期借款"等科目的本期发生额分析填列。

ⓑ"吸收投资者投资收到的现金"项目，反映小微企业收到的投资者作为资本投入的现金。本项目可以根据"库存现金""银行存款""实收资本""资本公积"等科目的本期发生额分析填列。

ⓒ"偿还借款本金支付的现金"项目，反映小微企业以现金偿还各种短期、长期借款的本金。本项目可以根据"库存现金""银行存款""短期借款""长期借款"等科目的本期发生额分析填列。

ⓓ"偿还借款利息支付的现金"项目，反映小微企业以现金偿还各种短期、长期借款的利息。本项目可以根据"库存现金""银行存款""应付利息"等科目的本期发生额分析填列。

ⓔ"分配利润支付的现金"项目，反映小微企业向投资者实际支付的利

润。本项目可以根据"库存现金""银行存款""应付利润"等科目的本期发生额分析填列。

(4) 本表中各项目之间的勾稽关系为：

行 7 = 行 1 + 行 2 - 行 3 - 行 4 - 行 5 - 行 6；

行 13 = 行 8 + 行 9 + 行 10 - 行 11 - 行 12；

行 19 = 行 14 + 行 15 - 行 16 - 行 17 - 行 18；

行 20 = 行 7 + 行 13 + 行 19；

行 22 = 行 20 + 行 21。

四、现金流量表的编制实例

在具体编制现金流量表时，可以采用工作底稿法或 T 形账户法编制，也可以直接根据有关账户记录分析填列。在此我们主要介绍直接根据有关账户记录分析填列的方法。

例 16-3

泰兰公司是一家小微酒店餐饮企业，2019 年 12 月 31 日资产负债表、2019 年 12 月利润表分别见表 16-11、表 16-12。

表 16-11　资产负债表

编制单位：泰兰公司　　　　　2019 年 12 月 31 日　　　　　　　单位：元

资产	行次	期末余额	年初余额	负债和所有者权益	行次	期末余额	年初余额
流动资产：				流动负债：			
货币资金	1	357000	63000	短期借款	31	0	100000
短期投资	2	0	100000	应付票据	32	0	0
应收票据	3	80000	100000	应付账款	33	100000	500000
应收账款	4	398000	597000	预收账款	34	90000	100000
预付账款	5	0	0	应付职工薪酬	35	0	0
应收股利	6	0	0	应交税费	36	41700	30000
应收利息	7	0	0	应付利息	37	0	0
其他应收款	8	0	0	应付利润	38	0	0
存货	9	811000	800000	其他应付款	39	0	0
其中：原材料	10	200000	200000	其他流动负债	40	0	0

续表

资产	行次	期末余额	年初余额	负债和所有者权益	行次	期末余额	年初余额
在产品	11	200000	200000	流动负债合计	41	231700	730000
库存商品	12	211000	200000	非流动负债：			
周转材料	13	200000	200000	长期借款	42	105000	100000
其他流动资产	14	0	0	长期应付款	43	190000	180000
流动资产合计	15	1646000	1660000	递延收益	44	0	0
非流动资产：				其他非流动负债	45	0	0
长期债券投资	16	0	0	非流动负债合计	46	295000	280000
长期股权投资	17	290700	200000	负债合计	47	526700	1010000
固定资产原价	18	1810000	2000000	所有者权益（或股东权益）：			
减：累计折旧	19	730000	900000	实收资本（或股本）	48	2000000	2000000
固定资产账面价值	20	1080000	1100000	资本公积	49	100000	0
在建工程	21	0	200000	盈余公积	50	135250	100000
工程物资	22	0	0	未分配利润	51	309750	110000
固定资产清理	23	0	0	所有者权益（或股东权益）合计	52	2545000	2210000
生产性生物资产	24	0	0	负债和所有者权益（或股东权益）总计	53	3071700	3220000
无形资产	25	0	0				
开发支出	26	0	0				
长期待摊费用	27	55000	60000				
其他非流动资产	28	0	0				
非流动资产合计	29	1425700	1560000				
资产总计	30	3071700	3220000				

表 16-12 利润表

编制单位：泰兰公司　　　　　2019 年 12 月　　　　　　　　　　单位：元

项目	行次	本年累计金额
一、营业收入	1	1000000
减：营业成本	2	500000
税金及附加	3	0
销售费用	11	0

续表

项目	行次	本年累计金额
管理费用	14	50000
财务费用	18	20000
加：投资收益（损失以"-"号填列）	20	10000
二、营业利润（亏损以"-"号填列）	21	440000
加：营业外收入	22	0
减：营业外支出	24	40000
三、利润总额（亏损总额以"-"号填列）	30	400000
减：所得税费用	31	100000
四、净利润（净亏损以"-"号填列）	32	300000

泰兰公司 2019 年部分经济业务如下：

（1）营业成本 500000 元中，含有生产经营人员工资费用 100000 元。

（2）管理费用 50000 元中，包括折旧费 30000 元，待摊费用摊销 50000 元，由于管理不善造成的存货盘亏损失 3000 元，用货币资金支付其他费用 13000 元。

（3）财务费用 20000 元中含有票据贴现息 1000 元，计提债券利息 10000 元，短期借款利息 4000 元（用银行存款支付），计提长期借款利息 5000 元。

（4）投资收益 10000 元系转让全部短期投资产生的，转让短期投资实得价款 110000 元。

（5）营业外支出 40000 元，系出售一台设备产生的，该设备原值为 400000 元，已提折旧 200000 元，支付清理费用 2000 元，出售时实得价款 162000 元。

（6）本年用一批存货对外投资，该批存货成本为 9000 元，评估价值为 10000 元，计税价等于评估价。

（7）本年度用银行存款 81000 元购入某公司的该批存货作为长期股权投资，实际支付的价款中包含已宣告但尚未领取的现金股利 1000 元，泰兰公司于本年度已收到现金股利。

（8）本年度发生在建工程人员工资 10000 元，并用现金支付。工程项目已经全部完工并交付使用，固定资产本期增加额系在建工程转入。

（9）本年度用银行存款偿还短期借款 100000 元。

（10）应交税费项目年初数和期末数只含有增值税和所得税两项内容，其中,增值税有关账户年初数为20000元,年末余额为41700元,本年度增值税销项税额为171700元(含对外投资确认的增值税销项税额1300元),进项税额71400元。"应交税费——应交所得税"账户年初余额为10000元,年末余额仍为10000元。

(11) 资本公积中100000元系本期投资者追加投资。

(12) 期初期末存货均为外购商品。

除上述业务外,购销业务的往来项目和存货项目均为正常购销业务。假定泰兰公司的货币资金可以随时支用,不考虑增值税、所得税以外的其他税费。

要求:根据上述资产负债表、利润表及有关资料分析编制现金流量表。

现金流量表各项目金额,分析计算如下:

1. 经营活动产生的现金流量

(1) 销售产成品、商品和提供劳务收到的现金=营业收入1000000+销项税(171700-1300)+应收票据(年初-年末)(100000-80000)+应收账款(年初-年末)(597000-398000)-1000(票据贴现利息)+预收账款(年末-年初)(90000-100000)=1378400(元)。

(2) 购买原材料、商品和接受劳务支付的现金=500000(营业成本)-100000(工资费用)+存货(年末-年初)(811000-800000)+71400(进项税)+9000(非销售减少存货)+3000(盘亏损失)+应付账款(年初-年末)(500000-100000)=894400(元)。

(3) 支付的职工薪酬=100000(元)。

(4) 支付的税费=(20000+171700-71400-41700)(本期应交增值税)+100000(本期应交所得税)=178600(元)。

(5) 支付其他与经营活动有关的现金=13000(元)。

2. 投资活动产生的现金流量

(6) 收回短期投资、长期债券投资和长期股权投资收到的现金=110000(元)。

(7) 处置固定资产、无形资产和其他非流动资产收回的现金净额=160000(元)。

(8) 取得投资收益收到的现金=10000(元)。

(9) 购建固定资产、无形资产和其他非流动资产支付的现金=10000(元)。

(10) 短期投资、长期债券投资和长期股权投资支付的现金=80000(元)。

3. 筹资活动产生的现金流量

(11) 吸收投资者投资收到的现金＝100000（元）。

(12) 偿还借款本金支付的现金＝100000（元）。

(13) 偿还借款利息支付的现金＝4000（元）。

根据上述计算结果，编制现金流量表，见表16-13。

表 16-13　现金流量表

编制单位：泰兰公司　　　　　　　2019年12月　　　　　　　　　　单位：元

项目	行次	本年累计金额	本月金额
一、经营活动产生的现金流量：			
销售产成品、商品和提供劳务收到的现金	1		1378400
收到其他与经营活动有关的现金	2		0
购买原材料、商品和接受劳务支付的现金	3		894400
支付的职工薪酬	4		100000
支付的税费	5		178600
支付其他与经营活动有关的现金	6		13000
经营活动产生的现金流量净额	7		192400
二、投资活动产生的现金流量：			
收回短期投资、长期债券投资和长期股权投资收到的现金	8		110000
取得投资收益收到的现金	9		10000
处置固定资产、无形资产和其他非流动资产收回的现金净额	10		160000
短期投资、长期债券投资和长期股权投资支付的现金	11		80000
购建固定资产、无形资产和其他非流动资产支付的现金	12		10000
投资活动产生的现金流量净额	13		190000
三、筹资活动产生的现金流量：			
取得借款收到的现金	14		0
吸收投资者投资收到的现金	15		100000
偿还借款本金支付的现金	16		100000
偿还借款利息支付的现金	17		4000
分配利润支付的现金	18		0
筹资活动产生的现金流量净额	19		-4000
四、现金净增加额	20		378400
加：期初现金余额	21		63000
五、期末现金余额	22		441400

第五节　会计报表附注

一、会计报表附注的作用

会计报表附注是指对在资产负债表、利润表和现金流量表等报表中列示项目的文字描述或明细资料，以及对未能在这些报表中列示项目的说明等。附注是财务报表的重要组成部分，小微企业应当按照规定披露附注信息。

二、会计报表附注的内容

根据《小企业会计准则》的规定，会计报表附注至少应当包括的内容如图 16-5 所示。

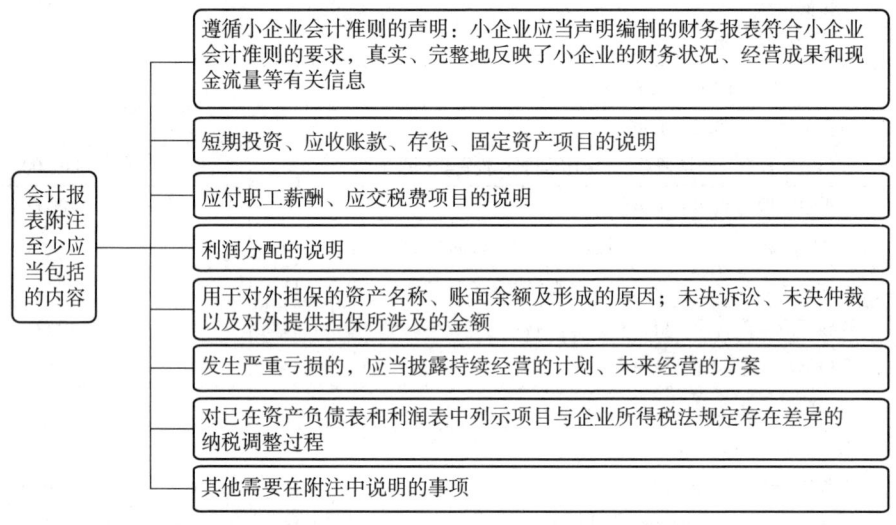

图 16-5　会计报表附注至少应当包括的内容

三、会计报表附注的形式

会计实务中，会计报表附注一般采取的方式如图 16-6 所示。

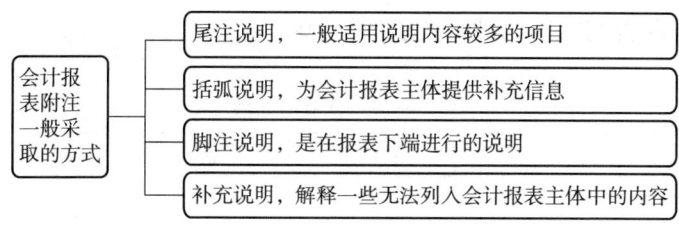

图 16-6　会计报表附注一般采取的方式

四、会计报表附注项目的披露格式

（一）短期投资的披露格式（见表 16-14）

表 16-14　短期投资明细表　　　　　　　　　　　单位：元

项　目	期末账面余额	期末市价	期末账面余额与市价的差额
1. 股票			
2. 债券			
3. 基金			
4. 其他			
合　计			

（二）应收账款按账龄结构披露的格式（见表 16-15）

表 16-15　应收账款明细表　　　　　　　　　　　单位：元

账龄结构	期末账面余额	年初账面余额
1 年以内（含 1 年）		
1 年至 2 年（含 2 年）		
2 年至 3 年（含 3 年）		
3 年以上		
合　计		

(三)存货的披露格式(见表16-16)

表16-16　存货明细表　　　　　　　　　　　　　　单位:元

存货种类	期末账面余额	期末市价	期末账面余额与市价的差额
1. 原材料			
2. 在产品			
3. 库存商品			
4. 周转材料			
5. 消耗性生物资产			
……			
合　计			

(四)固定资产的披露格式(见表16-17)

表16-17　固定资产明细表　　　　　　　　　　　　单位:元

项　目	原　价	累计折旧	期末账面价值
1. 房屋、建筑物			
2. 机器			
3. 机械			
4. 运输工具			
5. 设备			
6. 器具			
7. 工具			
……			
合　计			

(五)应付职工薪酬的披露格式(见表16-18)

表16-18　应付职工薪酬明细表

编制单位:　　　　　　　　　＿＿＿年＿＿＿月　　　　　　　　　　单位:元

项　目	期末账面余额	年初账面余额
1. 职工工资		
2. 奖金、津贴和补贴		
3. 职工福利费		

续表

项　　目	期末账面余额	年初账面余额
4. 社会保险费		
5. 住房公积金		
6. 工会经费		
7. 职工教育经费		
8. 非货币性福利		
9. 辞退福利		
10. 其他		
合　　计		

（六）应交税费的披露格式（见表16-19）

表16-19　应交税费明细表

编制单位：　　　　　　　　　　　___年___月　　　　　　　　　　　单位：元

项　　目	期末账面余额	年初账面余额
1. 增值税		
2. 消费税		
3. 城市维护建设税		
4. 企业所得税		
5. 资源税		
6. 土地增值税		
7. 城镇土地使用税		
8. 房产税		
9 车船税		
10. 教育费附加		
11. 矿产资源补偿费		
12. 排污费		
13. 代扣代缴的个人所得税		
……		
合　　计		

（七）利润分配的说明（见表 16-20）

表 16-20　利润分配表

编制单位：　　　　　　　　　　　___年___月　　　　　　　　　　　单位：元

项　目	行次	本年金额	上年金额
一、净利润	1		
加：年初未分配利润	2		
其他转入	3		
二、可供分配的利润	4		
减：提取法定盈余公积	5		
提取任意盈余公积	6		
提取职工奖励及福利基金*	7		
提取储备基金*	8		
提取企业发展基金*	9		
利润归还投资**	10		
三、可供投资者分配的利润	11		
减：应付利润	12		
四、未分配利润	13		

注：*代表提取职工奖励及福利基金、提取储备基金、提取企业发展基金 3 个项目仅适用于小微企业（外商投资）按照相关法律规定提取的 3 项基金。

**代表利润归还投资这一项目仅适用于小微企业（中外合作经营）根据合同规定在合作期间归还投资者的投资。

五、会计政策、会计估计变更和会计差错更正

会计政策是指小微企业在会计确认、计量和报告中所采用的原则、基础和会计处理方法。会计估计变更是指由于资产和负债的当前状况及预期经济利益和义务发生了变化，从而对资产或负债的账面价值或者资产的定期消耗金额进行调整。前期差错包括：计算错误、应用会计政策错误、应用会计估计错误等。

《小企业会计准则》规定，小微企业对会计政策变更、会计估计变更和会计差错更正应当采用未来适用法进行会计处理。未来适用法是指将变更后的会计政策和会计估计应用于变更日及以后发生的交易或者事项，或者在会计差错发生或发现的当期更正差错的方法。

第六节　财务报表涉及的主要税务问题

一、账表不符问题

例16-4

税务人员审计某酒店，在分别审核了相关账簿、凭证、报表后，并未发现异常。税务人员又对账账、账实及账表进行了核对，却发现该企业在财务报表上反映的其他业务收入和其他业务支出与账簿上反映的实际数字有很大出入。2019年报表上其他业务收入和其他业务支出反映的数字是2万元和5万元，而账簿上的发生额却是5万元和2万元。此外，税务人员还发现货币资金项目存在账表、账实不符的问题。面对种种疑问，该企业负责人不得不承认在报表上反映虚假收入和支出的事实。

分析：从这个案例可以看出，该酒店账表不符，造成利润不实。根据《会计基础工作规范》第四十二条规定，会计凭证、会计账簿、财务报表和其他会计资料的内容和要求必须符合国家统一会计制度的规定，不得伪造、变造会计凭证和会计账簿，不得设置账外账，不得报送虚假财务报表。因此，该企业应重新编制财务报表，并就真实的报表进行纳税申报，缴纳各种税款。

二、虚列支出的问题

例16-5

税务人员在调阅某酒店财务报表时发现，该企业2019年利润表项目下的"主营业务成本"和"管理费用"有异常变动。经核实具体账务，发现"主营业务成本"变动主要是食材、燃料等原材料的结转，而"管理费用"主要是水费、电费的增加。但是，令税务人员感到疑惑的是，当期原材料消耗和水电费的增幅大大高于收入的增幅。一般情况下，在原材料、水电费等的市场价格没有发生变动时，原材料的消耗和水电费等的发生额与酒店的经营规模呈正相关关系。在税务人员的追问下，该企业最终承认了隐瞒收入的事实。如果企业的水电费、运费发生额大幅增加而收入没有相应增加甚至反而减少，说明企业隐瞒收入的可能性很大。

分析：以上案例中，该小型酒店餐饮企业在年底虚列支出的行为非常常见，这明显属于偷逃税款的行为。根据《中华人民共和国企业所得税法》第六十三条规定，纳税人伪造、变造、隐匿、擅自销毁账簿、记账凭证，或者在账簿上多列支出或者不列、少列收入，或者经税务机关通知申报而拒不申报或者进行虚假的纳税申报，不缴或者少缴应纳税款的，是偷税。对纳税人偷税的，由税务机关追缴其不缴或少缴的税款、滞纳金，并处不缴或者少缴的税款50%以上5倍以下的罚款；构成犯罪的，依法追究刑事责任。因此，税务机关应责令该公司调整相关账务，补交欠缴的所得税，并给予必要的罚款。

第七节 财务报表涉及的主要审计问题

一、虚假购买固定资产偷逃税款问题

例 16-6

税务人员审计某酒店2019年财务报表时，发现该企业资产负债表上固定资产原值年底比年初增加了60万元，应付账款科目金额比年初增加了40万元。该企业一年的利润只有2万元，货币资金也只有50万元，怎么可能购置这么大资金量的固定资产。税务人员进行了延伸检查，发现该企业购买的固定资产是一个门面，出售方是一家房地产企业，但是除了购买合同外，该酒店不能提供门面的产权证明。税务人员调查了该门面周边的情况，发现其市价不过20万元。税务人员又调阅了房地产企业的账务，发现其根本没有将门面做销售收入。税务人员最终认定，该酒店存在虚假购买固定资产问题，其主要目的是通过计提大量折旧抵减利润。

分析：从这个案例可以看出，在报表审计中，对于资产负债表和损益表（或利润表）科目年初及年末的资金变化较大的要给予足够重视，尤其是货币资金、往来款项、主营业务收入、其他业务收入、主营业务成本、期间费用等科目，而对于其他科目的异动也必须提高警惕，有足够的敏感性。因为这些科目的异动，往往与隐藏收入、虚列支出等有密切联系。

二、往来款项隐瞒收入问题

例 16-7

税务人员在审计某酒店 2019 年财务报表时发现，该酒店资产负债表项目下的"其他应收款"科目年初与年末金额没有发生过变化，都是 20 万元。税务人员有意识地查阅了该企业的历年报表，发现该笔资金已挂账两年多。税务人员立即对涉及这笔资金的账册进行了检查，记账凭证后所附的原始凭证是一张借据，借款人为李某，该酒店一口咬定是货款，李某是其业务员。但经核实，李某是另一家 B 企业的老板。在政策攻势下，李某承认是他向该酒店借的款，并拿出两家企业签订的借款合同。合同约定每年利息为 1 万元，李某都已按约定以现金给付。此时，该酒店不得不承认其将利息收入进行账外经营的事实。

分析：在这个案例中，该酒店在"其他应收款"中登记核算企业借款，却将利息收入放在账外，正是报表上的数字使其露出了马脚。因此，作为反映资金走向的往来款项应给予必要的关注。正常情况下，企业之间拆借资金是有利息的，如企业拆借给其他单位的资金长期在"其他应收款"科目挂账且没有利息收入，说明企业有可能利用利息收入进行账外经营。